持続不可能な財政

再建のための選択肢

河村小百合＋藤井亮二

講談社現代新書

2762

まえがき

２０２４年3月、日本銀行は２０１６年以降続けてきたマイナス金利政策を解除し、我が国においても本格的な金利上昇局面入りが意識されるようになりました。「これから一番大変になるのは、世界最悪の状態にある国の財政運営だ」「利払費が増えれば、他の歳出が圧迫される」――こうした〝一般論〟としての心配の声はよくきかれるようになった半面、肝心の財政再建に向けた具体的な議論が動き出す気運も気配も全くといってよいほど、ありません。なぜでしょうか。

図表０‐１は、我が国の内閣府が公表している国と地方の財政運営の見通しです。〝世界最悪の財政〟と言われながら、そこで描かれているのは、国と地方の公債等残高（グロス・ベース）が、経済成長率を低めに見積もった「過去投影ケース」（ベースラインケース）でもおおむね横ばいか微増程度にとどまり、「高成長実現ケース」や「成長移行ケース」ではなんと、わずか10年ほどでめざましく減少する、という見通しです。

国民の痛みを伴う増税策や、本腰を入れた歳出の削減策は、何ら具体的に決めることができていないにもかかわらず、劇的と言っても過言ではないほど財政再建が進む、という

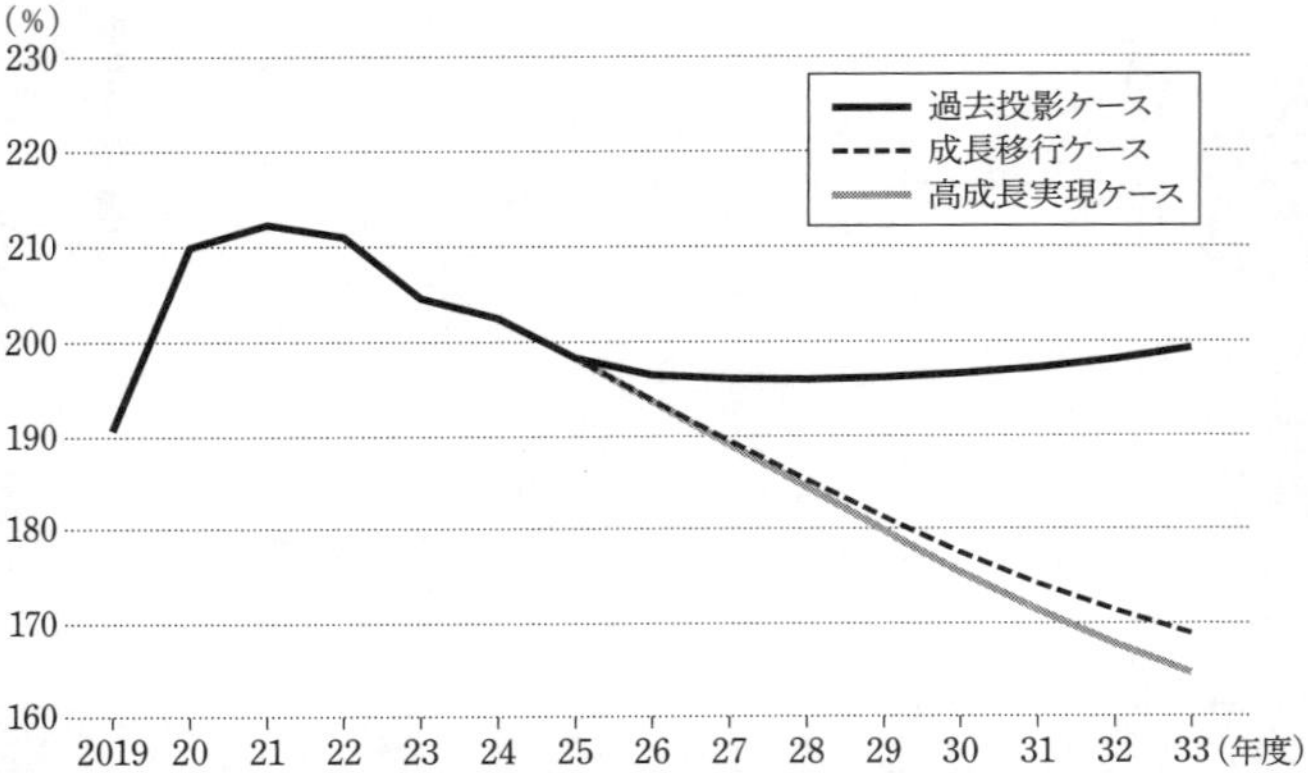

図表0-1　内閣府経済財政試算（24年7月）における、国と地方の公債等残高の見通し（対名目GDP比）

（出所）内閣府『中長期の経済財政に関する試算』（各年7月公表版）を基に筆者作成

〝バラ色〟の見通しが示されているのです。これはまさに、現時点での我が国の政府の〝公式見解〟にほかなりません。要するに「身を切るようなつらい財政再建などしなくても、経済が高成長を達成すれば財政事情はおのずと改善するので何もしなくてよい」と言いたいのでしょう。

しかしながら、これまでのこの内閣府の試算の結果を実際の経済や財政の推移と対比すると、現実は内閣府の試算結果よりも悪化して推移しており、〝バラ色〟の財政再建が実現できるどころか、財政事情はさらに悪化する一方なのです。詳しくは、第2部で解説しますが、この内閣府のシミュレーションの前提条件は〝バラ色〟の未来を見せるための、極めて不自然なもので、恣

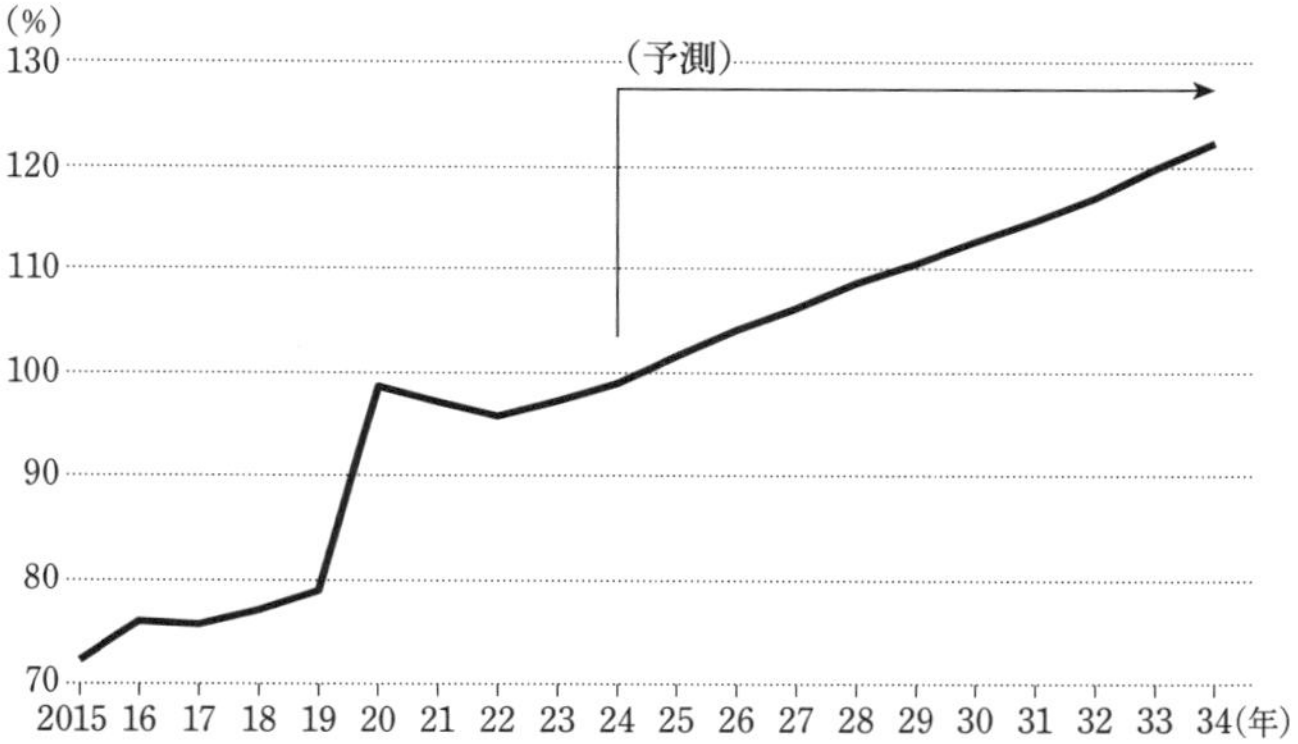

図表0-2　米議会予算局（CBO）による米連邦政府の債務残高（グロス・ベース）の規模（名目GDP比）の見通し

（出所）CBO, *An Update to the Budget and Economic Outlook: 2024 to 2034*, June 2024, p4、および *Historical Budget Data*, February 2024を基に筆者作成

意的と言っても過言ではないほどなのです。

では、他の主要国ではどうなっているのでしょうか。**図表0－2**は米国の議会予算局（CBO: Congressional Budget Office）が示した、米連邦政府の債務残高（グロス・ベース）の規模の見通しです。

財政収支の赤字幅は、利払費が膨張することなどから今後10年間にわたり高止まりした状態が続くと見込まれることから、連邦政府の債務残高規模は今後、第二次世界大戦時の水準を超え、米国の歴史上経験のない水準にまで膨張する姿が示されています。

また、**図表0－3**は英国の予算責任庁（OBR: Office for Budget Responsibility）が示した英政府全体のネット債務残高の見通しです。

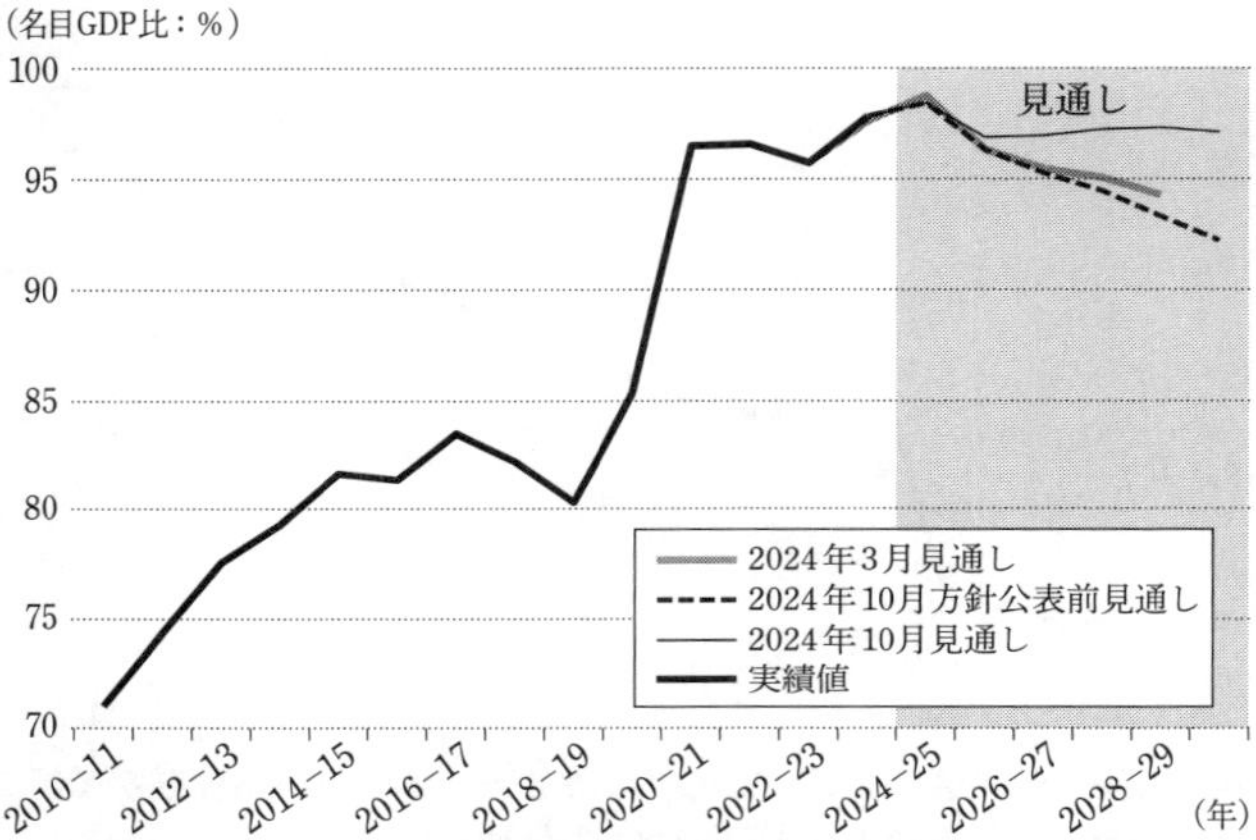

図表0-3　英予算責任庁（OBR）による英政府全体のネット債務残高の見通し

（出所）OBR, *Economic and Fiscal Outlook*, October 2024, Chart 6.9（p145）を基に筆者作成
（原資料）ONS（英・国家統計局Office for National Statistics）、OBR

財政収支の赤字幅は今後、縮小していくものの、ネット債務残高は高止まりした状態が続く、との試算が示されています。

米英とも、コロナ禍で財政は我が国と同様、大幅に悪化しましたが、その後は増税等も行ってコロナ対策費の財源確保に努めるなど、我が国よりもはるかにまともに財政再建に取り組んでいる国です。その両国でも、今のままではこれほど、国が抱える債務残高の規模が膨張してしまう、という警告が国民に対して発されているのです。それなのに、なぜ我が国では、これほど楽観的な見通しが平然と公表されているのでしょうか。

彼我で大きな違いが生じている理由は、米英両国の財政見通しを公表しているのはどちらも政府からは独立した「独立財政機関」であることによります。経済や財政運営の先行きの試算を行ううえでは、どのような前提を置くかによって、結果は大きく違ってくることになります。米CBOや英OBRは独立財政機関であるがゆえ、経済成長率や物価上昇率、金利等の前提を客観的かつ中立的に設定して試算を行っています。

これに対して、我が国にはいまだ独立財政機関が存在しないゆえ、経済・財政見通しを策定し、公表しているのは、政府の一部門である内閣府です。その際の前提条件はといえば、これほど厳しい人口減少傾向にありながら、あり得ないほどの高い経済成長率が設定されたり、物価上昇率が前年比2％程度の状態が継続することを見込みながら、日銀が2024年3月にやめたはずの「イールド・カーブ・コントロール政策」を事実上継続し、10年金利を超低水準で押さえつける金融政策を継続するかのような前提が置かれたりしているのです（第2部で詳述します）。

我が国では、客観的かつ中立的な前提に基づく経済・財政の見通しが存在しない。だから国民のなかで危機意識が高まらない。これが、我が国で財政再建に向けた議論が一向に進まない、議論に手を付けるところにも至っていない1番目の理由であると思います。

そして、財政再建に向けた議論が進まない理由はもう一つ、あると考えます。本腰を入れた財政再建の計画づくりに取り組みたいと思っても、毎年度の財政収支を改善させるうえで、税制面、歳出面で、具体的にどのような方策を採れば、どの程度の財政収支改善につながるのか、といった情報を、ほとんどの国民は持ち合わせていません。それどころか、そもそも、現行の税制や歳出の制度がどのようになっているのか、負担と給付の関係は本当に公平と言えるのか、といった点についても、主権者であるはずの私たちはよくわかっていない、よく知らされていない点が少なくないのが現実です。

これに対して米国ではＣＢＯが２年に１回、『財政赤字削減のための選択肢』（Options for Reducing the Deficit）という冊子を公表しています（**図表０－４**）。最新版は２０２４年12月版です。そのなかでは、連邦政府の義務的歳出の分野、裁量的歳出の分野、歳入の分野に分けて、例えば、メディケイド（米国の公的な医療保険制度）に対する連邦政府の歳出に上限を設定したらどうなるか、とか、個人所得税率を引き上げたらどうなるか、といった数多くのオプションに関し、詳細な分析と、２０２５年から２０３４年までの10年間にわたる財政収支の改善幅の試算結果が示されています。

２０２４年の春先に米国に出張し、ＣＢＯの関係者と議論する機会がありましたが、その際、「こうした財政赤字削減のオプションの具体策をどうやって見出し、取り上げているのか」と尋ねたところ、「日々の議員らとのやりとりを通じて、またメディア等の報道や研究機関の研究結果等に表れる米国社会の問題意識をＣＢＯの職員がたんねんに集め、すくい取り、また、ＣＢＯの職員自身もあり得べき具体策をよく考えて、それぞれがどの程度の財政赤字削減につながるかについて、試算を行っている」というのが彼らの答えでした。

米国は、我が国よりもはるかに、政府の予算編成の在り方に関する議論が活発な国です。米国は大統領制で、予算編成権は議会が握っており、政治的には二大政党制が機能していることはもちろん、その大きな背景です。予算を編成するのは時の政権に与えられた権限である議院内閣制の我が国とは異なり、米国では様々な政策を実行に移す際、野党側もしばしば、自分たちの考え方に基づく予算案を策定します。

図表0-4　米CBOの『財政赤字削減のための選択肢、2025年から2034年』

（出所）CBO, *Options for Reducing the Deficit: 2025 to 2034*, December 2024.

例えば２０２３年４月には下院で、当時、多数を握っていた共和党側が、民主党側とは異なる考え方で増税を行ったり歳出カットを行ったりする予算を可決しています。バイデン大統領は署名せず、その共和党案は最終的に成立しませんでしたが、こうした財政運営をめぐる議論はメディア等でも大きく報じられ、国民はその論議の内容を興味深く見守っています。

また、私たちの記憶に新しい２０２４年11月の大統領選挙では、トランプ陣営、ハリス陣営の双方が、財政運営プランを、単に歳出メニューを並べてアピールするのみならず、増税等のその財源確保策も併せて、そして歳出、歳入の各項目についての金額も明示する形で立てていました。

米国では、これらを判断材料に、国民一人ひとりが選挙権を行使することを通じて、国の財政運営の方向性が決められていくのです。こうしたことが可能となっている背景には、米国では先述のように、個々の具体的な財政再建策に関する情報が詳細に、かつわかりやすく国民に提供されていることも大きいと考えられます。財政運営に関する細かい情報が、決して時の政権側、政府側、与党側に独占されることにはなっていないからこそ、野党側の立場にあるとしてもこうした具体的な予算編成ができ、国民一人ひとりも、財政運営がどうあるべきかを考えることができるのです。

我が国でも２０２４年10月に総選挙が、それに先立つ同9月には、自由民主党の総裁選や立憲民主党の代表選が行われましたが、その際に、歳出・歳入の両面について、これだけ具体的な、金額を伴う計画を立てて公表した政党や候補者がいたでしょうか。

本書はこうした問題意識から生まれました。他の主要国で行われているような、客観的、中立的な前提に基づいて試算したとき、我が国の財政運営はこの先、このままではどういう事態に見舞われることになるのか。そうした事態を何とかして回避するためには、どの程度の財政再建、財政収支赤字の改善が必要になるのか。そのためには、主要な歳出の各分野において、また税制の面でどのような改革の選択肢があるのか。こうした点をぜひ、読者のみなさまがたにご覧いただきたいと考えました。

本書の構成は次の通りです。

まず、第1部では、我が国の財政運営はこの先、このままではどういう事態に見舞われることになるのかを明らかにします。

第2部では、我が国が財政運営に行き詰まるような事態を回避するには、どの程度の財政再建、財政収支赤字の改善が必要になるのかを、客観的かつ中立的な前提に基づいて試算した結果を踏まえつつ、明らかにします。

第3部では、主たる歳出分野である社会保障(医療、介護、年金、子育て)、および地方財政について、現在の歳出構造のどこにどのような問題があるのかを明らかにしていきます。

第4部では、我が国の税制がはたして国民にとって公正・公平なものになっているかを検証したうえで、国民が納得できる、受け入れることができる税負担の方策について検討します。そして、最後の第5部では具体的な改革の選択肢の例を示します。

本書は河村小百合と藤井亮二の共著です。河村小百合は民間シンクタンクに長年在籍し、民間の立場から財政をはじめとする公共政策や金融分野の調査活動に携わってきました。藤井亮二は与野党を問わず中立的な立場で国会審議を支える国会職員として、参議院に36年間勤め、うち28年間は政府が提出する予算の審議のための調査や分析等の業務に従事して参議院予算委員会調査室長を務めた後、現在は大学で教鞭をとっています。

本書では、第1部と第2部、第3部の第3章（地方財政）と第5部（財政再建アラカルト）を河村が、第3部の1～2章（社会保障・年金）、第4部（税制）を藤井が担当しました。

私たち筆者2人の力には、もちろん限りがあります。しかしながら、一人でも多くの方にこの本を手にとっていただき、この国の財政運営の在り方を考えていただけるようになることが私たちの願いです。各政党には、財政問題から決して逃げず、悲惨なまでに厳しい財政の現実から決して目を背けず、何よりもまず自分たちの考え方に基づく実効性のある財政再建プランを策定していただき、それを選挙で国民に問うていただきたい。この国がこの先、どうなってしまうのかも考えずに、危機局面にあるわけでもなく財源もないのに大規模な経済対策を打ったり、財源もないのに大規模な減税策を提案するようなことはもうやめていただきたいと考えます。各政党が考える実効性のある財政再建プランのなかから私たち一人ひとりが選択することを通じて、私たちの力でこの国の財政運営を立て直し、後の世代にバトンを渡していかれるようになることを、心から願っています。

二〇二五年一月

河村小百合

目次

第1部　〝財政再建から逃げ続ける国〟の行き着く先

1−1　〝財政事情は世界最悪〟の国が財政破綻せずにこられた理由

「我が国の財政事情は世界最悪」というのは、多くの方々が、かなり前からご存じだと思います。だというのに、リーマン・ショック（2008年）、東日本大震災（2011年）、コロナ危機（2020〜23年）等を受けて大規模な財政出動を何度となく繰り返し、そうした危機時以外にも、「デフレ脱却」「景気が腰折れしては元も子もない」「経済あっての財政」などといった、一見、もっともらしいスローガンのもと、ほぼ一貫して拡張的な財政運営が続けられてきました。我が国の借金である国債残高は増嵩《ぞうすう》の一途をたどっており、財政事情の面では、〝世界最悪〟の水準を更新しながら、この恥ずべき地位を一貫してキープしてきたのです。

他方、これだけ財政拡張路線を継続しても、これまでのところは「財政破綻に相当するような事態は何も起こっていない」のも事実です。だからこそ、国全体の財政運営に関する感覚がこれほどまでに緩み切ってしまっているのでしょう。

「何も起こらない」のは利払費が増えずに済んだから

「何も起こっていない」。それはなぜなのでしょうか。その理由はひとえに、巨額の借金

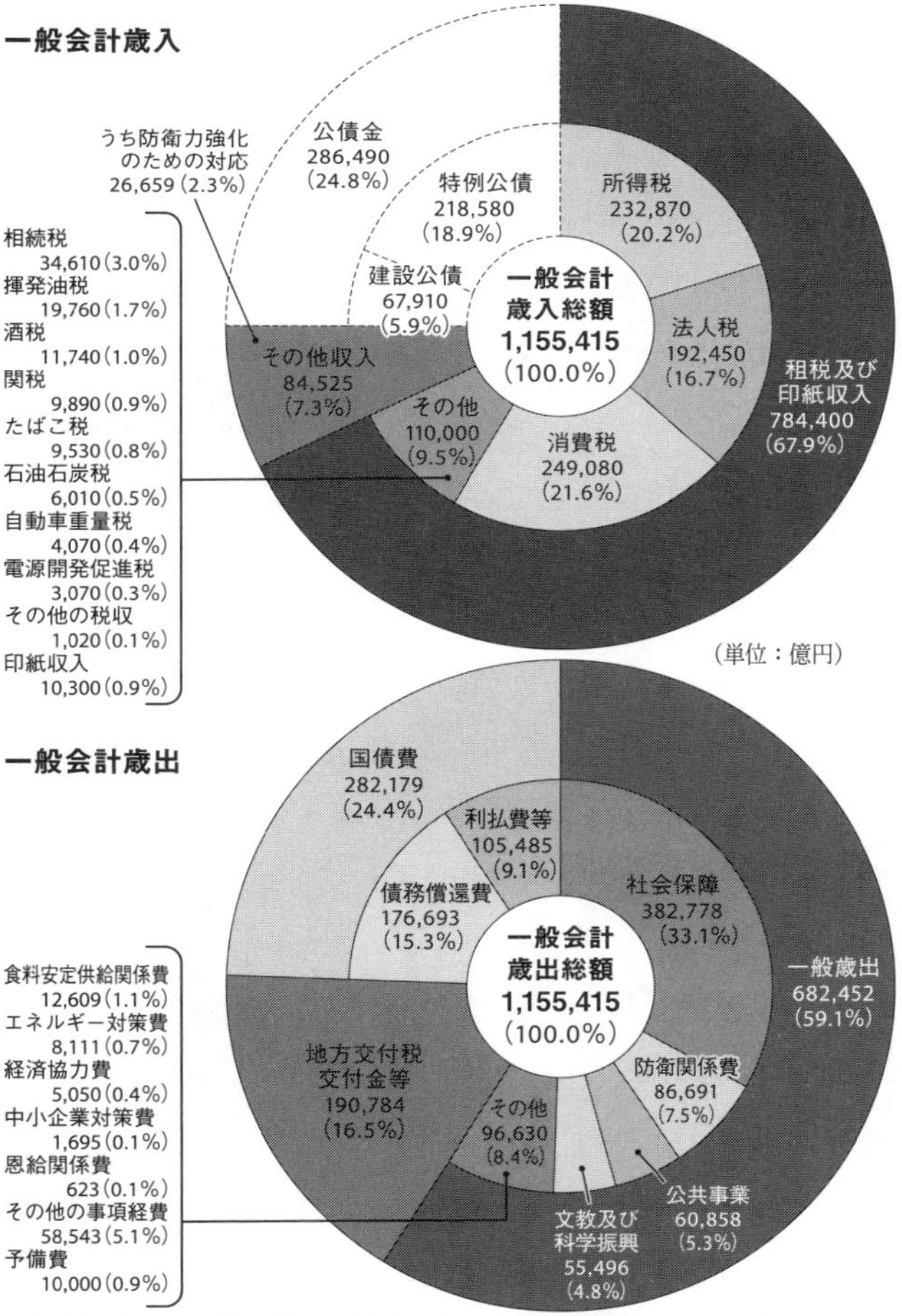

※「一般歳出」とは、歳出総額から国債費及び地方交付税交付金等を除いた経費のこと
※「基礎的財政収支対象経費」（＝歳出総額のうち国債費の一部を除いた経費のこと。当年度の政策的経費を表す指標）は、876,760（75.9%）

図表1-1　我が国の2025年度一般会計予算政府案の歳出・歳入の構成

（出所）財務省『令和7年度予算のポイント』2024年12月27日
（注1）計数については、それぞれ四捨五入によっているので、端数において合計とは合致しないものがある　（注2）一般歳出における社会保障関係費の割合は56.1%

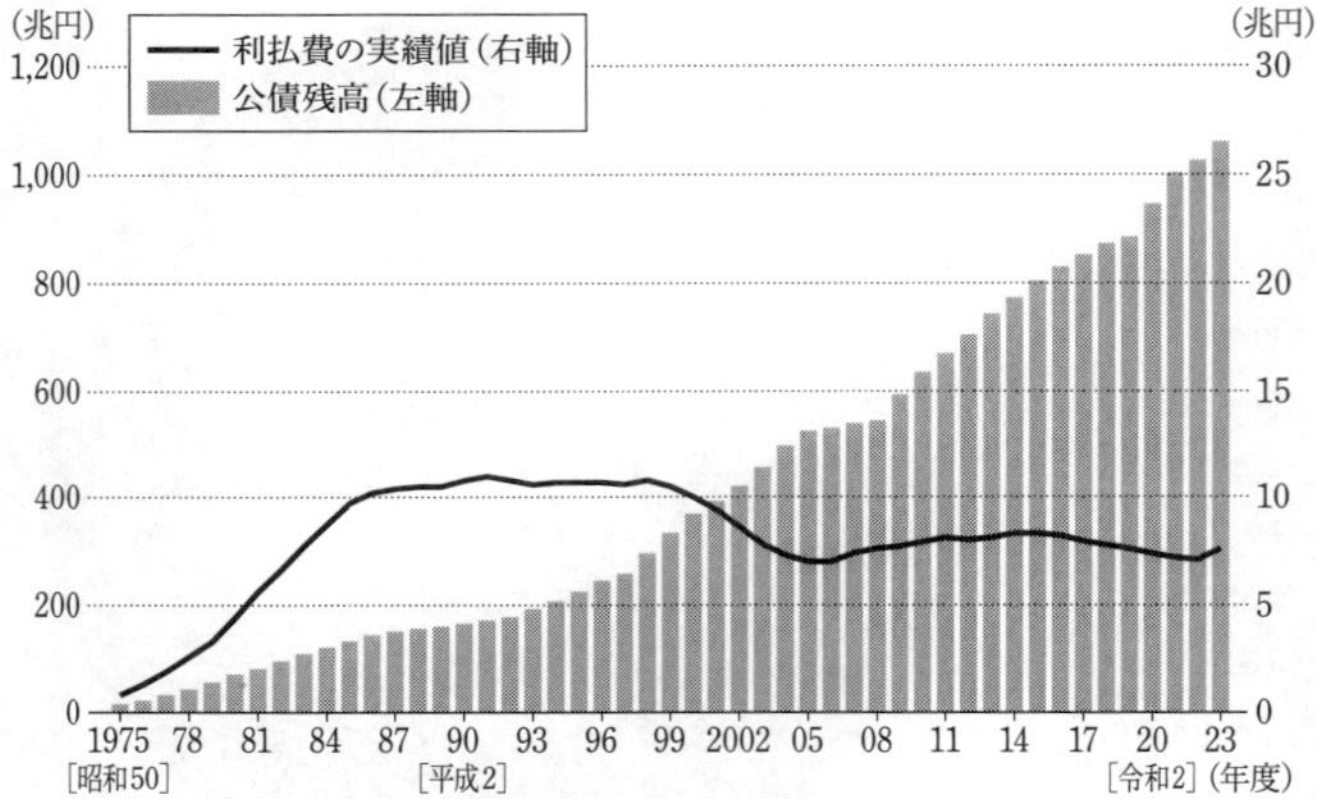

図表1-2　我が国の公債残高と利払費の実績値の推移

（出所）財務省『日本の財政関係資料』、および参議院予算委員会調査室『財政関係資料集』各年版を基に筆者作成

残高の〝維持費〟とも言える利払費が増えずに済んできたからなのです。

図表１-１は、我が国の２０２５年度一般会計当初予算政府案の歳出・歳入の構成をみたものです。歳出・歳入の予算規模が１１５・５兆円であるにもかかわらず、左側の歳出の円グラフのなかにある利払費はたったの10・5兆円で済んでいます。

これまでの推移をみれば、我が国の借金の残高が〝右肩上がり〟で増え続けている半面、利払費の方は借金残高に合わせて増えるどころか、１９８０年代末から90年代にかけては、ほぼ横ばいで推移し、90年代末から２０００年代半ばにかけてはなんと減少し、その後は概ね横ばいで推移してきたことがわかります（**図表１-２**）。これには日銀の金融政策運営が大きく影響しています。

放漫財政を助長した日銀の国債買い占め

我が国は市場主義経済圏に属しています。何から何まで政府が決めたとおりに経済を運営する社会主義経済圏ではありません。

市場主義経済においては、金利は本来、市場メカニズムで決まります。基本的には経済活動の活発さで決まってくるのです。こうしたメカニズムを利用しながら、中央銀行は、物価が安定するように短期金利をコントロール[*1]します。

ただし、金利は、長めの期間の金利になればなるほど中央銀行のコントロールが及びにくくなるため、経済活動の活発さのみで決まるものでもなくなってきます。一国内での取引につけられる金利は、政府が借金をするときにつけられる国債金利を基準に決まります。

通常であれば、市場主義経済における国家というのは、民主主義的な手続きを経たうえで徴税権を行使できる特別な経済主体で、その信用力は、どんな民間企業よりも高いと考

＊1　中央銀行は短期金利は完全にコントロールできることから、経済活動が過熱し、インフレが止まらないようであれば、短期金利を引き上げ誘導します。そして、企業がお金を借りようにも金利が高過ぎるから借金は手控え、設備投資も見送る、となれば、景気の過熱は和らぎ、物価も下がっていくことになります。

えられます。ゆえに、どの国でも普通は、国債金利が最も低くなるのです。民間企業がお金を借りる時の金利は、国債金利にその企業の信用力の度合いを加味する形で、決められていくのです。

もっとも、実際には当該国の政府の財政運営も、国債金利の水準に影響します。「国家の信用力はどんな民間企業よりも高い」のが普通であるとはいえ、なかには国債を乱発しても平気な放漫財政国家もあります。ただし、市場主義経済圏において市場メカニズムが健全に機能していれば、市場で国債の売買をしている投資家から、放漫財政国家は「借金をまじめに返す気がないのか」と判断され、高い金利をつけなければ国債を買ってもらえなくなるのが普通です。当該国から国債の元本の支払いを踏み倒された場合に備え、万が一そうなっても踏み倒された分をできるだけ埋め合わせられるように、投資家からは高い金利を要求されるようになるのです。実際に起こった事例としては、2022年秋の英国で発生した〝トラス・ショック〟が典型例です。

英国では2022年9月に就任したトラス首相が、折からのエネルギー価格高騰を受け、財源の裏付けなく補助金を政府が配ったり所得税を減税したりする「成長戦略」を公表するや否や、市場では英国債や通貨英ポンドが売り込まれ、トラス首相はたちまち辞任を余儀なくされました。

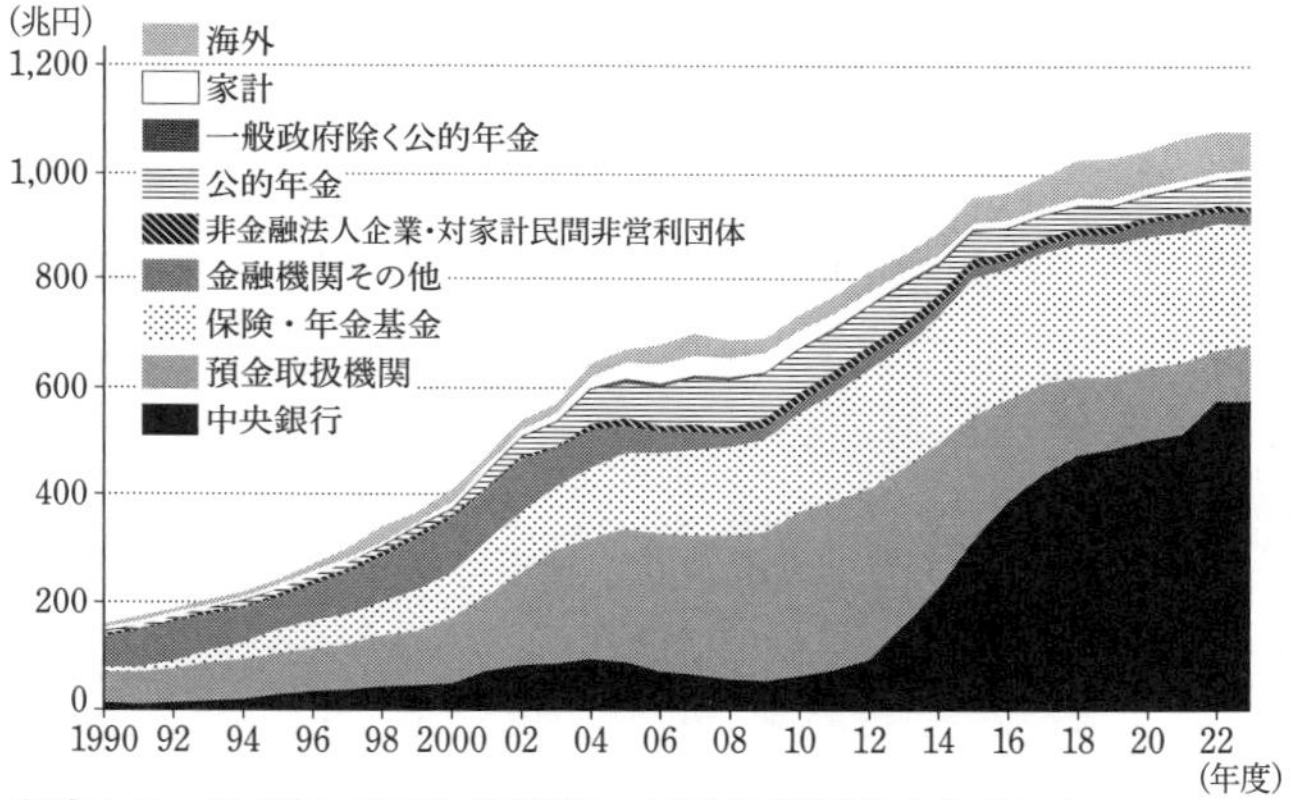

図表1-3　我が国の国債（財投債・国庫短期証券を含む）の保有内訳の推移

（出所）日本銀行『時系列統計資金循環データ』を基に筆者作成
（原資料注）2003年度以前は93SNAベース、2004年度以降は08SNAベースの計数

ところが、我が国では、英国よりもはるかに財政事情が悪く、〝世界最悪〟であるにもかかわらず、こうした事態は起きていません。

「財源の裏付けなく赤字国債を乱発して補助金を配ったり所得税を減税する」などということを、これまで繰り返してきた我が国でこれまで金利が上がらなかったのは、市場から〝この国はまじめに借金を返す気がある〟と判断されてきたからではありません。中央銀行である日銀が黒田東彦前総裁の就任以降、普通の中央銀行では決してやらないようなオペレーションを行って、国債金利を力ずくで抑えつけてきたからなのです。日銀はすでに、国債の発行残高の約5割を保有している状態（図表1－3）です。これでは、民間投資家が活発に日本国債を売り買いしたくても、手許には日本国債の持ち合わせが十分になく、市場メカニズムは機能しようがなくなってしまっているのです。

1－2　「利払費圧縮」の代償は日銀財務の悪化

「でも、金利が低ければ低いままでよいではないか」「国の利払費も増えずに済むのだからよいではないか」そう思われるかもしれません。

しかしながら、そうはいかないのが市場主義経済です。

今まで、日銀が金利を上げずに済んだのは、ひとえに物価が上がらなかったからです。そもそも日銀は黒田前総裁のもと、デフレ脱却を目指して、異次元の超金融緩和を実施し続けてきました。他の中央銀行がどこも決してやらないほどの巨額の規模で国債を買い入れ、長期の国債金利までをも低水準に力ずくで押さえつけてきたのは、それでもなかなか我が国の物価が上がらなかったからこそだったのです。

ところが、コロナ危機が峠を越えたあたりから、世界的な物価情勢は一変し、高インフレ局面に突入しました。そこで、他の主要中央銀行はどこも、異例のハイ・ペースでの金融引き締めに転換し、足許では高インフレをようやく抑えられるようになりつつあります。

図表1－4のグラフが示す米英欧の中央銀行の実際の金融政策運営から明らかなように、ひとたび高インフレ局面になってしまえば、中央銀行が短期の政策金利を相当に引き上げ、その状態をしばらくの間、維持しなければ、とても高インフレを止めることはできません。中央銀行がそうやって短期の政策金利を引き上げれば、その影響は当然ながら長期金利にも波及し、各国の利払費は急増しています。しかしながら、各国は文句も泣き言も言わず、必死に利払費を工面して財政運営を回しています。

他方、日銀は金融引き締めが後手に回りつつあるのは明らかです（図表1－4）。最初は「欧米ほどの高インフレにはなっていないから」とたかをくくっていたのでしょうが、2％を大きく上回る状態が2年半も続いているのに、短期の政策金利が、2度の利上げをしたとはいえ、まだまだゼロ％近傍では、インフレを抑えることができなくなりつつあります。

しかも、昨今の我が国の物価上昇には、円安による輸入物価高が大きく寄与しています。これも、日銀のみが金融引き締めへの転換を渋り続け、海外各国との金利差が拡大する一方となったことが大きく作用しています（**図表1－5**）。国際金融市場でも、お金は基本的に金利の低い国から高い国へと流れてしまうからです。

我が国でも、円安や物価上昇がこのまま続けば、日銀が金利をさらに上げていかなければ、円安もインフレも止められなくなることは自明です。

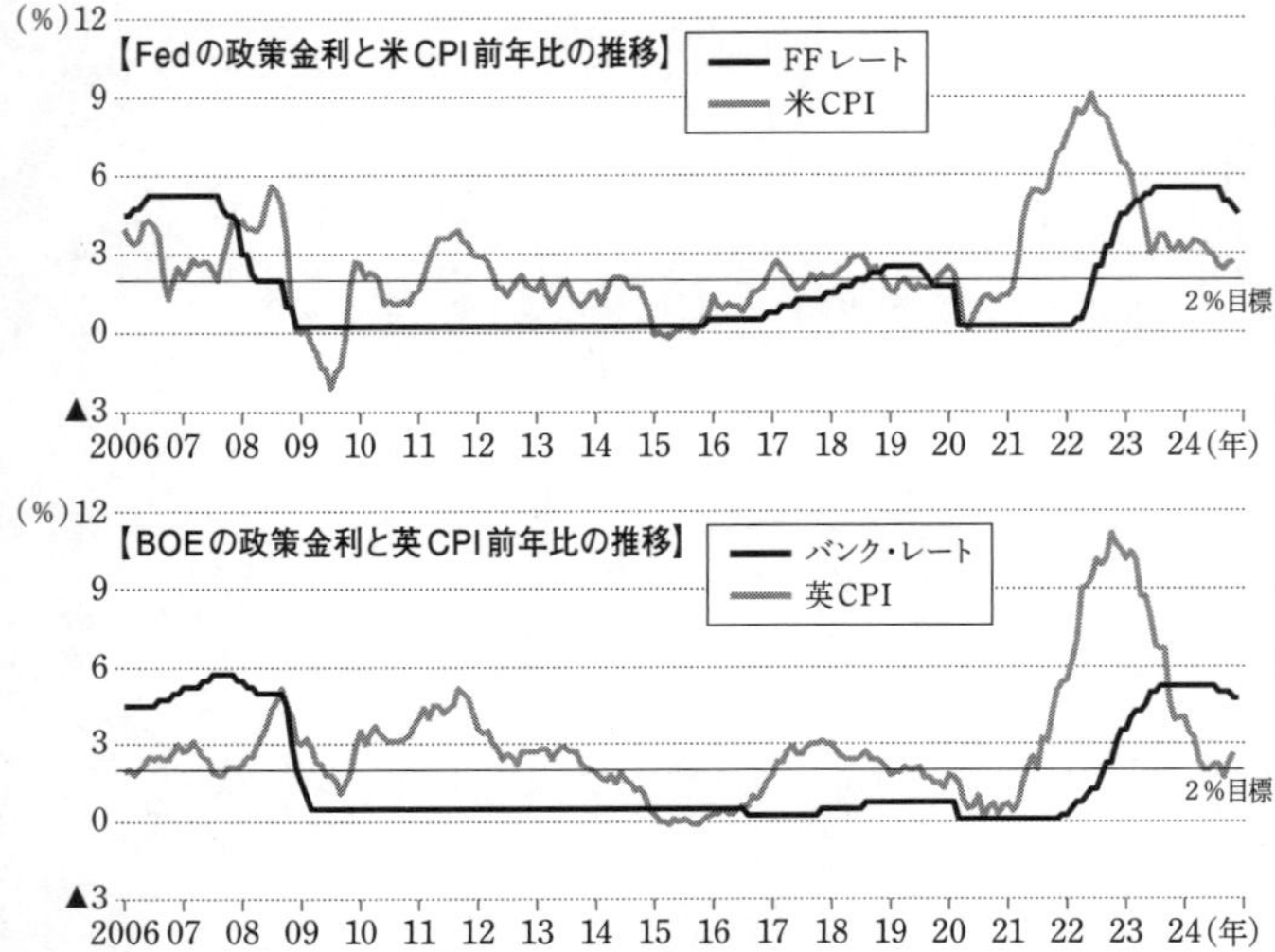

図表1-4　主要国の中央銀行の政策金利とCPI前年比の推移

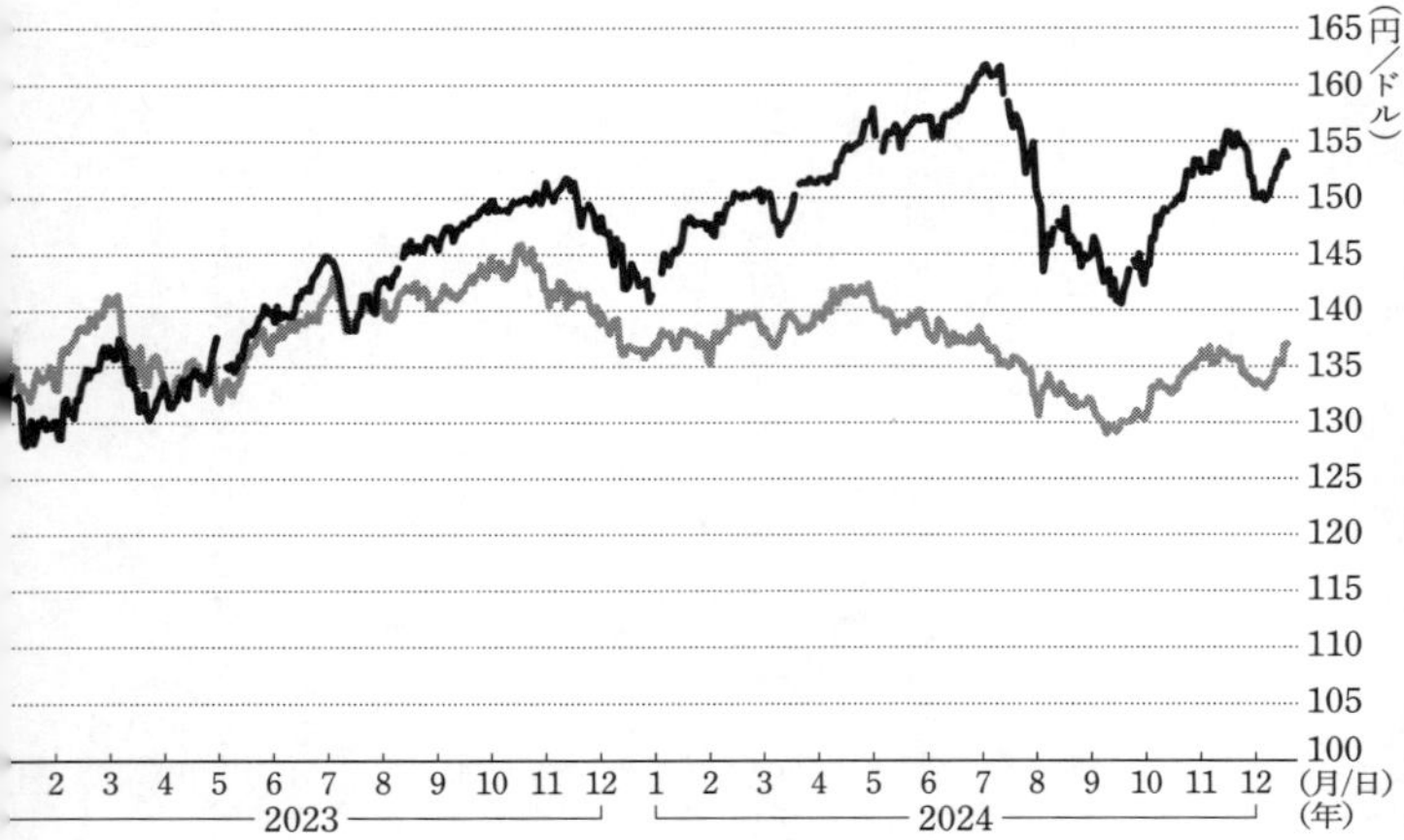

図表1-5　日米5年金利差と円ドル・レートの推移
（2024年12月18日現在）

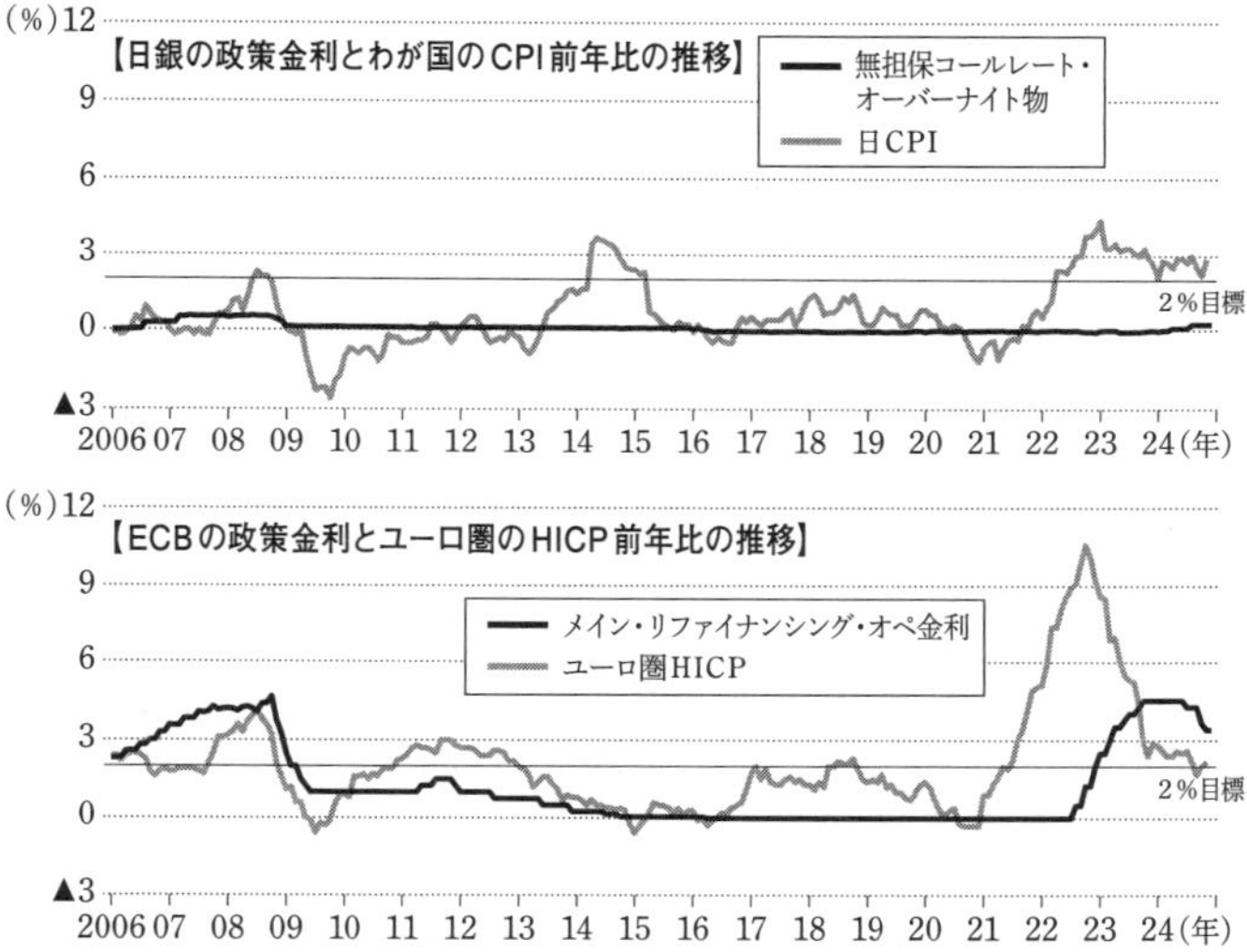

(出所) Refinitiv Workspaceを基に筆者作成

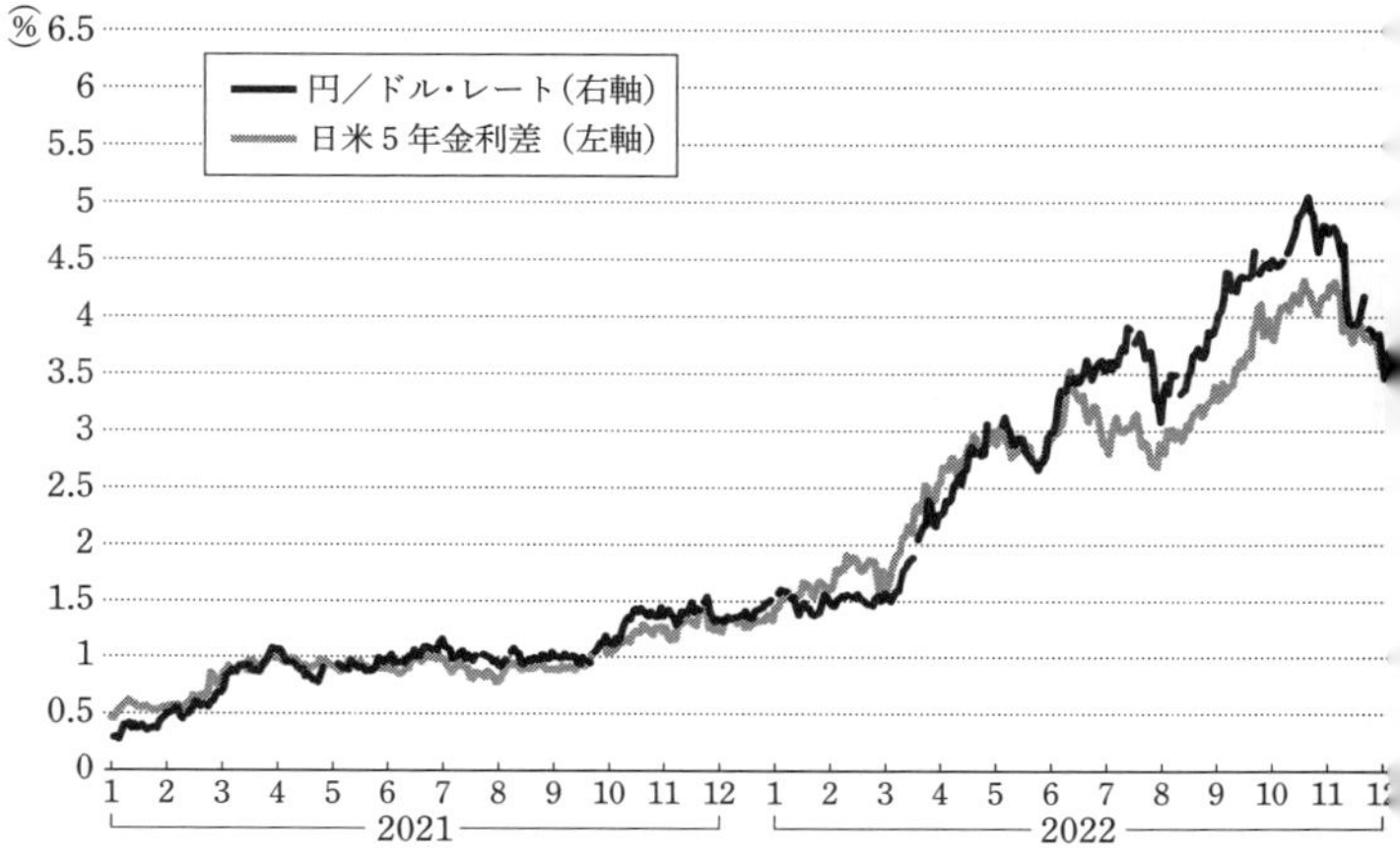

(出所) Refinitiv Workspaceおよび日本銀行『時系列統計データ』を基に筆者作成
(注) 金利はスポット・レート・ベース

日銀を待ち受ける債務超過の危機

ところが、この先、政策金利の追加利上げを続けていけば、日銀は赤字に転落、場合によってはほどなく債務超過に転落することになります（その詳細はＢｏｘ①参照）。これは、中央銀行がリーマン・ショック以降、大規模に国債を買い入れるようになる前までは、決してあり得なかった事態です。それが実際にあり得るようになったのです。一国の中央銀行が赤字で債務超過に転落する――それは当該国の信用にとって重大な事態です。一時的で済むならまだしも長期化すれば大変なことになります。

ちなみに、コロナ危機後に高インフレに見舞われた欧米の主要中央銀行は、ハイ・ペースでの利上げを果敢に実施したため、すでにどこも軒並み、赤字、ないし債務超過に転落しています。しかしながら彼らは、利上げと並行して、危機下で買い入れた国債を続々と手放しており、中央銀行自身の資産規模を縮小させることで、近年中に赤字や債務超過を克服する道筋を明確に示して市場の理解を得つつ、金融政策運営を進めているのです。

そして、日銀が利上げを続け、市場経済メカニズムの下、利上げに連動して長期金利の上昇も続けば、国の財政運営上の利払費はさらに膨らむことになります。**図表1－6**は、財務省が毎年度の予算編成に合わせて公表している利払費の仮定計算の結果を示したもの

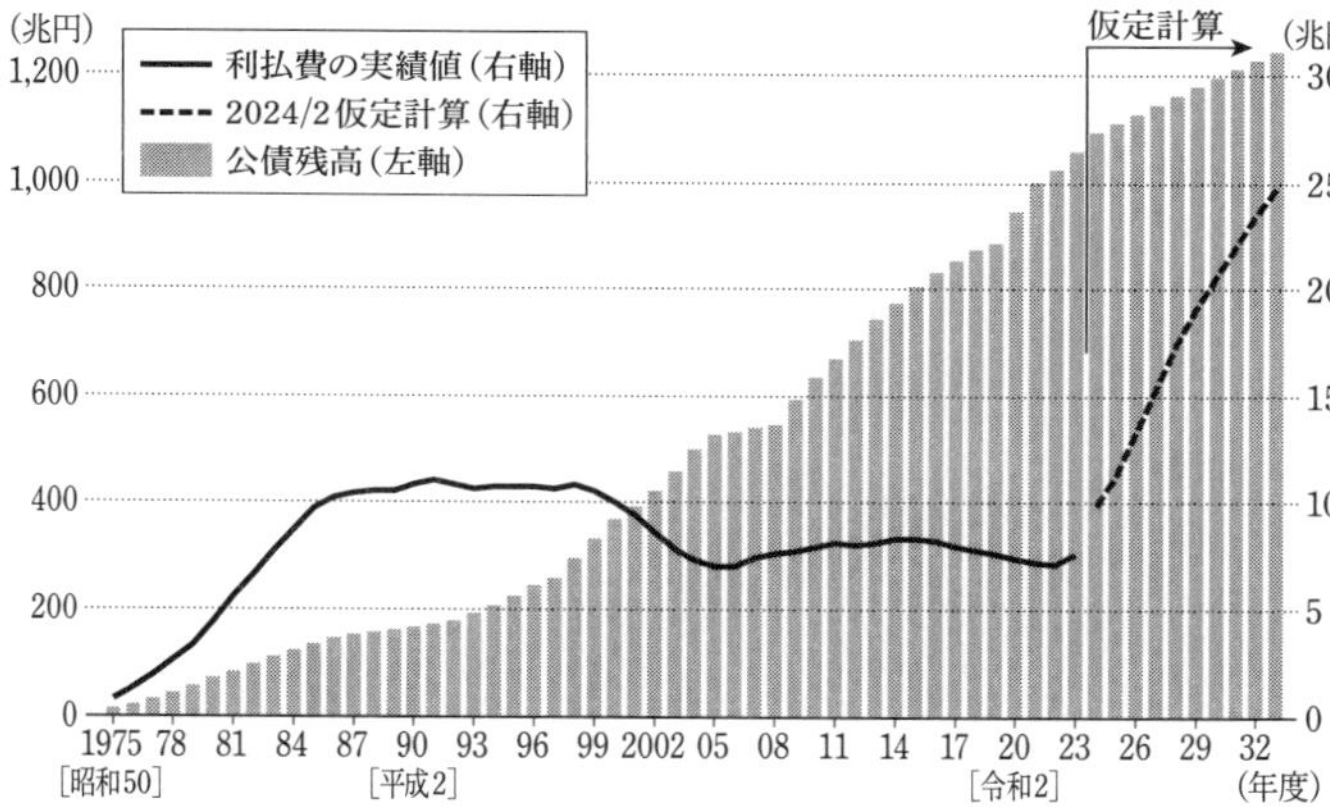

図表1-6　財務省の『国債整理基金の資金繰り状況等についての仮定計算』が示した先行きの利払費の見通し

(出所) 財務省『日本の財政関係資料』、および『国債整理基金の資金繰り状況等についての仮定計算』各年版、参議院予算委員会調査室『財政関係資料集』各年版を基に筆者作成
(原資料注１) 各年度版とも、各年度予算の「後年度歳出・歳入への影響試算」の［試算-1］(*) を前提とする。令和6年度版では、令和10年度以降、新規公債発行額は令和9年度の「差額」と同額と仮置きし、金利は令和9年度と同水準と仮置き
(原資料注２) 計算の対象は、定率繰入及び発行差減額繰入対象公債等としている。なお、年金特例債は計算の対象とし、復興債は計算の対象外とする

です。２０２４年２月に公表された仮定計算では、長期金利が２０２７年度には２・４％に上昇するとの前提のもと、利払費は同年度には15・４兆円、２０３３年度には実に24・８兆円に膨張する、との結果が示されています。ここまで膨張することになれば、我が国は財政運営を果たして継続していかれるのか、さすがに怪しくなってきてしまいます。

「利払費が増えて困るなら、低いクーポン（表面金利）のついた国債をたくさん発行して、それをまるごと日銀に買い入れさせておけばよいではないか」と思われるかもしれません。

確かに、我が国では現在、先述のように国債発行残高の約5割を日銀が保有しています（前掲図表1－3）。その国債につけられているクーポン（表面利率）を引き上げずに低利のまま借換債を発行して日銀に保有させ続ければ、国の利払費の増加は抑えられそうです。

もっともこの場合、日銀の財務が同時に悪化することを見落としてはなりません。大規模な国債買い入れを実施した後の局面で中央銀行が利上げをしようとすれば、自らのバランス・シートの負債サイドにある中央銀行当座預金につける利率を上げなければなりません。その利率が、バランス・シートの資産サイドにある、買い入れた国債についた金利を下回ることになれば、中央銀行としてバランス・シートの資産サイド利回りと負債サイドの利回りが逆ざや状態に陥ることになります（詳細は、「〈Box①〉利上げで日銀はなぜ赤字や債務超過に転落するのか」を参照）。

仮に同じ「逆ざやの幅」でも、中央銀行自身が国債を順次、手放して資産規模を縮小させていけば、被る赤字の額は、

「逆ざやの幅」×「当座預金残高」（≒資産規模）

となるため、減らしていくことができます。海外の主要中央銀行は、今まさに、こういうオペレーションを実施して、赤字を克服しようとしています。

ところが、我が国では財政事情が悪くて、利払費の膨張にはとても耐えられないからと、超低金利の国債を日銀に抱えさせたままにしようとすれば、日銀の財務は悪化した状態が延々と続きます。赤字幅や債務超過幅は、さらに拡大することになるかもしれません。こうした財政運営や金融政策運営をなお、継続しようとすれば、国際金融市場における通貨・円の信認が損なわれ、一段と円安が加速することは必至でしょう。

このように考えれば明らかなように、我が国のように、中央銀行による〝事実上の財政ファイナンス〟が長期にわたって継続されてきた国においては、中央銀行が力ずくで〝金利上昇〟を抑えることはできても、国際的な資本移動が自由な開放経済体制のもとでは、〝自国通貨安〟によって、〝中央銀行である日銀の財務運営の破綻〟経由で、金融政策運営とともに国の財政運営が追い込まれることになるのです。

1-3 このまま逃げ続けた果てに待ち受ける事態

我が国がこのまま財政再建から逃げ続け、日銀による〝事実上の財政ファイナンス〟を続行すれば、早晩、円安のさらなる加速を招き、高インフレが止められなくなるかもしれません。

日銀に低利の国債を抱えさせ続ければ、確かに国の財政運営のほうは利払費が増えずに済むので何とか回し続けられるかもしれません。他方、日銀のほうは、抱え込む国債の表面金利（クーポン）が低くなればなるほど、赤字や債務超過になりやすく、その幅が大きくなりやすくなります。そこで、日銀がインフレ抑制に必要な利上げをしなければ、日銀は赤字や債務超過に転落することは確かにありません。そうすれば、国民の痛みを伴う増税・歳出カットを国会で決めることから逃げ続けることもできますが、日銀が必要な利上げをしなければ、結局は高インフレが放置されることになって、国民負担はなし崩し的に増大することになります。

円安が〝臨界点〟を超え、高インフレが止められなくなり、これまで呑気なことこのうえなく暮らしてきた我が国においてもついに、大増税や大規模な歳出カットが迫っていることが認識されるようになれば、国外への資金流出が一段と加速することになるかもしれません。これは、国際的な資本移動が自由な開放経済体制の下で財政破綻に見舞われた国がたどる共通のパターンです。

そうなれば、これまでの財政破綻国と同様、我が国は資本移動規制をかけ、いわばお金が海外に逃げていかないように、財政運営のバランスを回復できるまで、〝鎖国〟状態を迫られることになります。その代償として、我が国の企業は、グローバルな経済活動に重い足かせをはめられることになるでしょう。

「そうなったら、IMF（国際通貨基金）に助けてもらえばよいのではないか」「IMFが助けてくれるのではないか」という声を耳にすることもあります。

IMFは果たして、我が国に融資してくれるでしょうか？　答えは、おそらく「No」でしょう。その理由は、我が国の場合、国債のほとんどを国内で消化しているということは、財政再建＝発行済み国債の残高の元本償還に必要な規模の資金は国内の貯蓄余剰として存在するからです。

要するに、納税に回せる潤沢な資金を国民が、家計や企業全体としてみれば保有していながら、税負担の合意が国全体として形成できない〝金持ち国〟に融資するほど、国際機関や国際金融界は〝お人好し〟ではない、ということです。そもそも、目下のところ、外国の投資家が保有している日本国債は短期国債が中心です。外国勢や国際機関は、日本国に対して、まとまった金額の長期にわたる債権（長期国債）を保有する債権者の立場になってくれているわけでもなく、突き放されることは必至でしょう。

国債とは〝国の借金〟です。国とて、市場から借りたお金は、期限がきたら返済しなければなりません。〝新規国債〟であろうが、〝借換債〟であろうが、満期が到来したらいった

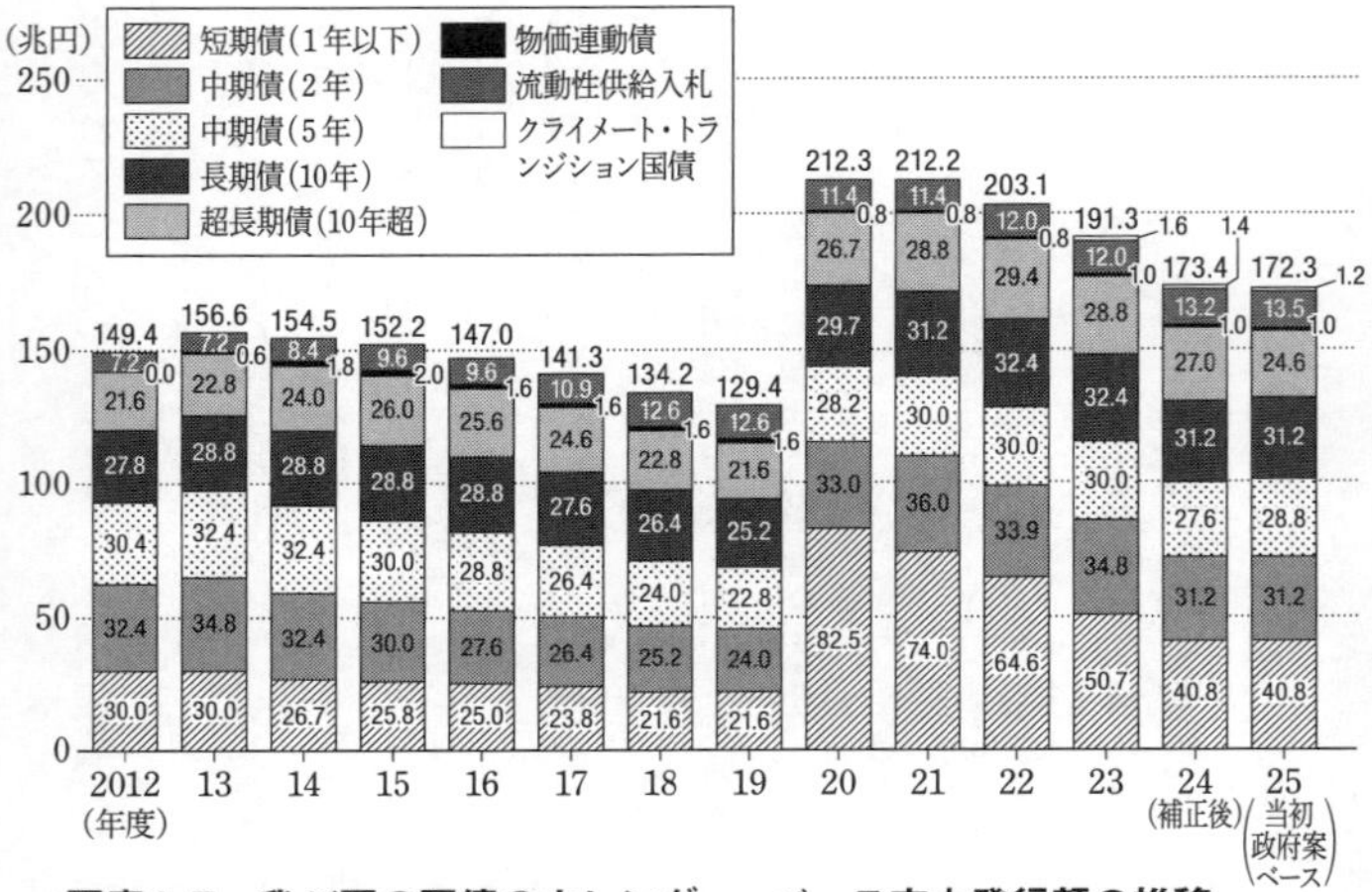

図表1-7　我が国の国債のカレンダー・ベース市中発行額の推移

（出所）財務省『カレンダーベース市中発行額』各年度版を基に筆者作成

ん、元本相当額を投資家に返済できなければ、〝デフォルト〟（債務不履行）になってしまいます。借換債を同時に発行できれば、その代価として投資家が払い込んでくれた資金でいったん、満期が来た国債の元本を返済できますが、投資家に「この国は本当に危ない」「借金をまじめに返す気がなさそうだ」と思われて、借換債に高い金利を要求され、とてもそれは払えない、となると借換債の発行がストップしてしまい、満期が来た国債の元本が返済できなくなってしまいます。放漫財政国の財政運営は、こうやって行き詰まるのです。国のデフォルトとはどういうものかについては、〈Ｂｏｘ②〉をご覧ください。

ひとたび財政運営が行き詰まった際の財政資金ショート（不足）の額は、その国が毎年度、どれだけの金額の国債を発行しているかで決まります。従来から借換債の発行も多い我が国の場合、2025年度当初予算政府案の国債発行額は172兆円と極めて大きいのが現実です（**図表1-7**）。これは国の一般会計の税収の約2・2年分に相当します。所得税・法人税・消費税という、フロー・ベースでの経済活動に課税する基幹3税の税率引き上げでは、この規模の財政資金ショートは到底、埋められません。そうなれば、大規模な資産課税に踏み切らざるを得なくなる可能性が大きくなります。第二次世界大戦での敗戦後、我が国が焼け野原のなかで国民のありとあらゆる金融資産や不動産に課税した〝財産税〟や、戦時中までに政府が家計や企業に対して支払うと約束した分の全額を、反対方向に政府が課税する形で全額踏み倒した〝戦時補償特別税〟の再来となる可能性も否定できません。[*2]

そうなるまで、この国は、増税や歳出カットといった、本来取り組むべき財政再建から逃げ続けるのでしょうか。

＊2　第二次世界大戦後の我が国の〝事実上の財政破綻〟がどのような形で行われたのか、その詳細は、拙著『日本銀行　我が国に迫る危機』（2023年3月、講談社現代新書）の第6章をご覧ください。

〈Box①〉利上げで日銀はなぜ赤字や債務超過に転落するのか

図表1-8は、日銀が2000年代に速水優・福井俊彦総裁の下で「量的緩和」を実施する前と後、そして2013年以降、黒田前総裁・植田和男現総裁の下で「量的・質的金融緩和」（通称〝異次元緩和〟）を実施した後の、日銀のバランス・シートの大まかな見取り図の変化をみたものです。バランス・シートの右側の負債サイドにある「日銀当座預金」は、短期の金融取引を行う市場で資金がどれほど余っているかのバ

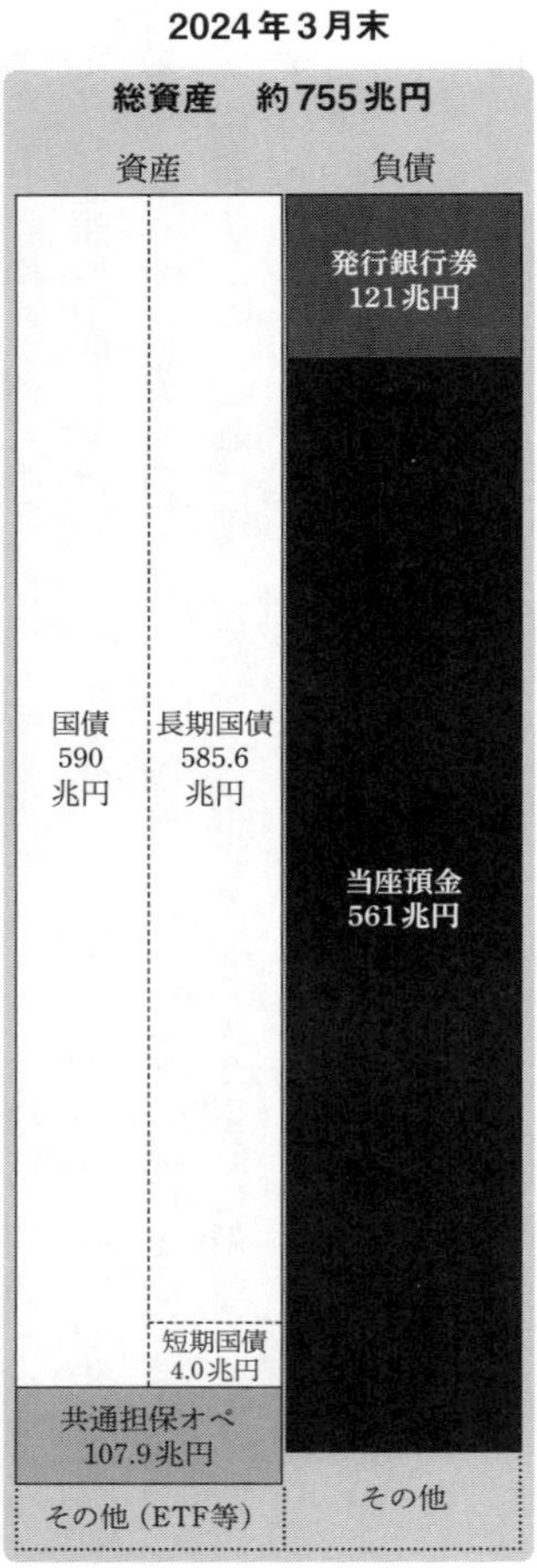

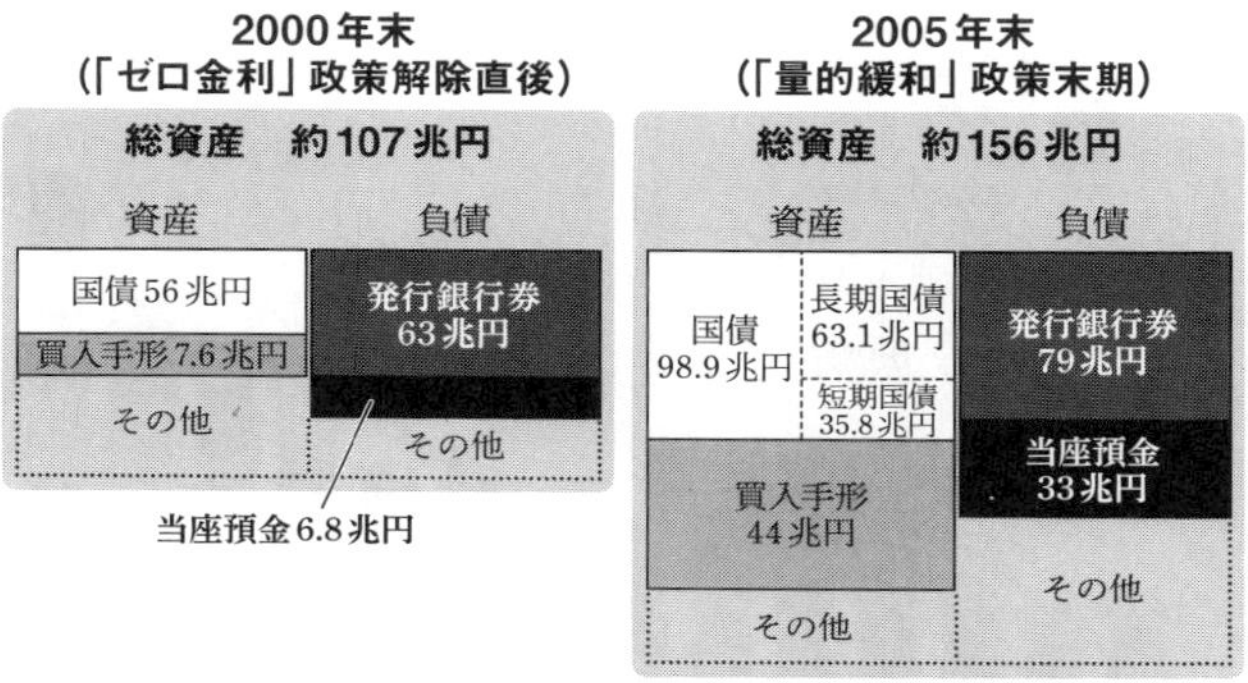

図表1-8　日銀のバランス・シートの大まかな見取り図の比較（2000年末、2005年末と2024年3月末）

（出所）日本銀行『金融経済統計月報』、『営業毎旬報告』各号の計数を基に筆者作成

ロメーターでもありますが、かつてはこの「日銀当座預金」がごく少なく、日銀は日々のオペレーションで一定の金額の資金を吸収すれば、短期金融市場ではあっという間に資金が足りなくなり、お金が借りにくくなって、取引につく金利が上がる、という形で、金利の引き上げ誘導ができていました。

当時、日銀に限らず、中央銀行の当座預金には利息を付けないのが、海外中央銀行を含めても一般的で、金利を引き上げ誘導するのに、中央銀行に財務コストがかかったり、赤字や債務超過に転落するようなことは決してあり得ませんでした。

ところが、異次元緩和をこれほどまでに実施してしまった今日では、日銀のバラン

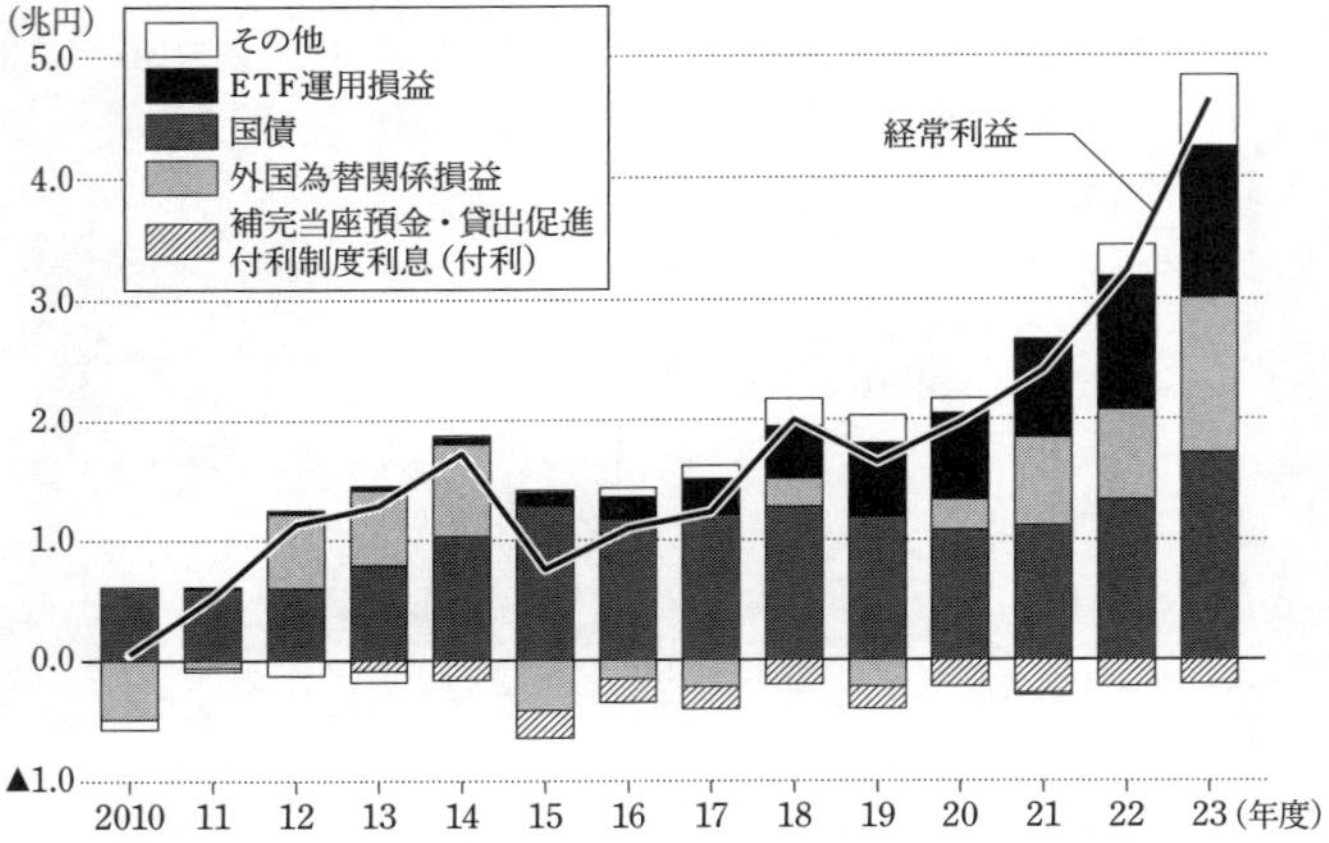

図表1-9　日銀の近年の決算における経常利益の主な内訳の推移

（出所）日本銀行『各事業年度決算等について』を基に筆者作成

ス・シートの負債サイドにある「日銀当座預金」は実に500兆円を超える規模にまで膨張しています。これは、日銀が巨額の国債を民間銀行等から買い入れる対価として渡した資金が巨額の〝余り金〟となり、日銀に預けられていることを意味します。

こうした状況の下で、日銀がかつてのような規模で資金吸収オペレーションをやったところで、短期金融市場には、資金が不足して困っている先は全く存在しないゆえ、金融取引は起こらず、金利もつきません。それでは永遠に〝ゼロ金利〟のままになってしまいます。そこで各中央銀行はやむなく、かつては無利子であった中央銀行当座預金に利子をつけるようになり、その利率を引き上げる形で、金利の引き上げ誘導をするようになったのです。現在では、海外の主要中央銀行も日銀も、みな、この方法で金利の引き上げ誘導を実施しています。

こうやって、大規模な国債の買い入れを実施した後の局面でも、金利を引き上げ誘導できるようになったのはよかったものの、従前ではあり得なかった問題が発生するようになりました。高インフレが進んだ場合、中央銀行は当座預金に高い付利をしなければならず、そのレートが資産サイドの国債等についている金利を上回ってしまった場合、その中央銀行は〝逆ざや〟に陥り、赤字に転落することになったのです。その赤字分を自己資本でカバーしきれなくなれば、債務超過になってしまいます。

図表1－9は、日銀の経常利益の推移を内訳別に示したものです。今は、ETF（上場投資信託）の収益で黒字を維持していますが、この先、利上げを進めて、「補完当座預金・貸出促進付利制度利息（付利）」の部分が大きくなれば、日銀はあっという間に赤字に転落することになってしまうのです。

〈Box②〉国家の〝デフォルト〟（債務不履行）とはどういう事態か？どういう結末に至るのか？

国が国債を発行して市場から借金をするときは、最初にお金を借りる時点で、

①いくらの元本を借りるのか

②毎年、半年ごとに投資家側に支払う利息を何%にするか

③何年間借りて、返済するか

ということをあらかじめ決めています。それを、後になって、財政運営が苦しくなったからと、①本来返済しなければならない元本をまけてもらう（＝返済を免除してもらう）、②利息をまけてもらう（＝返済を免除してもらう）、ないしは利率を下げてもらう、③返済期限を後倒しにして、毎年の元本の返済負担を軽くしてもらう、といった対応を債権者である投資家側に要請する事態となれば、それは、借金をした時点で投資家側と結んだ約束を破ることになり、国際金融市場では〝債務不履行〟（デフォルト）とみなされてしまいます。私たちが改めて肝に銘じなければいけないのは、たとえ、発行済みの国債のごく一部について、そうした負担免除・軽減要請をするとしても、我が国が発行した国債全て、そしてその発行主体である我が国自体がデフォルト扱いされ

ることになる、ということです。それが国際金融市場のルールなのです。それればかりか、その国の民間金融機関や民間企業も、国際金融市場では国の格付けを超えることは基本的にはできないという「ソブリン・シーリング」という考え方があるため、国がデフォルトとなれば民間金融機関や民間企業でも高金利を要求されたり、資金調達が事実上難しくなったりで、民間の経済活動にも大打撃が及ぶことになります。

一国がひとたび〝デフォルト〟状態に陥ってしまうと、その状態が解消されるまで、その国は市場からの新たな借金は一切、できなくなってしまいます。要するに、これまで我が国がやってきたような、毎年度の当初予算で三十数兆円もの新規国債を発行して、要するに新たな借金を追加して、自分たちが納めている税金の総額を三十数兆円もの規模で上回る規模の金額を歳出するような予算、毎年度組まれている補正予算も併せれば、納める税金を40兆円以上上回る規模の予算はもはや、組むことができなくなるのです。

そうした事態が迫っていることが察知されれば、既発の日本国債を保有している投資家からは、自分の手許にある国債の元本を満額で返してもらえなくなったらたいへんだと、買い手がつくうちにと売り浴びせる動きが拡大し、日本国債につく流通市場での金利が急上昇することは間違いありません。そうなれば、国はたちどころに財政運営に窮し、日本国債の市場での取引は停止されることになります。すでに借金をしてしまった巨額の残高の国債の償還問題はほったらかしにして、入ってくる税収を自分たち向けの歳出だけに使うことなど、国際金融市場では当然ながら、決して許されなくなるのです。急遽、すべての発行済み国債の償還に、何とかして、めどをつけなければいけなくなるのです。国債の国内保有の割合が高い我が国では、すでに発行した巨額の残高の国債の償還のめどを、国内の私たちが保有する資金（貯蓄）を充当する形で立てるよりほかにありません。

いざ、デフォルトとなったときに、国際機関や他国が厳しい条件付きであればお金を貸してくれるのは、デフォルトとなった当該国内に余剰資金・貯蓄が十分にない場合のみ、言い換えれば発行した国債の相当部分を外国の資金で消化してもらっている場合のみです。国内に巨額の余剰資金がある国にまでお金を貸してくれるほど、国際社会はお人好しではありません。国内に余剰資金などなかったギリシャは、二〇一二年に二度のデフォルトを引き起こしました。一度目は外国勢に何とか国債の元本の半分強の債権放棄に応じてもらえたものの、二度目はそのギリシャですらさらに厳しい国内負担を含む債務調整を強いられたのです。我が国は、第二次世界大戦の終戦後まもない時期に経験した、異例の大増税や政府による歳出の大規模な踏み倒しからなる

「国内債務調整」を、戦時下でもないのに再び行わざるを得なくなるでしょう。

第2部　シミュレーション　日本の財政はどうなるか

我が国ではこれまで、日銀による〝事実上の財政ファイナンス〟によって、放漫財政を改めることなく、安易に続行してきました。しかしながら、これ以上、そのまま続けていくことはもはや不可能です。

では、私たちはどうすればよいのか。それを具体的に考える前に、まず、今、我が国が財政運営上置かれている立ち位置を理解するため、一定の仮定のもとでの試算をご覧いただきたいと思います。そのうえで、この先、どのような目標のもとで財政再建を進めていく必要があるのかを、ご一緒にお考えいただきたいと思います。

2-1　内閣府のバラ色の「経済・財政試算」のカラクリ

内閣府は毎年2回、1月と7月に「中長期の経済財政に関する試算」（以下「経済財政試算」）を実施して経済財政諮問会議に報告し、対外公表しています。本書執筆時点でのその最新版（2024年7月29日経済財政諮問会議提出）においては、**図表2-1**に示すような、国と地方の基礎的財政収支（＝プライマリー・バランス）や、公債等残高の試算結果が示されています。

内閣府の見通しは、①「過去投影ケース」、②「成長移行ケース」、③「高成長実現ケース」の3本立てで示されています。2024年1月公表分までは、「ベースライン・ケース」（＝今回の①「過去投影ケース」）、と「成長実現ケース」（＝今回の③「高成長実現ケース」）の2本立

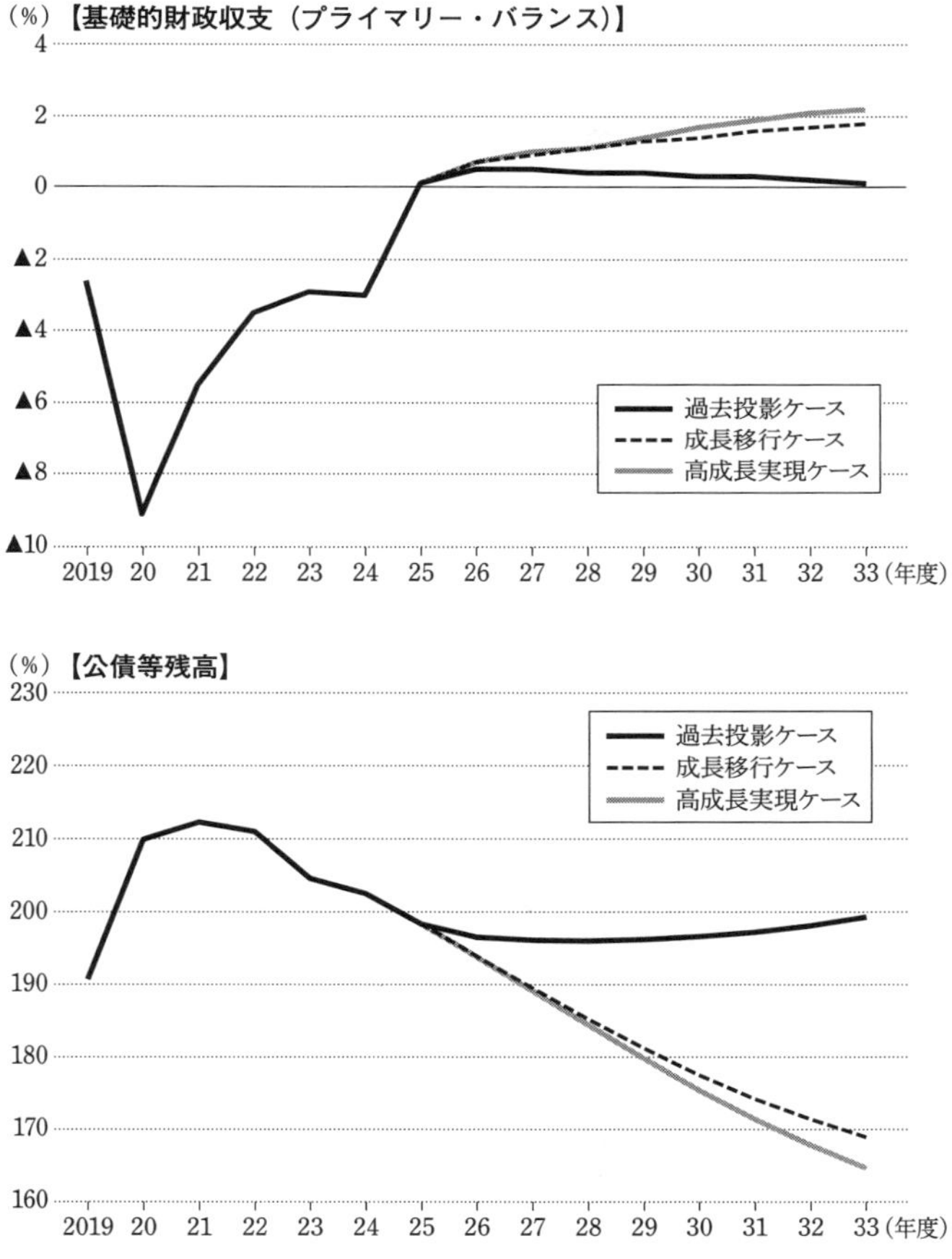

図表2-1　内閣府経済財政試算（24年7月）における、国と地方の基礎的財政収支（プライマリー・バランス）と公債等残高の見通し（対名目GDP比）

（出所）内閣府『中長期の経済財政に関する試算』（各年7月公表版）を基に筆者作成

てだったものが、今回はその中間に②「成長移行ケース」も設けられるようになりました。

大雑把にいえば、我が国経済の今後について、①は低成長継続ケース、②はまずまずの成長ケース、③は高成長達成ケース、ということでケース分けして見通しを示しているわけです。そして、歳出、歳入の両面で、すでに決定済みの改革を反映しつつ、歳入面では現行の税制が継続すると想定し、歳出面では、「高齢化要因を除き、これまでの歳出効率化努力を継続した場合の半分程度の歳出の伸びの抑制を仮定」している由です。要するに、歳出、歳入の両面で、何らかの厳しい歳出カットや増税といった財政収支の改善努力をすることなく、概ね、従前通りの財政運営を続けたらどうなるかが試算されているとみてよいでしょう。

「財政再建努力など不要。財政は自然に改善する」という内閣府の「超」楽観的な見通し

それぞれのケースで財政運営がどうなると試算されているのかをみてみましょう。毎年度の歳出と歳入の動きを示す基礎的財政収支の対名目GDP比(図表2-1の上側)をみると、2025年度にごく小幅のプラス(0・1%)に転じた後、①の過去投影ケースでも2033年度にかけて一貫してプラス圏内を維持するほか、②成長移行ケースや③高成長実現ケースではプラス幅が拡大し、2033年度には+2%前後にまで改善する、という試算結

果が示されています。

他方、国と地方の公債等残高の対名目GDP比（図表2－1の下側）の方は、足許はインフレによる名目成長率の押し上げ要因が効いたことなどから、2025年度にかけて約198%にまで低下した後、①過去投影ケースでは、2033年度にかけておおむね200%弱で横ばい推移する一方、②成長移行ケースや③高成長実現ケースでは、2033年度にかけて170%を切る水準にまで低下すると試算されています。

要するに、特段の財政再建努力などしなくても、国民の痛みを伴う歳出カットや増税に手など付けなくても、この先の財政運営にはとくに問題はない、それどころか、うまくいけば、我が国の財政事情はバラ色に改善する、とこの内閣府の試算は言いたいようです。

内閣府とは対照的なOECDのシビアな見方

では、国際機関は、我が国のこのような財政事情、財政運営の先行きをどうみているのでしょうか。**図表2－2**は、OECD（経済協力開発機構）が2024年1月に公表した我が国の財政の先行き見通しを示したものです。それによれば、我が国の基礎的財政収支（図表2－2の上側）は、OECDのベースラインの予測（特段の財政再建努力なし）でみると、目先は2026年頃にかけて改善しても、その後は悪化の一途をたどることが見込まれています。

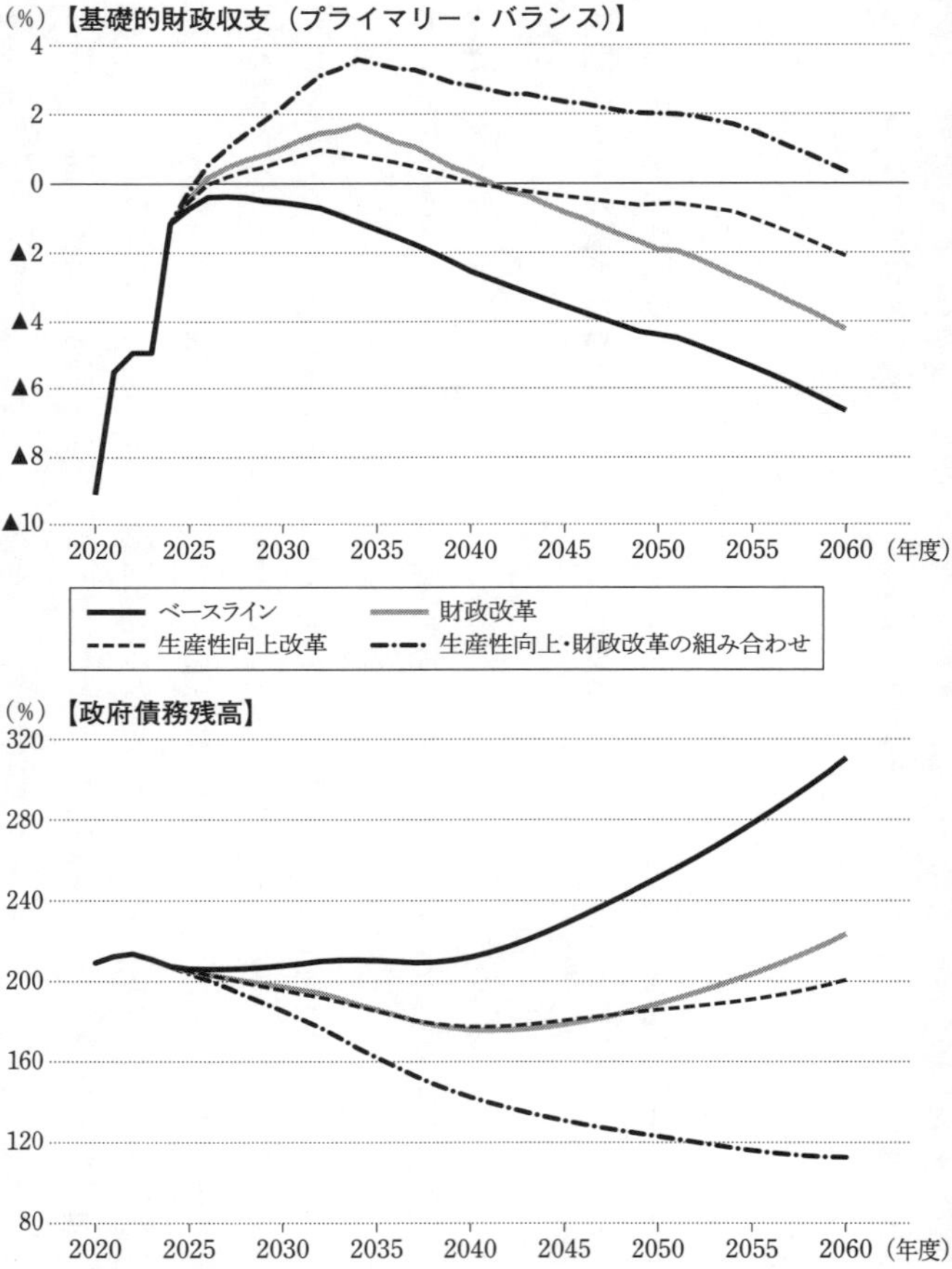

図表2-2　OECD経済サーベイにおける我が国の国と地方の基礎的財政収支と政府債務残高の見通し

（出所）OECD, *Economic Surveys Japan*, January 2024, Figure1.14（p32）を基に筆者作成
（原資料注）国と地方（政府）の定義は内閣府と同じ

財政再建策	財政収支の改善幅（対名目GDP比）		
	2030年	2040年	2050年
消費税率の年当たり1%ずつの引き上げを2025年に開始し、20%になるまで継続。その歳入の半分を、脆弱な（引用者注：低所得層の）家計の支援に充当	+1.5%	+2.6%	+2.6%
炭素税をCO_2排出1トン当たり4,000円になるまで、2025年〜2034年の間に正比例する形で引き上げ。その歳入の半分を、脆弱な（引用者注：低所得層の）家計の支援に充当	+0.2%	+0.1%	0.0%
デジタル化により社会保障やその他の歳出を改革（効率性を2025年から30年超かけて10%改善）	+0.5%	+1.6%	+2.8%
年金受給の適格年齢を、2031年から15年間かけて65歳から70歳まで引き上げ、1年遅らせるごとに年当たり4.2%の恩恵を積み増し	0.0%	+0.4%	+0.3%

図表2-3　OECDが提言する我が国の財政再建策による財政収支の改善見通し

（出所）OECD, *Economic Surveys Japan*, January 2024, Table1.4(p34)を基に筆者作成
（原出所）総務省、厚生労働省、内閣府、およびOECD推計
（原資料注）改善幅は中央・地方政府の財政収支に与えるインパクトを示す

ＯＥＣＤはそれ以外に、財政再建努力によって、我が国の基礎的財政収支がベースライン・シナリオ対比で改善する予測も示しているものの、その際にＯＥＣＤが想定している我が国の財政再建のための具体策は、**図表２－３**に示すように、厳しいものになっています。例えば、「２０２５年以降消費税率を毎年１％ずつ引き上げて、20％になるまで継続する」とか、「年金の受給開始年齢を、２０３１年から15年間かけて、65歳から70歳にまで引き上げる」といった、我が国の国内ではこれまでおよそ議論の俎上にすら上がっていないような厳しいものばかりです。

政府債務残高については、ＯＥＣＤが長期的に明確な低下トレンドをたどると見込

むのは、極めて厳しい財政再建策を組み合わせて実施し続けた場合のみとなっています。それ以外では、厳しい財政再建策を講じ続けてもなお、政府債務残高の規模はよくて横ばいで長期的には再び上昇するとOECDは見込んでいるのです。特段の財政再建努力をしないベースライン・シナリオでは、政府債務残高の規模は中長期的に上昇傾向をたどり、名目GDP比では実に300%超に到達すると予測しているのです。

内閣府とOECDとで、我が国の財政運営の先行きについて、なぜこれほどまでに対照的な見通しが示されているのでしょうか。内閣府の試算で、特段の財政再建策を講じないのに財政事情がバラ色に改善する見通しが示されている理由は、不自然な、恣意的と言っても過言ではない経済前提の設定にあるのです。そのポイントは次の3点です。

①名目経済成長率の水準

前提とする名目経済成長率を高く設定すればするほど、それにつれて税収も伸びると見込まれるため、財政収支は改善することになります。

②名目経済成長率と金利の関係

国内外の過去の経験を振り返れば、市場メカニズムが健全に機能しているもとでは、

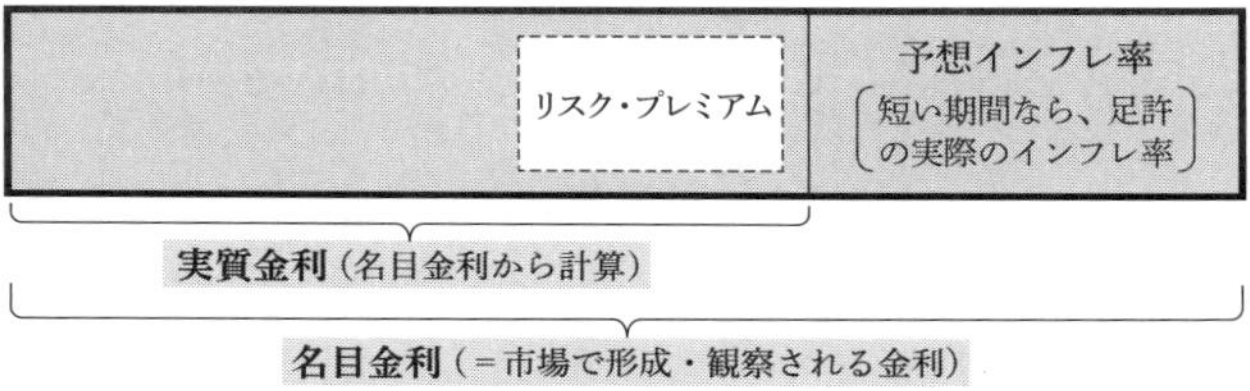

図表2-4　金利の構造（概念図） （出所）筆者作成

「名目経済成長率が金利を下回っていた」局面が実際に多く、通常の姿と考えられています。ところが、これに反して「名目経済成長率が金利を上回る」という前提を設定してしまえば、ごく単純化して考えれば、利払費よりも税収の伸びの方が相対的に高くなるので、財政収支は改善することになります。

③金利と物価上昇率の関係

金利と物価上昇率の関係もまた然りです。市場メカニズムが健全に機能している経済では、「金利は物価上昇率を上回る」のが通常です。なぜなら、物価上昇率は金利の一部を構成する要素（**図表2－4**）だからです。誰かにお金を1年間貸す時のことを考えてください。今、我が国では年に2～3％程度、物価が上がっています。10万円を1年間貸して、1年後、返してもらえる金額が10万円のままでは、同じものを1年前とでは2～3％少なくしか買えないことになってしまいます。ですから、金利には、最低限、先行きの物価上昇率（正確にはその予想）が反映され、さらに、借り手側がどの程度確実にお金を返せるかどうかの信用度に応じて金利が上乗せされることになるのです。[*1]

ゆえに、「金利は物価上昇率を上回る」のが、古今東西をみても通常です。しかも、長期の金利は短期の金利の積み重ねと考えられるため、長期の金利になればなるほど、「金利は物価上昇率を上回る」となるのが当然の筋合いなのです。

にもかかわらず、「長期金利は物価上昇率に等しい」、とか、「長期金利は物価上昇率を下回る」などという前提を置いてしまえば、いかに高インフレが進行しても、利払費は増えずに済んでしまうことになるのです。

内閣府の〝不自然〟かつ〝恣意的〟な試算の前提条件とは

実際に、内閣府の経済財政試算見通しでは、経済（名目GDP）成長率、物価、長期金利として、どのような前提値が設定されているのかをグラフにし、これらの関係がわかるようにしたものが**図表2-5**です。なお、内閣府は短期金利の前提値は公表していません。

＊1　この、相手方の信用度の要素は、「実質金利」の部分に反映されることになります。そのなかの「リスク・プレミアム」は、先行きの不確実性に応じて上乗せされる部分です。国債の金利であれば、当該国の信用度が低く、財政破綻の可能性が高まっていると判断されれば、この、実質金利のなかの「リスク・プレミアム」の部分が膨らむことになります。

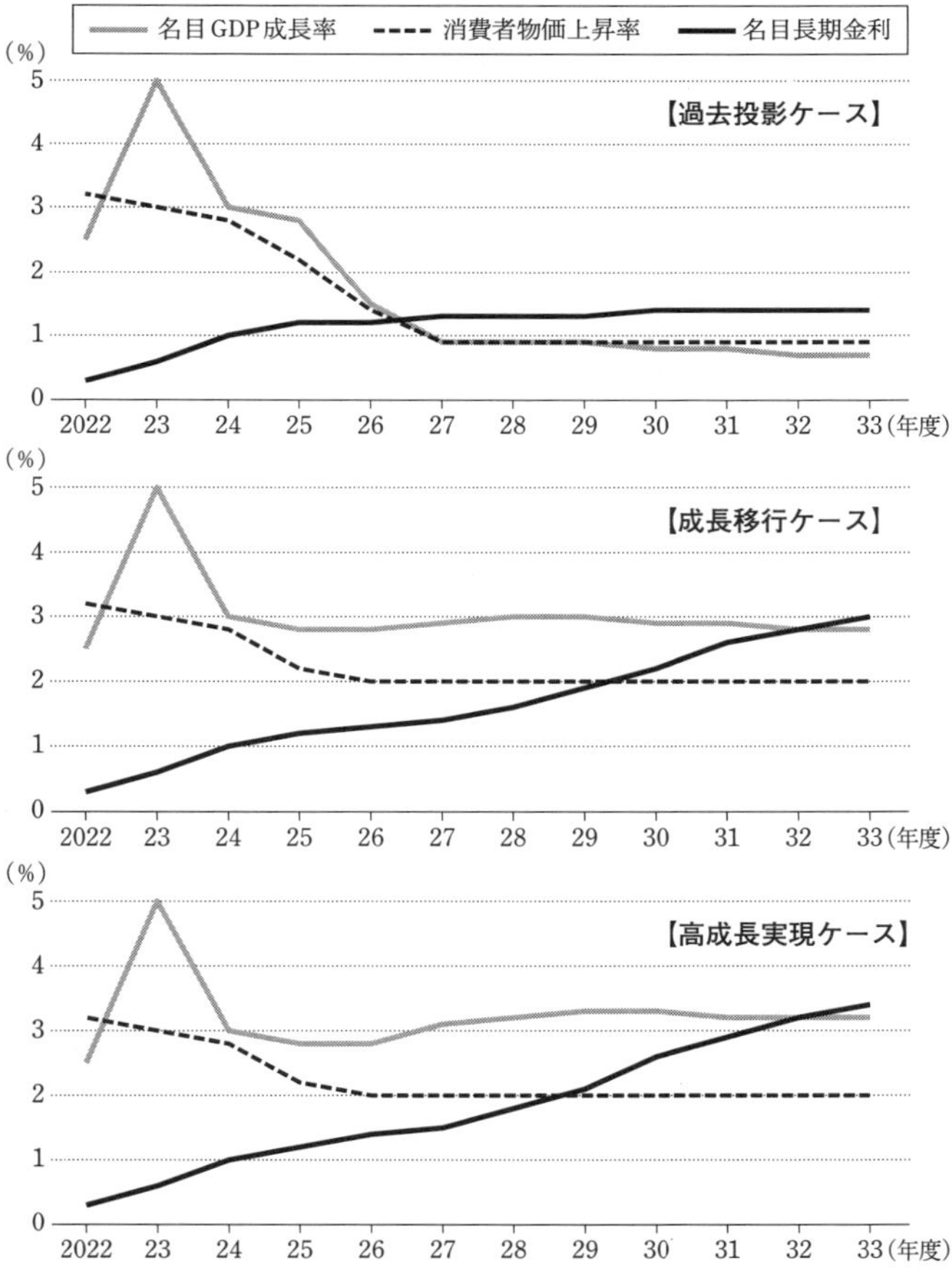

図表2-5　内閣府経済・財政見通し（24年7月）における我が国の名目経済成長率、物価上昇率、長期金利の前提

（出所）内閣府『中長期の経済財政に関する試算』（令和6年7月29日経済財政諮問会議提出）を基に筆者作成

このグラフからは、内閣府が長期金利の前提値を、経済成長率との比較でも、そして物価上昇率との比較でも、随分と低めに設定しているということが明らかです。名目長期金利が名目GDP成長率を追い抜くのは、①過去投影ケースでは2027年以降、②成長移行ケースや③高成長実現ケースにいたっては2032年以降です。

物価上昇率との関係も然りです。名目長期金利が消費者物価上昇率を追い抜くのは、①過去投影ケースでは2027年以降、②成長移行ケースでは2030年以降、③高成長実現ケースでは2029年以降です。

短期金利ではなく、長期金利までもが物価上昇率にも満たない低水準で推移するという、不自然極まりない前提が設定されているのです。とりわけ、目立ちやすい目先の数年間について、名目経済成長率や消費者物価上昇率に対して、利払費が増えずに済むような恣意的な前提が設定されているといっても過言ではないでしょう。なぜ、そのようなことをするのでしょうか。あくまで推測ですが、増税にせよ歳出削減にせよ、痛みを伴う話を国民に対して切り出したくない現政権が、まともな財政再建策に取り組まずにやり過ごすことに〝お墨付き〟を与えるためなのではないでしょうか。

さらに、内閣府の「名目経済成長率」の設定水準の高さも問題含みです。名目経済成長率とは、実質経済成長率と物価上昇率の和で示されるものです。

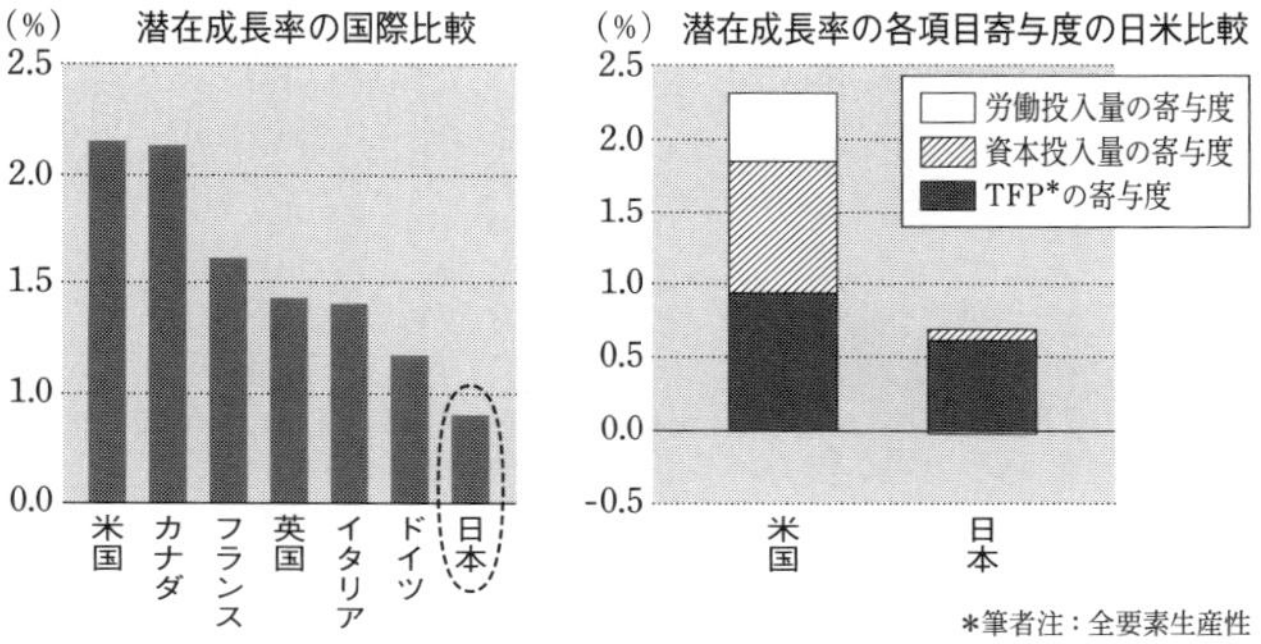

図表2-6　潜在成長率の3つの構成要素と国際比較

（出所）内閣府『中長期の経済財政に関する試算』（令和6年7月29日経済財政諮問会議提出）、p8

「名目経済成長率」
＝「実質経済成長率」＋物価上昇率

図表2－5から明らかなように、内閣府は、物価上昇率は高くなったとしてもせいぜいこの先も2％程度で収まる状態が継続すると楽観視しつつ、「実質経済成長率」を高めに見積もる形で、「名目経済成長率」を高めに設定しています。

一国の「実質経済成長率」がどの程度の水準になるのかというと、短～中期的な景気変動要因を除外して考えれば、中長期的には当該国の「潜在成長率」に等しくなります。「潜在成長率」とは当該国の経済活動の強さ（＝経済の活力）を示すもので、**図表2－6**（の右図）のように、ヒト（労働投入量）、カネ（資本投入量）、技術革新力（全要素生産性＝TFP）という3つの要因がどうなるのかによって決まってきます。

我が国の場合、「ヒト」要因（労働投入量）は、少子高齢化による人口減少傾向にあるため、この先潜在成長率を押し上げる方向に寄与することはおよそ期待できないことは誰の目にも明らかです。移民を積極的に受け入れる気運は乏しく、あとは女性や高齢者の労働参加率をどれだけ上げられるか、というあたりが関の山です。「ヒト」要因が潜在成長率を押し下げる方向に作用することをどこまでくい止められるか、というのが現実的な課題でしょう。移民が流入してき過ぎて困っているくらいの米国とは雲泥の差で、同国では独立財政機関である議会予算局（ＣＢＯ）が、移民の流入増のペースが統計上明確になったという理由で、２０２４年春に公表した米国の経済見通しを引き上げたりしているほどなのです。移民の流入が続いているのはカナダや欧州各国も同様です。こうした背景もあって、主要先進国のなかでは、我が国の潜在成長率は最低となっているのです（図表２－６の左図）。

内閣府は、この３要素のうちの「ヒト」以外の要因、とりわけ「技術革新力」要因を高めに見積もり、試算の前提となる潜在成長率を高めに設定しています。

一国の技術革新力を決定する大きな要因の一つである我が国の研究開発力が国際的に低下していると言われるようになって久しい今日、ほんの目先、数年後から、それほど高い技術革新力を簡単に回復できるものなのでしょうか。内閣府がここまでして潜在成長率＝

実質経済成長率の見通しを高く設定したいのは、それが税収の伸びにつながるからに他ならないでしょう。

しかしながら、こうした、〝実力度外視〟の前提に基づく経済・財政見通しは、果たして現実的と言えるのかどうか。これまで内閣府の経済財政試算が何度も繰り返してきたように、今回の試算もまた〝絵に描いた餅〟に終わるのではないでしょうか。

経済の話は専門的で、一般的にはわかりにくいとよく言われます。内閣府はそれをよいことに、こうした不自然な、恣意的な前提のもとで経済財政試算をしているのかもしれません。それを私たちが鵜呑みにして、我が国の財政運営の先行きを楽観視して安易にやり過ごしてしまったらどうなるか。単に、絵に描いた餅で終わることにはならないのが国の財政です。気が付いた時には財政運営をめぐる情勢が一変し、追い込まれていた、となれば、困るのは誰でしょうか。一番困るのは、内閣府でも時の政権でもなく、大幅な歳出カットや大幅な増税という急激な財政調整の負担を余儀なくされる私たち国民なのです。

2-2　今後の鍵を握る利払費——問題は新規国債・借換債の発行金利と条件

第1部でもみたように、一国が財政運営をつつがなく継続していかれるかどうかの鍵は利払費が握っています。その利払費は、今後の経済・金融情勢の展開次第ではどうなるのでしょうか。内閣府のような不自然な、恣意的と言っても過言ではないような前提ではなく、経済メカニズム上の〝つじつま〟が合い、客観的な前提のもとで試算をしてみた場合、利払費はどうなるのでしょうか。

我が国においては、政府部門としては内閣府のほかに、財務省も毎年度の予算編成に併せて『後年度歳出・歳入への影響試算』、『国債整理基金の資金繰り状況等についての仮定計算』という財政運営の先行きの試算結果を公表しています。財務省による利払費の試算(仮定計算)結果は前掲図表1－6の通りです。ここでは、これらを含め、財務省が予算編成過程で公表しているデータを基に、利払費を試算しました。

具体的には、財務省による利払費の試算値(2024年2月時点)は、①2023年度までに発行済みの国債の利払費で、この先何年度に利息としていくらずつ支払わなければいけないかの金額がすでに確定している分と、②2024年度以降に発行される国債の利払費で、2024年度以降の実際の長短市場金利がこれからどのように推移するかによって決定される分、とに分解できるはずです。しかしながら、財務省はそれらの内訳を公表していないため、財務省の公表データを基に推計しました。詳細な推計の手法や考え方は〈Box③〉の通りです。

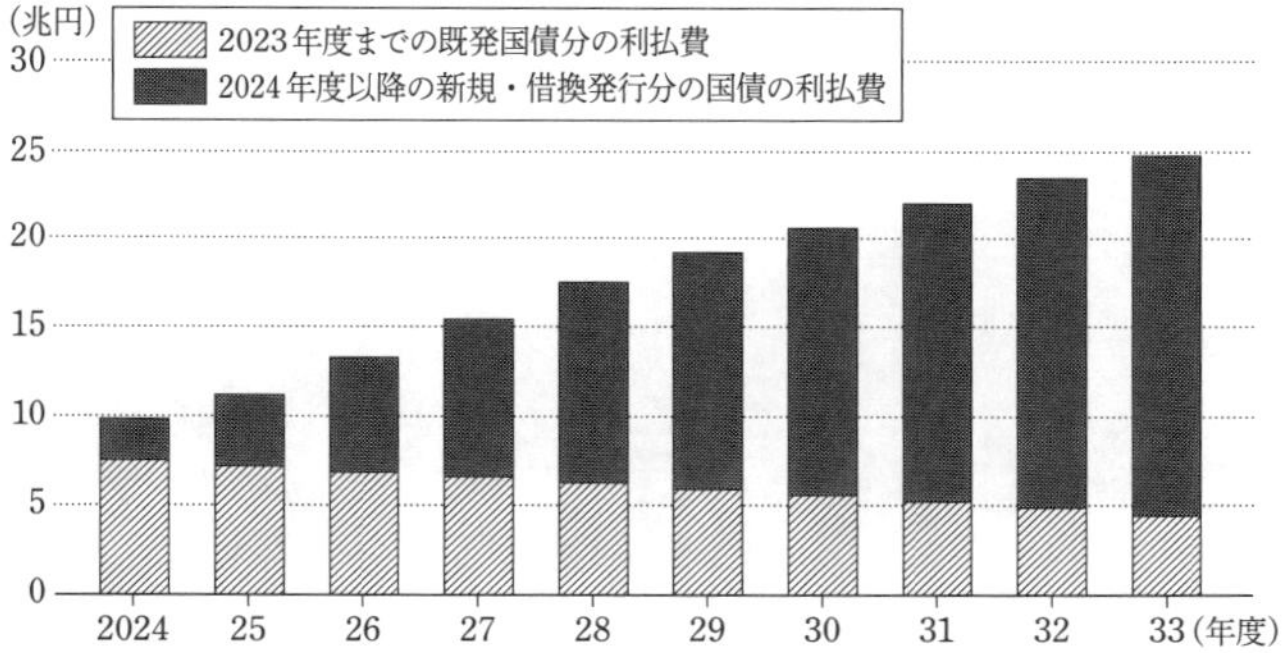

図表2-7　財務省が仮定計算で公表している利払費における「既発国債分の利払費」と「新規および借換発行国債分利払費」の推計値

(出所) 財務省『財政法第28条等による令和6年度予算参考書類』、『財政法第28条等による令和5年度予算参考書類』、『財政法第28条等による令和4年度予算参考書類』、財務省理財局『債務管理リポート　国の債務管理と公的債務の現状2024』のデータを基に筆者作成

「国債の平均残存期間は約9年だから当面利払費は増えない」は誤り

その推計を基に、財務省の利払費の試算結果を、①既に発行済み国債の利払費と②今後発行する国債の利払費に分解してみた試算の結果が**図表2-7**です。

確かに、足許の2024年度では、①既発国債の利払費の占める割合の方が大きくなってはいますが、2027年度以降は逆転し、②2024年度以降に発行する国債の利払費の割合の方が大きくなる一方であることがわかります。

「我が国の国債の平均残存期間は9年5ヵ月ゆえ、今後9年間は利払費はあまり増えないから心配ない」などと言われるのを目や耳にしたこともあります。しかしながら、図表2

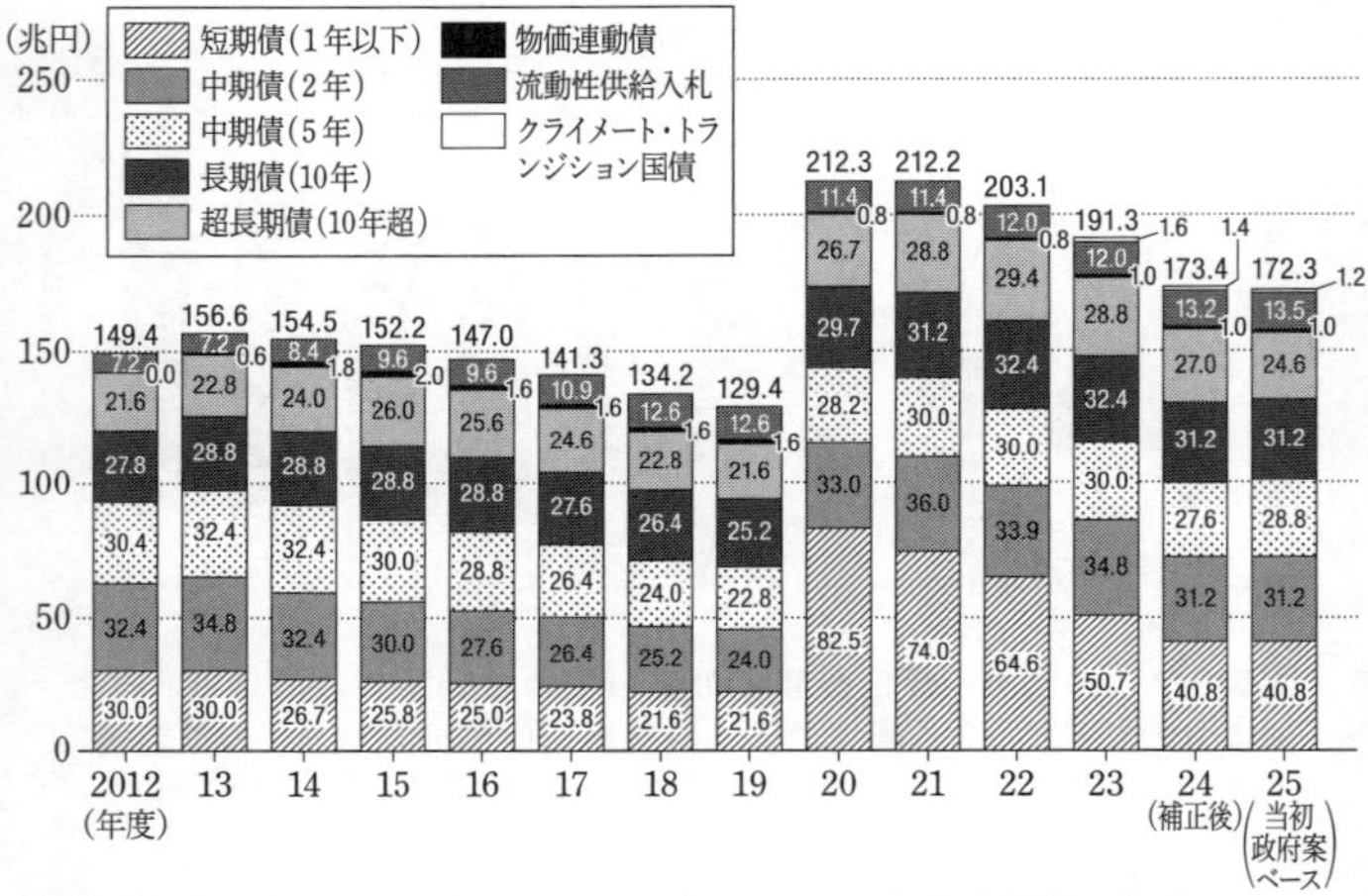

図表1-7　我が国の国債のカレンダー・ベース市中発行額の推移（再掲）

（出所）財務省『国債発行計画の概要』各年度版を基に筆者作成

－7をみれば、それが誤りであることは明らかでしょう。我が国の国債発行構造は、国債の平均残存期間が9年5ヵ月だといっても、ほとんど10年債を発行しているから平均残存期間が9年5ヵ月だという構造では決してありません（**図表1－7再掲**）。同じ「平均残存期間9年5ヵ月」でも、満期が20年、30年といった超長期国債も発行している一方で、短期国債や中期国債も多く発行しているなかで、全体の平均残存期間をはじくと9年5ヵ月になっているのです。しかも、これだけの多額の短期国債や中期国債を発行している以上、目先の市場金利が上昇すれば、あっという間に利払費は膨れ上がってしまうのです。

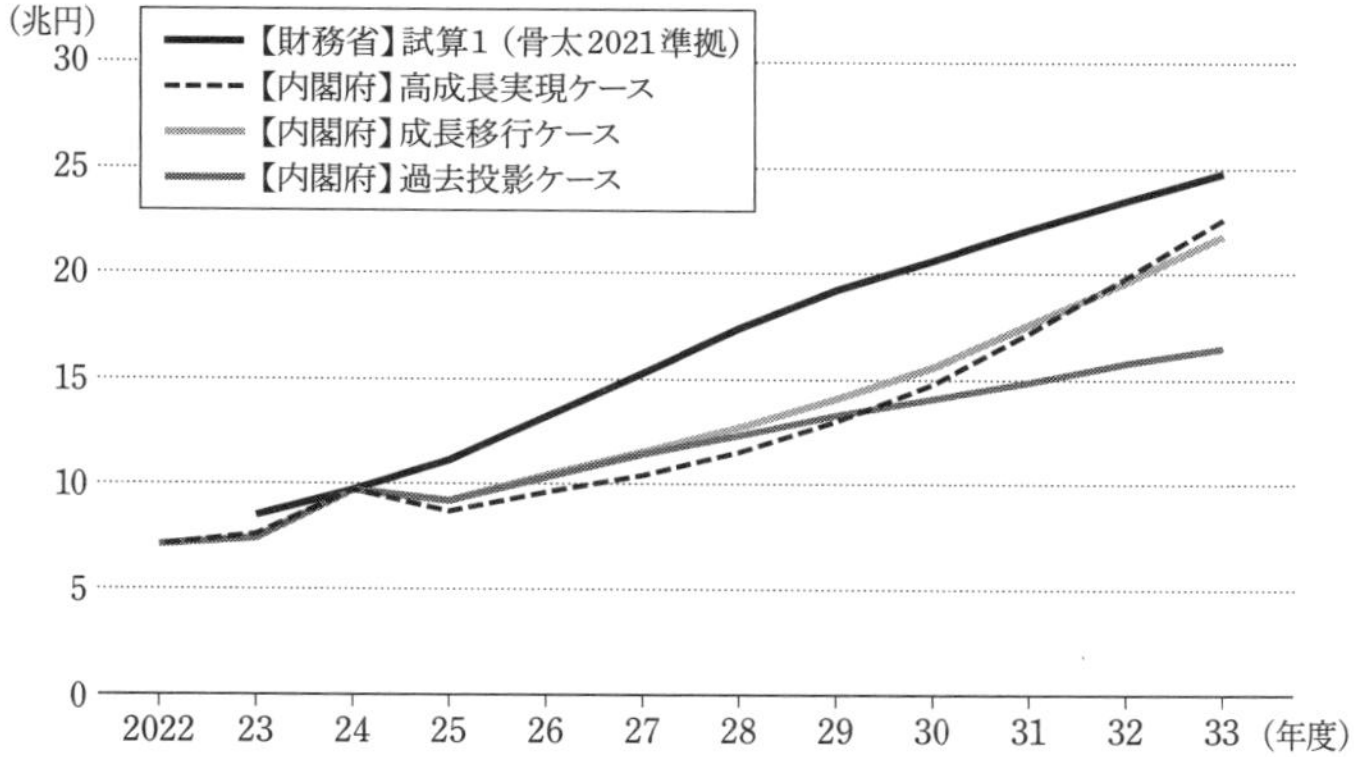

図表2-8　内閣府の利払費見通し（2024年7月）と財務省の仮定計算における利払費の見通し（2024年2月）の比較

（出所）内閣府『中長期の経済財政に関する試算』（令和6年7月29日経済財政諮問会議提出）、財務省『令和6年度予算の後年度歳出・歳入への影響試算』『国債整理基金の資金繰り状況等についての仮定計算』（令和6年2月）を基に筆者作成

内閣府と財務省の利払費の見通しには5～8兆円もの差が

ちなみに、内閣府と財務省の利払費の見通しの間にはかなりの開きが存在します（**図表2-8**）。両者の差がとりわけ開く2027年度以降は、内閣府側の3つのケースにもよりますが、内閣府の利払費の試算値は、財務省の試算値を5兆～8兆円も下回っているのです。国の政府のなかで経済政策運営の重責を共に担っているはずの財務省と内閣府とで、利払費の見通しにこれだけ大きな差が出ていることは、国民の側からすれば不可解極まりなく、いったいどちらを信じたらよいのかわからなくなってしまいます。

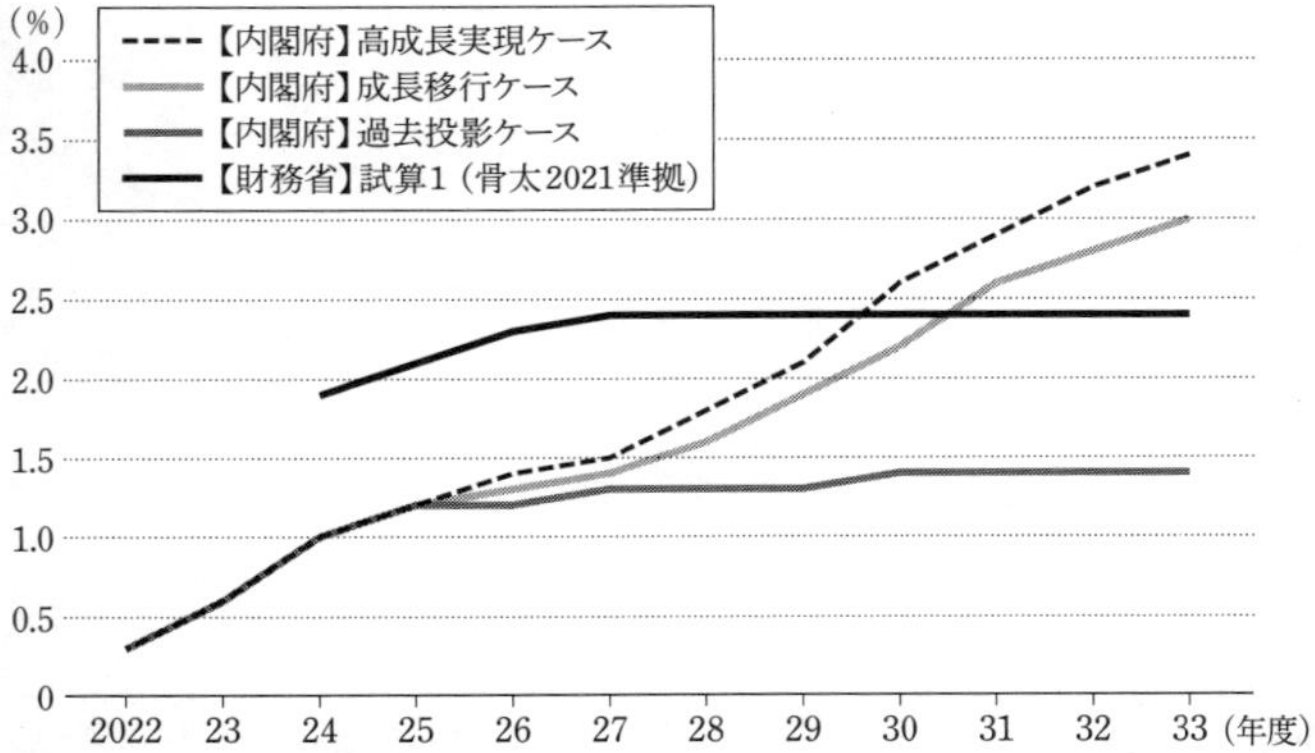

図表2-9　内閣府の長期金利の前提（2024年7月）と財務省の仮定計算における長期金利の前提（2024年2月）の比較

（出所）内閣府『中長期の経済財政に関する試算』（令和6年7月29日経済財政諮問会議提出）、財務省『令和6年度予算の後年度歳出・歳入への影響試算』『国債整理基金の資金繰り状況等についての仮定計算』（令和6年2月）を基に筆者作成

そうしたもっともな疑問はとりあえず措くとして、利払費の試算の前提となっている長期金利を内閣府と財務省がどのように設定しているのかをみると**（図表2-9）**、内閣府の①過去投影ケースにおける長期金利は一貫して財務省よりも低くなっている半面、②成長移行ケースや③高成長実現ケースでは、2030年〜31年頃に、内閣府の前提が財務省の前提を抜く形になっています。

にもかかわらず、利払費の試算値は、内閣府の方が3つのケースすべて財務省の試算を下回っています。内閣府がいったいどうやって利払費を推計しているのか、詳細な前提や計算方法はいっさい明らかにされていませんが、この両者の利払費の見通しにこれだけ差が出ていることは、その時々の長期金利だけで国の利払費の総額が単純に決まるわけではない、ということを少なくとも物語っているといえそうです。

そもそも、利払費はどうやって決まっているのでしょうか。前述したように、既に発行済みの固定利付国債については、それぞれの満期が到来するまでの間の毎年度の利払費はすでに確定しています。他方、今後発行する国債に関しては、どういう年限で発行するのか（短期国債か、中期国債か、長期国債か、等々）、その際の前提金利を、短期〜長期の金利のそれぞれについて、どのように置くのか、によって利払費は大きく変動することになります。

内閣府や財務省の試算では、前提は長期金利（10年金利）しか明らかにされておらず、短期金利の前提値をどのように設定しているのかは非公表です。国債の発行年限の配分もどのような前提としているのかは公表されておらず、不透明です。

では、長短金利や国債の発行年限の配分について、明確な前提のもとで試算をすれば、我が国の利払費はいったいどうなるのでしょうか。

2-3　金利シナリオ・国債の調達パターンごとの利払費を独自試算

そこで、本書では、**図表2-10**に示すように、金利や経済成長率については①〜④の4つのシナリオ、国債の発行年限の配分に関してはⅠ〜Ⅲの3つのパターンを設定し、それ

【金利シナリオ】

	潜在成長率 (A)	物価上昇率 (B)	名目成長率 (C=A+B)	1年金利 (B)	5年金利 (BとCの中間)	10年金利 (C)
金利シナリオ① (デフレ逆戻り)	0.00%	0.50%	0.50%	0.50%	0.50%	0.50%
金利シナリオ② (物価低水準)	0.50%	1.00%	1.50%	1.00%	1.25%	1.50%
金利シナリオ③ (物価目標達成)	0.50%	2.00%	2.50%	2.00%	2.25%	2.50%
金利シナリオ④ (高インフレ招来)	0.50%	5.00%	5.50%	5.00%	5.25%	5.50%

【新規・借換発行分の国債の年限配分】

	1年債	5年債	10年債
パターンⅠ	0%	0%	100%
パターンⅡ	100%	0%	0%
パターンⅢ	33%	33%	33%

図表2-10　本書の試算における、経済成長率・長短金利の4シナリオと、今後の新規・借換発行分の国債の年限配分の3パターン
(出所) 筆者作成

ぞれのシナリオ、パターンについて、利払費の試算を行いました。

4通りの金利シナリオ
――〝市場主義経済体制下〟を死守

試算に際しては、なによりも我が国があくまでも市場主義経済圏に属し、かつ国際的な資本移動が自由な開放経済体制下にあり続けることを大前提に、各条件どうしの関係が内閣府の試算のように不自然なものには決してならないようにしました。具体的には、まず、金利シナリオとしては、①デフレ逆戻り、②物価低水準、③物価目標達成、④高インフレ招来、の4つを設定しました。潜在成長率に関しては、シナリオ①のみ0%、それ以外の②〜④に関しては、足許の我が国経済の実力に近い0・5%と設定しました。

消費者物価上昇率に関しては、①は0・5%、②は1%、③は2%と設定しました。日銀の近年の実際の金融政策運営が、消費者物価の前年比が目標の2%を上回る状態がすでに2年半以上継続しているにもかかわらず、それを事実上放置する形で後手に回っているように見受けられる現実を鑑み、④は日銀が高インフレ進行を抑えきれなくなるケースとして5%と設定しました。

名目成長率は、潜在成長率と消費者物価上昇率の和としました。

金利水準[*2]は1年金利＝消費者物価上昇率、と設定しました。なお、国債発行の実務上、1年物の短期国債は割引債[*3]形式で発行されていますが、ここでは読者にご理解いただきやすくするため、利付債方式で発行すると想定しています。10年金利＝名目経済成長率、と

＊2　前掲図表2－4でも説明したように、中央銀行が金融政策運営を行う際の政策金利となるオーバーナイト（＝ある営業日の夕方から翌朝まで、の意味）の短期金利は最低でも物価上昇率に等しくなるはずです。ゆえに、この手の試算においては、本来であれば、短期の政策金利＝消費者物価上昇率と設定すべきところ、本書の試算ではそれよりやや甘く、1年物金利（オーバーナイト金利より高くなるのが通常の姿）＝消費者物価上昇率、としました。

＊3　通常の利付債は、例えば額面100万円で発行されたものが満期到来時には同額の100万円の元本が償還されるうえに、発行から満期までの間の毎年度、クーポン（表面利率）に応じて利息が支払われます。これに対して割引債とは、満期が1年以下の短いものについて、期中の利払は行わない代わりに、発行時の額面を、満期到来時の額面よりも低く設定する（＝割り引く）ことによって、両者の差額に実質的な利払の意味を持たせる形式の債券です。

設定し、5年金利は1年金利と10年金利の中間、と設定しました。

なお、経済成長率や物価上昇率、金利等の前提はごく単純に、試算対象期間中一定のまま推移すると仮定しました。

このように本試算では、市場主義経済においてこれまで長年にわたって蓄積されてきた経験を背景に国内外で共有されている理解に基づき、金利と経済成長率、物価上昇率の関係を設定したうえで、試算を行いました。

繰り返しますが、内閣府のように、長期金利が一定の年数にわたって経済成長率を下回ったり、場合によっては物価上昇率までも下回ったりするような不自然な前提を本試算では決して採用しません。本試算では我が国経済が、あくまで市場主義経済圏に属し、かつ国際的な資本移動が自由な開放経済体制下にあり続けることを前提としているからです。内閣府が採用しているような前提条件間の不自然な関係は、国内外で共有されている経験や理解に反するものであり、現実の経済の世界でそうした不自然な関係が成立する状態を無理やり作り出して押し通そうとすれば、当該経済にゆがみや副作用が生じるほか[*4]、いずれ国際金融市場にその矛盾を突かれ、最終的にはそれが引き金となって財政運営が行き詰まる事態に至るであろうことは自明です。だからこそ、外国為替市場ではすでにこれだけ大幅な円安が進んでいる、そうなりかけているとみることもできるでしょう。過度な円安が進行して国外への資金流出が止められなくなれば、資本移動規制をかけざるを得なくなり、我が国は開放経済体制下にはいられなくなってしまうのです。

国債発行年限の配分は3パターン

次に、国債発行年限の配分に関しては、短期の1年債、中期の5年債、長期の10年債の3つを組み合わせて発行する形で今後の資金調達を行うと想定しました。我が国は実際には20年債や30年債等の超長期国債も発行していますが、財政運営が苦しい国では満期が長い国債になればなるほど先行きのリスクが大きくなり、市場に引き受けてもらいにくくなるのが常です。また、実際に我が国でこれまで超長期債の主たる保有主体であった生命保険業界から、我が国の厳しい人口減少傾向等を鑑みれば、この先、生命保険契約が伸び続けるとは考えづらいゆえ、超長期国債を大幅に買い増し続けることは現実問題として難しい、といった内容の声が実際にきかれ始めています。[*5] そこで、試算を単純化してわかりや

＊4　現に我が国では低成長状態が長期化していますが、かねてより、国際機関等からは「日本の実質金利が低過ぎる（＝日銀が金融緩和をし過ぎている）ことが、ゾンビ企業を不必要に長く延命させ、産業の新陳代謝を阻害している」として、健全な経済成長を回復するうえでの足かせとなっている点が繰り返し指摘されています。

＊5　財務省理財局国の債務管理に関する研究会『今後の国債の安定的な発行・消化に向けた取組について（議論の整理）』、2024年6月21日

すくするうえでも、今回の試算から超長期債は外しました。

国債の発行年限の配分は、パターンⅠでは全額10年債、パターンⅡでは全額1年債、パターンⅢでは1年債、5年債、10年債を3分の1ずつ組み合わせて発行すると想定しました。

財政収支に関しては、財務省の試算に合わせ、2025年度以降も特段の財政緊縮努力は行わず、2024年度当初予算並みの新規国債発行額が継続する、という前提で試算しました。なお、これは、あくまで〝試算〟であり、〝見通し〟では決してないことに留意していただきたいと思います。前提条件は先述のように単純化して設定しており、試算対象期間中には変化せず、一定と仮定しました。なかには一見、現実離れしていると思われるような前提もあるかもしれません。前提となる金利や調達パターンの設定によって、今後の利払費がどのように変化し得るのかをよくみていただきたい、我が国の財政運営がこの先、どうなってしまうリスクを抱えているのかをみていただきたい、というのがこの試算の趣旨です。

短期国債中心でも節約できる利払費は限定的

利払費の試算結果は**図表2-11**の通りです。①のデフレ逆戻りシナリオであれば、どの

（億円）

年度		23年度までの既発債分の各年度の利払費	全額10年債で発行する場合				〈参考〉財務省利払費試算（2024年2月）
			0.5%成長シナリオ=10年金利0.5%	1.5%成長シナリオ=10年金利1.5%	2.5%成長シナリオ=10年金利2.5%	5.5%成長シナリオ=10年金利5.5%	
2025	令和7	71,270	79,516	96,007	112,498	161,970	112,300
26	8	67,958	82,319	111,042	139,764	225,931	133,200
27	9	65,490	84,346	122,058	159,770	272,905	154,000
28	10	62,348	85,880	132,943	180,006	321,195	174,400
29	11	58,703	86,530	142,185	197,839	364,802	191,500
30	12	55,502	86,367	148,099	209,831	395,026	206,000
31	13	51,962	86,109	154,401	222,694	427,573	220,500
32	14	48,578	86,054	161,006	235,958	460,814	235,300
33	15	44,203	85,053	166,752	248,451	493,547	248,000

年度		23年度までの既発債分の各年度の利払費	全額1年債で発行する場合			
			0.5%成長シナリオ=1年金利0.5%	1.5%成長シナリオ=1年金利1%	2.5%成長シナリオ=1年金利2%	5.5%成長シナリオ=1年金利5%
2025	令和7	71,270	79,516	87,761	104,252	153,725
26	8	67,958	82,319	96,680	125,403	211,570
27	9	65,490	84,346	103,202	140,914	254,049
28	10	62,348	85,880	109,411	156,474	297,663
29	11	58,703	86,530	114,357	170,012	336,975
30	12	55,502	86,367	117,233	178,965	364,160
31	13	51,962	86,109	120,255	188,548	393,426
32	14	48,578	86,054	123,530	198,482	423,338
33	15	44,203	85,053	125,902	207,601	452,698

年度		23年度までの既発債分の各年度の利払費	1年債、5年債、10年債を3分の1ずつ発行する場合			
			0.5%成長S=1年0.5%、5年0.5%、10年0.5%	1.5%成長S=1年1%、5年1.25%、10年1.5%	2.5%成長S=1年2%、5年2.25%、10年2.5%	5.5%成長S=1年5%、5年5.25%、10年5.5%
2025	令和7	71,270	79,516	91,884	108,375	157,848
26	8	67,958	82,319	105,235	133,958	220,125
27	9	65,490	84,346	115,482	153,193	266,329
28	10	62,348	85,880	125,270	172,333	313,522
29	11	58,703	86,530	133,557	189,212	356,175
30	12	55,502	86,367	139,066	200,798	385,993
31	13	51,962	86,109	145,064	213,357	418,235
32	14	48,578	86,054	151,488	226,440	451,296
33	15	44,203	85,053	157,011	238,710	483,806

図表2-11　既発分と新規・借換発行分を合わせた利払費合計額の試算結果

（出所）財務省『財政法第28条等による令和6年度予算参考書類』、『財政法第28条等による令和5年度予算参考書類』、財務省理財局『債務管理リポート　国の債務管理と公的債務の現状2024』のデータを基に筆者作成

調達パターンでも、国債は0・5％の金利で発行することができ、利払費は２０３３年度でも8・5兆円で済みます。

しかしながら、我が国はすでに金利上昇局面に入っています。全額10年債で調達するケースで比較すると、２０３３年度の利払費の試算値は、②の消費者物価上昇率が１％止まりとなる名目1・5％成長シナリオでは16・7兆円、③の物価が２％目標を達成する名目2・5％成長シナリオでは24・8兆円、④の物価５％（日銀が高インフレの制御不能に）、名目5・5％成長シナリオでは実に49・3兆円に達します。

ちなみに、図表2－11では、財務省が２０２４年2月に公表した利払費の仮定計算の結果も併せて示しています。財務省はおそらく、短期国債から中期債、長期債、超長期国債までをも含む、我が国の現在の国債の発行構造に基づいて試算を行っていると推測されますが、その結果は、本試算における「2・5％成長シナリオ」下での利払費、とりわけ「全額10年債」での利払費の試算結果におおむね近くなっていることがわかります。

これに対して、国債の調達パターンを変更した際の利払費をみると、例えば「Ⅱ 全額1年債」で調達した場合の２０３３年度の利払費を、「Ⅰ 全額10年債」のケースと比較すると、確かに「Ⅱ 全額1年債」の方が少なくはなりますが、その差はシナリオ②～④とも4兆円程度にとどまります。確かに短期国債の発行割合を増やせば、利払費は節約できます。金利シナリオ④のもとでは2033年度の利払費は「Ⅰ 全額10年債」では49・3兆円、「Ⅱ 全額1年債」では45・3兆円と、全額を短期国債で発行しても節約できる利払費は金額でみて1割程度に過ぎません。「我が国の財政運営は、今後の国債発行を短期国債中心にシフトしていけばなんとかなる」ようなものでは決してないと言えるでしょう。

国債発行年限の短期化で膨張する財政破綻時の資金ショート額

その際、看過してはならないのは、各調達パターンのもとで我が国がどれだけの規模の国債を毎年度、発行せざるを得なくなっているか、という点です。第1部で先述したように、市場主義経済において、一国の財政運営が行き詰まった時点では、当該国の国債発行全体がストップし、財政運営上の資金繰りに窮することは、これまでの幾多の経験から明らかになっています。[*6] 当該国が財政運営を回し続けていくうえで毎年、どれだけの金額の国債を発行しなければならなくなっているのかが極めて重要です。要するに一国の毎年の国債発行額は、当該国の財政運営が行き詰まった際の財政運営上の資金ショート（資金不足）額を表すことになるのです。

これは、裏を返せば、当該国の経済を崩壊させないために、当該国の国債を保有している外国勢の投資家が、当該国から国債の元本が償還されることをあきらめなければならなくなる（＝当該国に借金を踏み倒される）額、もしくはＩＭＦ等が融資しなければならなくなる額に相当します。

ただし、我が国の場合は、第1部で先述したように、政府債務残高が巨額である一方、それを十分にカバーできるだけの国内金融資産[*7]（2212兆円）を有しており、目下のところは国債の大部分は国内で消化できています。ＩＭＦがギリシャ危機等の時と同様に日本に融資してくれるとは考えにくく、自分たちの国の借金なのだから、まず、自分たちが持っているお金でかたを付けろ、と言い渡されるのがオチでしょう。毎年度の国債発行額という財政資金ショートの額は、我が国のようなケースでは、財政運営が行き詰まった際に、第二次大戦後に実施した預金封鎖と切り捨て・財産税・戦時補償特別措置法の組み合わせのような、大規模な国内債務調整を断行せざるを得なくなる金額に相当するのです。

このように理解したうえで、今回の試算において、各調達パターンで今後の国債発行額がどのようになるのかをみてみましょう（**図表2-12**）。利払費の面では確かに、「Ⅱ 全額1年債」や「Ⅲ 3分の1ずつ」のパターンの方が「Ⅰ 全額10年債」よりも節約できるのとは裏腹に、2033年度の国債発行額は、「Ⅰ 全額10年債」では、約67兆円にまで減らせるのに対し、「Ⅱ 全額1年債」では約817兆円にまで膨張し、「Ⅲ 3分の1ずつ」でも約174兆円となります。短期国債中心の調達は、目先の利払費を節減できる点は魅力的、誘惑的ではありますが、その背後でこれだけ大きな財政運営上のリスクを抱え込むことになることを、私たちは十分に心しておく必要があるでしょう。

それなら、「I 全額10年債」にすればよいではないか、利払費も4兆円増える程度だ、と思われるかもしれません。しかしながら現実には、財政事情が悪くなればなるほど、市場では長期国債は引き受けてもらいにくくなります。

現に我が国でも、前掲図表1－7で示したように、コロナ危機が襲来した2020年、まだ日銀が国債の大量買い入れをやっていた時期だったにもかかわらず、財務省は、コロ

＊6　ちなみに、2009年以降数年間にわたり猛威を振るった欧州債務危機でこの点を痛感させられたからこそ、IMFは財政運営の健全性を判断する指標に、各国の毎年の所要資金調達額（国債発行額）の規模を追加するようになりました。一国の財政運営がどの程度持続可能であるかは、単なる政府債務残高の計数のみからは判断しきれないことが、欧州債務危機で明らかになったのです。例えば、A国とB国の2つの国が同じ1000ドルの国債残高を抱えているとして、両国とも新規国債は発行しておらず、借換債を発行しなければならないだけ、としますと。A国はその全額を10年債で調達しており、B国は全額を1年債で調達しているとすると、A国が毎年、発行しなければならない借換債は100ドルで済む一方、B国の方は毎年1000ドルとなり、両国の財政運営が行き詰まった際の財政資金ショートの額には100ドルと1000ドルという大きな開きが生じることになります。これは、当該国内の経済事情次第ではIMF等が緊急融資をしなければならなくなる額、もしくは当該国の国債を保有している投資家側が、元本の償還をあきらめなければならなくなる（＝当該国に借金を踏み倒される）金額に相当するのです。

＊7　日銀公表の資金循環統計の2024年4～6月期の個人金融資産の速報値。

（億円）

年度		借換債	全額10年債 2025年度以降に想定される新規発行国債	全額10年債 国債発行額合計（借換債＋新規発行国債）
2025	令和7	1,325,097	324,000	1,649,097
26	8	886,149	337,000	1,223,149
27	9	550,932	348,000	898,932
28	10	587,119	348,000	935,119
29	11	511,139	348,000	859,139
30	12	259,729	348,000	607,729
31	13	308,115	348,000	656,115
32	14	317,926	348,000	665,926
33	15	326,679	348,000	674,679

年度		借換債	全額1年債 2025年度以降に想定される新規発行国債	全額1年債 国債発行額合計（借換債＋新規発行国債）
2025	令和7	1,325,097	324,000	1,649,097
26	8	2,535,246	337,000	2,872,246
27	9	3,423,178	348,000	3,771,178
28	10	4,358,297	348,000	4,706,297
29	11	5,217,436	348,000	5,565,436
30	12	5,825,165	348,000	6,173,165
31	13	6,481,279	348,000	6,829,279
32	14	7,147,205	348,000	7,495,205
33	15	7,821,884	348,000	8,169,884

年度		借換債	1年債、5年債、10年債を3分の1ずつ 2025年度以降に想定される新規発行国債	1年債、5年債、10年債を3分の1ずつ 国債発行額合計（借換債＋新規発行国債）
2025	令和7	1,325,097	324,000	1,649,097
26	8	1,435,848	337,000	1,772,848
27	9	1,141,882	348,000	1,489,882
28	10	1,083,746	348,000	1,431,746
29	11	988,388	348,000	1,336,388
30	12	1,254,890	348,000	1,602,890
31	13	1,433,361	348,000	1,781,361
32	14	1,408,340	348,000	1,756,340
33	15	1,389,374	348,000	1,737,374

図表2-12　各調達パターンごとの国債発行額（新規＋借換）の比較

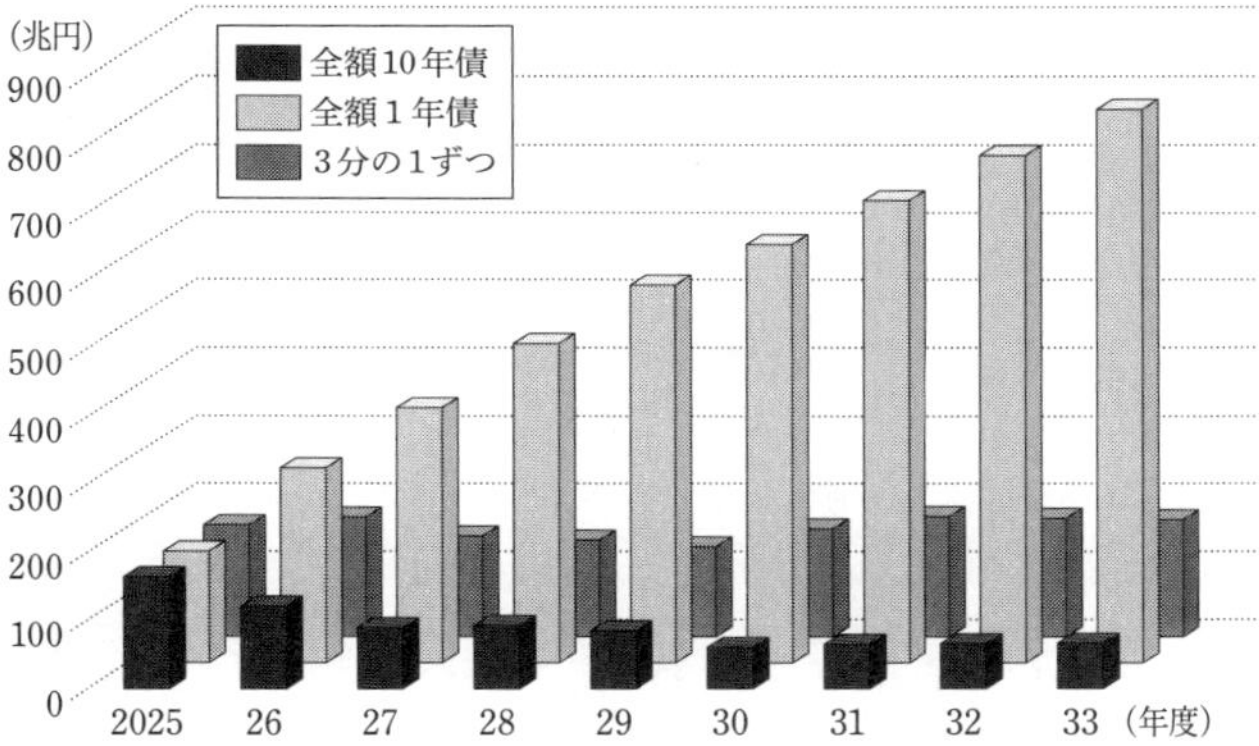

(出所) 財務省『財政法第28条等による令和6年度予算参考書類』、『財政法第28条等による令和5年度予算参考書類』のデータを基に筆者作成

ナ対策で増発した約70兆円の国債の大部分を短期国債で発行するより他になかったのです。本来であれば、10年債以上の長期・超長期国債で調達するのが望ましいのは重々承知だったでしょうが、現実には、とても市場で消化してもらえないため、短期国債で発行するしかなかったのです。このように、普段から健全な財政運営ができていないと、先行きの国債発行によるリスクや利払費のコスト管理が望むようにはできなくなってしまうのです。

2-4 高成長による税収増では財政再建できない理由

「金利が上昇して利払費が増えても、税収も増えるから財政運営は問題ない」という見方を目や耳にすることがありますが、本当にそうなの

（億円）

年度		税収（一般会計租税および印紙収入）の試算結果			
		0.5%成長シナリオ	1.5%成長シナリオ	2.5%成長シナリオ	5.5%成長シナリオ
2023	令和5	720,761	720,761	720,761	720,761
24	6	724,365	731,573	738,781	760,403
25	7	727,987	742,546	757,250	802,226
26	8	731,627	753,685	776,181	846,348
27	9	735,285	764,990	795,586	892,897
28	10	738,962	776,465	815,475	942,006
29	11	742,656	788,112	835,862	993,817
30	12	746,370	799,933	856,759	1,048,477
31	13	750,102	811,932	878,178	1,106,143
32	14	753,852	824,111	900,132	1,166,981
33	15	757,621	836,473	922,636	1,231,165

図表2-13　各経済・金利シナリオごとの税収の試算結果
（出所）財務省『令和5年度租税及び印紙収入決算額調』（2024年7月31日）における令和5年度決算額を基に筆者作成
（注）税収弾性値は1.0と設定。2023年度は決算ベースの計数

でしょうか。

図表2-13は、２０２３年度の決算ベースの税収額を出発点に、①～④の各シナリオで、税収がどの程度伸びるのかを試算してみたものです。税収が経済成長率に対してどの程度伸びるのかを示す税収弾性値に関しては、主要諸外国におけるこの手の財政試算で採用されている考え方にならい、[*8]１・０と設定しました。

この表から明らかなように、経済・金利シナリオによって、先行きの税収には大きな差が生じます。２０３３年度の税収の試算値で比較すると、①デフレ逆戻りシナリオでは約76兆円止まりなのに対し、④の高インフレ招来シナリオでは約１２３兆円に達します。

独自試算でわかった「税収増で財政再建」は無理!

このようにみると、名目成長率が高くなれば、税収の伸びで利払費の増加分も何とかカバーできそうに見えてしまうかもしれません。しかし、ここで決して忘れてはならない点があります。歳出、私たちが国から受け取る給付等がそのときどうなっているのか、という点です。

本試算においては、我が国の先行きについて、高めの潜在成長率を見込むことは非現実的であることから、名目成長率が高めで推移するケースにおいては、あくまで物価上昇率が高止まりして日銀がそれを抑えきれなくなるケースを想定しています。

そうしたケースの下で、税収が高い伸びをみせる一方で、社会保障向けや教育向け、防衛費といった分野の歳出の名目の金額が横ばいのままで抑えられてしまったらどうなるでしょうか。年金然り、公務員の給与然り、高インフレが続いているのにそれに見合う金額を政府から受け取れなければ、みんな、たちまち生活に窮してしまいます。政府からの歳出を受け取る企業の側も同じです。防衛産業関係の企業も、公共工事を請け負う建設会社

＊8　確かに、国内外の過去の税収の動向を振り返れば、税収が経済成長率を上回る高い伸びを示す年もある一方、下回る年もみられることから、財政運営の先行きを試算するのに際しては税収弾性値は1・0と設定する、というのが彼らに共有されている考え方だからです。

も、物価や人件費が高騰しているのに、政府の側からそれに見合う金額で仕事を発注してもらえなければ、とてもそれらの仕事を引き受けられなくなるでしょう。

インフレ局面でも名目金額通りに払えば足りる歳出は国債費のみ

高インフレ局面では本来、政府の歳出のほうも、物価上昇率に見合う形で増額していかなければ、国民の側の生活が回らなくなってしまうのです。よくよく考えてみれば、政府の歳出のうち、名目金額通りを支払えば足りるのは、国債費だけです。国債の元本償還と利払いは、高インフレになろうがなるまいが、国債発行時点で決定された名目金額で支払えれば足りるからです(物価連動債を除く)。

このような考え方に基づき、①〜④のシナリオの下で、国債費以外の政府の歳出(社会保障費等の一般歳出+地方交付税交付金等)を物価上昇率見合いで伸ばすとどうなるかをみたものが**図表2-14**です。とりわけ高インフレ局面においては、税収の伸びもさることながら、国債費以外の歳出の方も物価上昇率見合いで伸ばさなければ、国民の方はたまらないことは明らかです。

さらに、利払費の増加が最も抑えられる「I　全額1年債発行」の調達パターンで、税収が最も伸びると見込める「④高インフレ招来シナリオ」のもとでの税収と利払費の伸び、

（億円）

年度		一般歳出＋地方交付税交付金等			
		0.5%成長シナリオ（物価0.5%）	1.5%成長シナリオ（物価1%）	2.5%成長シナリオ（物価2%）	5.5%成長シナリオ（物価5%）
2024	令和6	855,627	855,627	855,627	855,627
25	7	859,905	864,183	872,740	898,408
26	8	864,205	872,825	890,194	943,329
27	9	868,526	881,553	907,998	990,495
28	10	872,868	890,369	926,158	1,040,020
29	11	877,233	899,273	944,681	1,092,021
30	12	881,619	908,265	963,575	1,146,622
31	13	886,027	917,348	982,846	1,203,953
32	14	890,457	926,521	1,002,503	1,264,151
33	15	894,909	935,787	1,022,553	1,327,358

図表2-14　各シナリオ通りに物価上昇が続いた場合に、「国債費以外の一般歳出等（一般歳出＋地方交付税交付金等）が2024年度当初予算ベース対比で実質横ばい」となるために必要な名目の一般歳出等の金額の試算結果

（出所）内閣府経済社会総合研究所『国民経済計算』を基に筆者作成
（注）2024年度は当初予算ベースの計数

さらには望ましい物価上昇見合いでの歳出の伸びを比較してみたのが**図表2-15**のグラフです。税収の伸びは、利払費と望ましい歳出の伸びには全く追い付かず、両者の差は拡大する一方となることがわかります。

「インフレで財政破綻は回避できる」という甘言に騙されない

「インフレで財政破綻は回避できる」とよく言われます。しかし、その実態がどういうものなのか、この試算結果がまざまざと物語っているのではないでしょうか。

高インフレ局面では確かに税収は伸びる一方、政府の側からすれば、国債

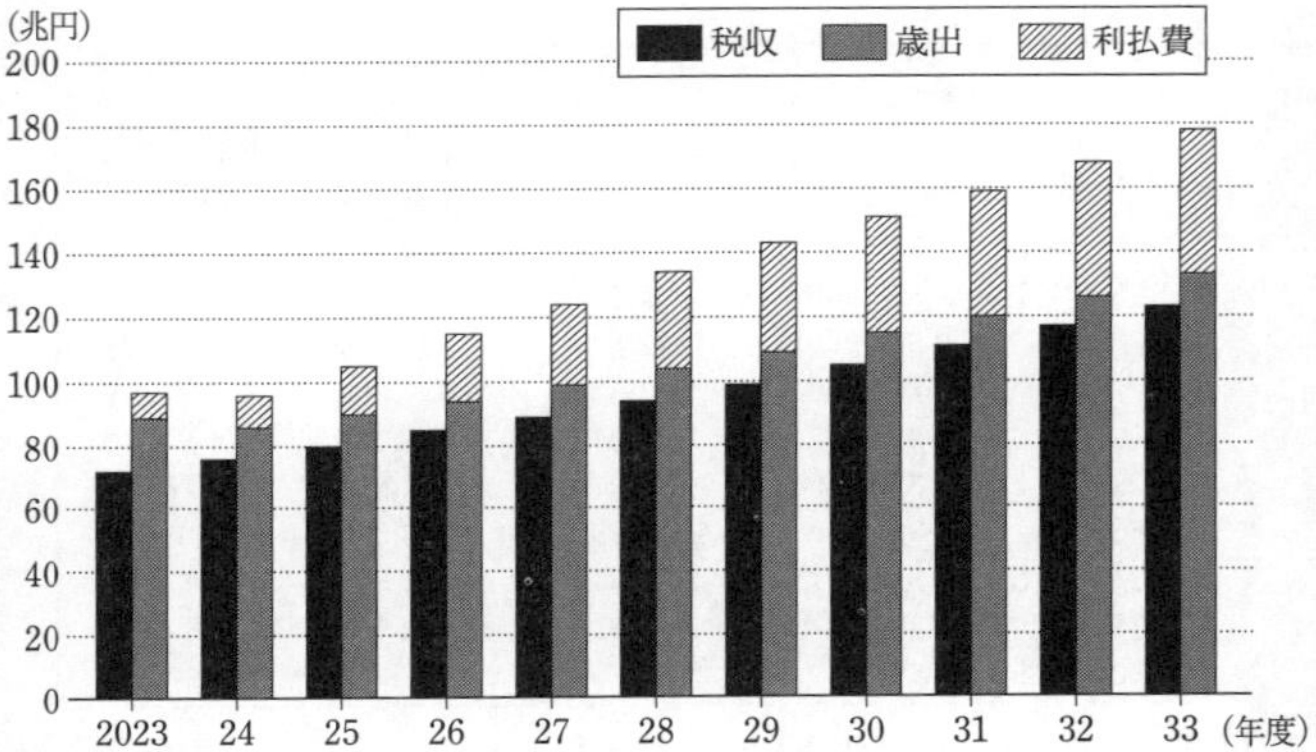

図表2-15 「全額1年債で調達」×「5.5%成長シナリオ」のもとでの、税収・歳出・利払費の伸びの比較

(出所) 財務省『令和5年度予算のポイント』(2022年12月23日)、『令和5年度租税及び印紙収入決算額調』(2024年7月31日)、内閣府経済社会総合研究所『国民経済計算』を基に筆者作成
(注) 歳出および利払費の2023・2024年度は当初予算ベースの計数

費に限らず、その他の一般歳出等も、名[*9]目で同額の金額を支出し続ければ済んでしまいます。しかしそれでは、国民の側はたまりません。放漫財政国家が、増税を断行して歳入を増やしたり歳出をカットしたりする、まともな財政再建努力を行わず、高インフレでなし崩し的に乗り切ろうとする財政運営の実態とは、こういうことなのです。国民の側は、国会の議決が必要な追加増税や歳出カットは免れても、代わりに高インフレという形で重い負担を負わされることになるのです。

2-5 財政収支均衡を達成できた場合に利払費はどれほど節約できるか

では、ここまで財政事情を悪化させてしまった国の一員であり、そのなかで暮らしている私たちはどうすればよいのでしょうか。

重債務国が財政再建を進めるうえでは、基礎的財政収支（プライマリー・バランス）の均衡では足りません（**図表2-16**）。基礎的財政収支が均衡しても（図表2-16の左から2番目の図）、利払費と債務償還費（すでに発行した国債の元本について、残高の60分の1ずつ毎年度返す分）の分は、まだ新規国債を発行して、新たな借金を積み上げなければならないからです。

国の債務残高を減額に転じさせるためには、利払費を含む財政収支の均衡（図表2-16の右から2番目の図）でもまだ足りず、財政収支の黒字化が必要なのです（図表2-16の一番右の図）。

先進各国をみても、実際にそのような政策運営を実施しています。**図表2-17**は、今から10～15年ほど前の欧州債務危機で財政破綻の一歩手前まで行ったアイルランド、ポルトガル、キプロスと、実際に2度の財政破綻を引き起こしたギリシャと我が国の財政収支の推移を比較したものです。

＊9　年金制度においては、物価スライドの考え方が導入されていますが、毎年度、国の一般会計から年金制度に投入する金額についてまで、物価スライド方式にすると決められているわけではありません。

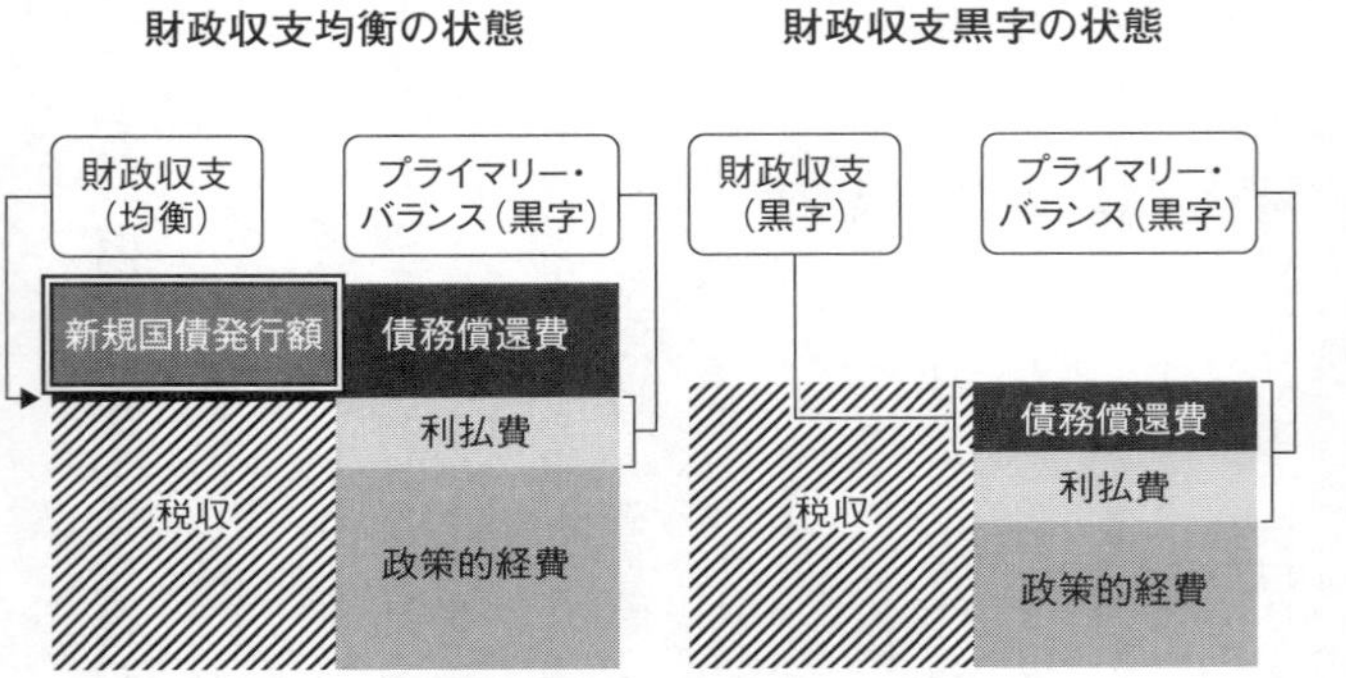

図表2-16　基礎的財政収支（プライマリー・バランス）と財政収支、新規国債発行額の関係

2020年以降のコロナ危機下ではこれらの国々も財政収支赤字幅を拡大させましたが、2023年以降の足許の折れ線は4ヵ国とも我が国より上にあり、財政運営を改善させています。しかもギリシャを除く3ヵ国の財政収支はすでにプラス圏内に入っており、財政収支均衡を通り越して、財政収支黒字を達成しているのです。我が国は利払費を除く基礎的財政収支の均衡や黒字化もいまだに達成できていないのに、この差はなんと大きいことでしょう。

しかも重債務国に限らず、常日頃から健全な財政運営に努めている主要国の中には、この財政収支の均衡、ないし黒字化を達成している国、達成し続けている国が、スイス、デンマーク、シンガポール等、いくつもあるのです。〝財政収支の均衡〟とは要するに、〝収入の範囲で生活する〟状態

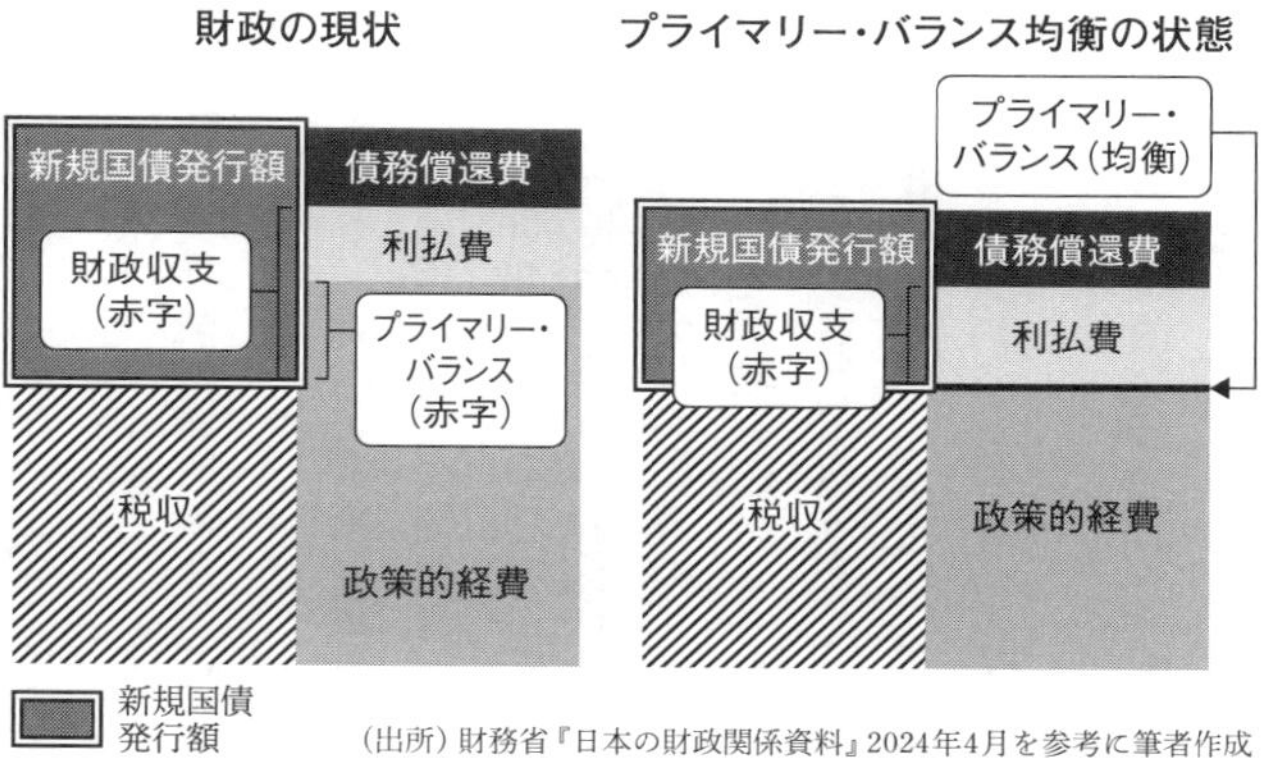

(出所) 財務省『日本の財政関係資料』2024年4月を参考に筆者作成

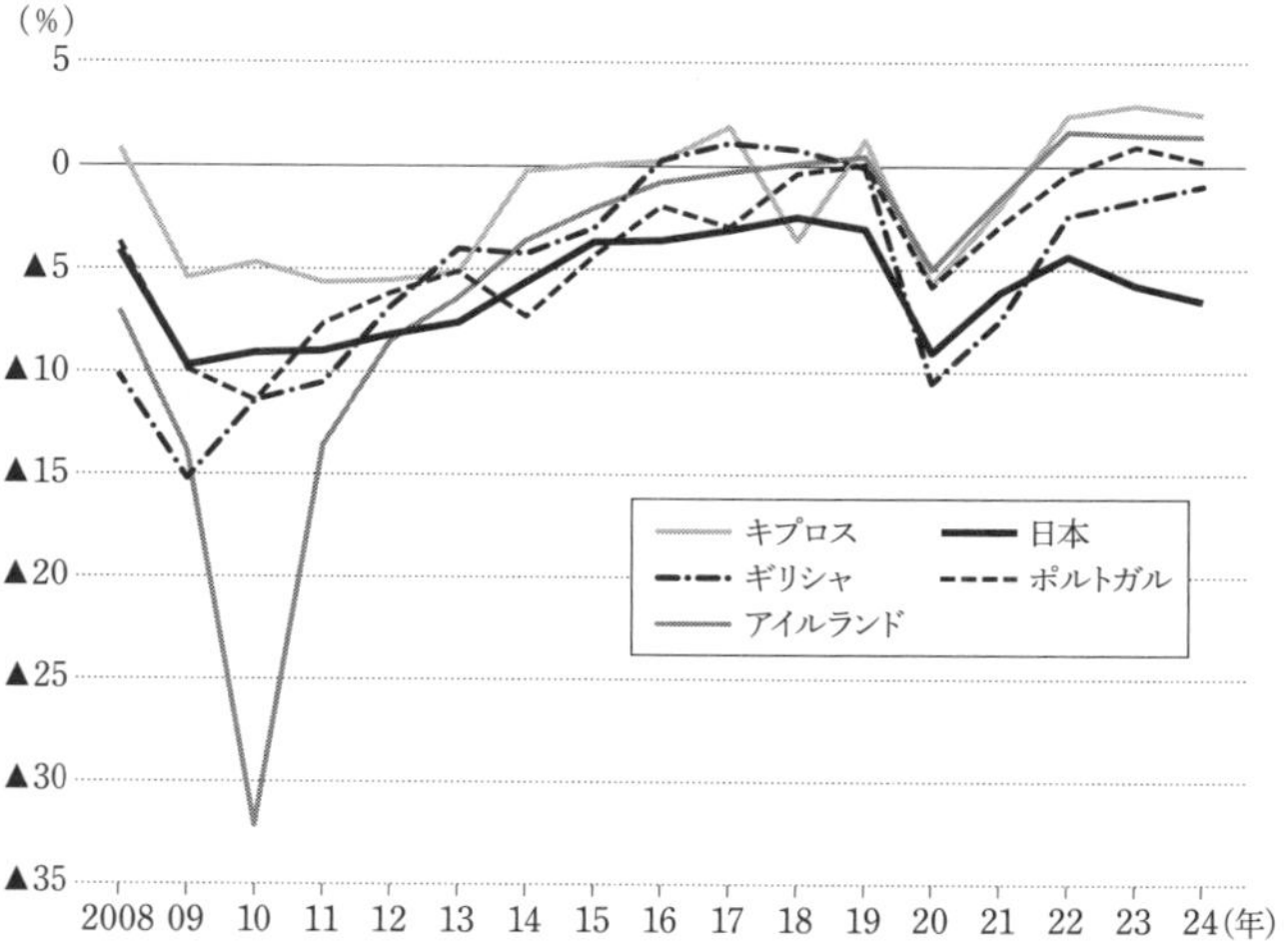

図表2-17　主要先進国の一般政府財政収支（対名目GDP比）の推移【欧州重債務国との比較】

(出所) IMF, *World Economic Outlook databese*, April 2024を基に日本総合研究所作成

が達成できているということで、家計と同じです。教科書に書いてある理想を示したお題目、では決してないのです。

財政収支均衡の達成のためには、図表2－16からも明らかなように、新規国債発行額を皆減《かいげん》（ゼロ）に近いレベルまで（より正確には、債務償還費見合いの金額まで）減らすことが必要です。そこで、新規国債発行額を皆減させた場合の利払費の試算結果のうち、2・5％成長シナリオについて、国債発行額の各パターンごとに比較してみたものが**図表2－18**です。2033年度時点で約6兆～7兆円程度、利払費を節約できることがわかります。

新規国債発行皆減（＝財政収支均衡、ないし黒字化）の効果がさらに大きく表れるのが、今後の国債の所要発行額の方です。

新規国債発行額を皆減させた場合の国債発行額の試算結果は**図表2－19**です（Ⅰ～Ⅲのパターンごとに、左軸の目盛りが異なることにご注意ください）。2033年度の国債発行額は、「Ⅰ 全額10年債」パターンで約▲45％（＝約▲30兆円）、「Ⅱ 全額1年債」パターンで約▲36％（＝約▲290兆円）、「Ⅲ 3分の1ずつ」のパターンで約40％（＝約▲70兆円）も減らすことができるのです。

利払費、国債発行額とも、新規国債発行ゼロの場合の試算結果の詳細は、〈Box④〉をご覧ください。

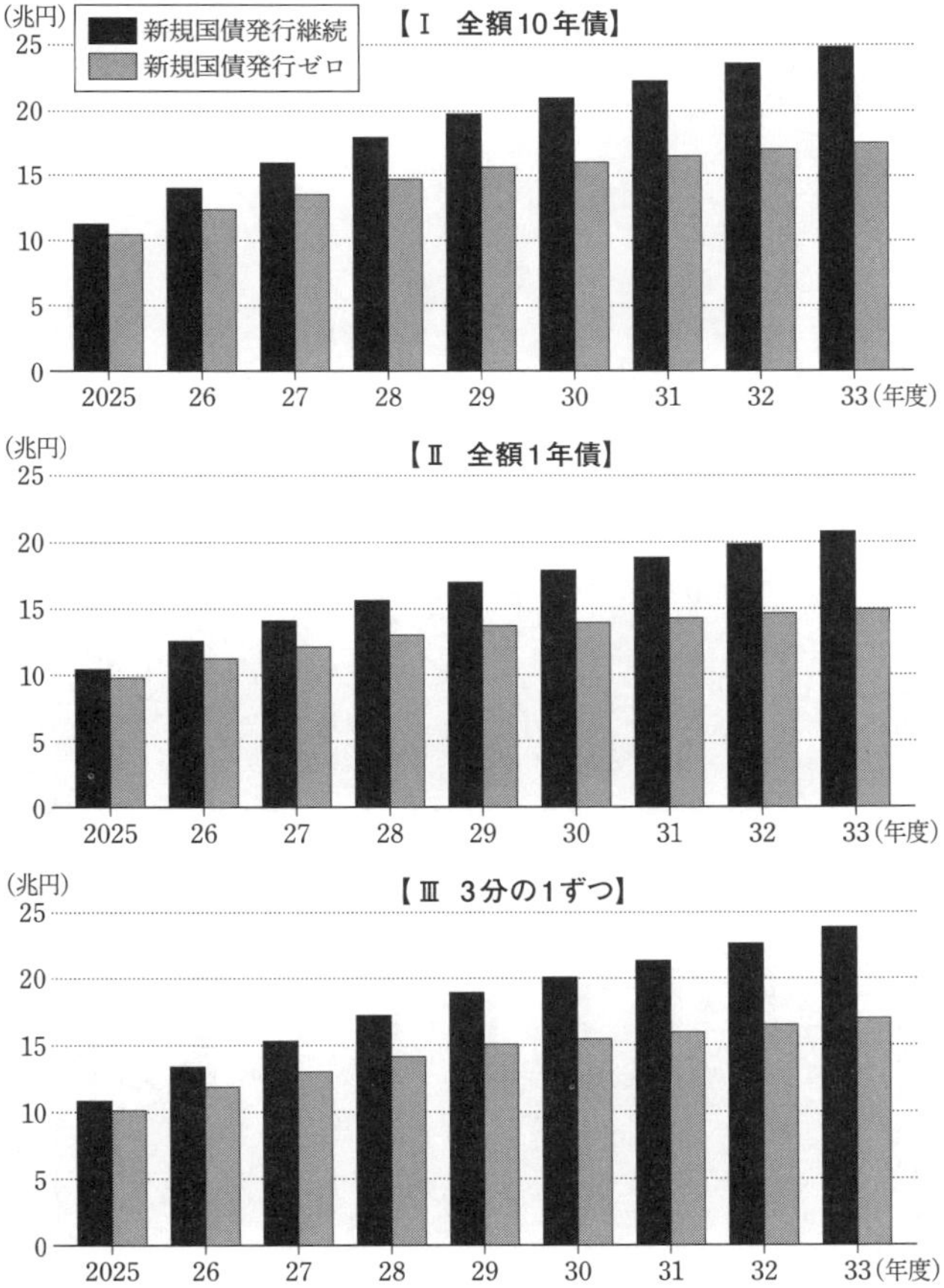

図表2-18　新規国債発行を継続した場合とゼロにした場合の、利払費の試算結果の比較（2.5%成長シナリオの場合）

（出所）財務省『財政法第28条等による令和6年度予算参考書類』、『財政法第28条等による令和5年度予算参考書類』、財務省理財局『債務管理リポート　国の債務管理と公的債務の現状2024』のデータを基に筆者作成

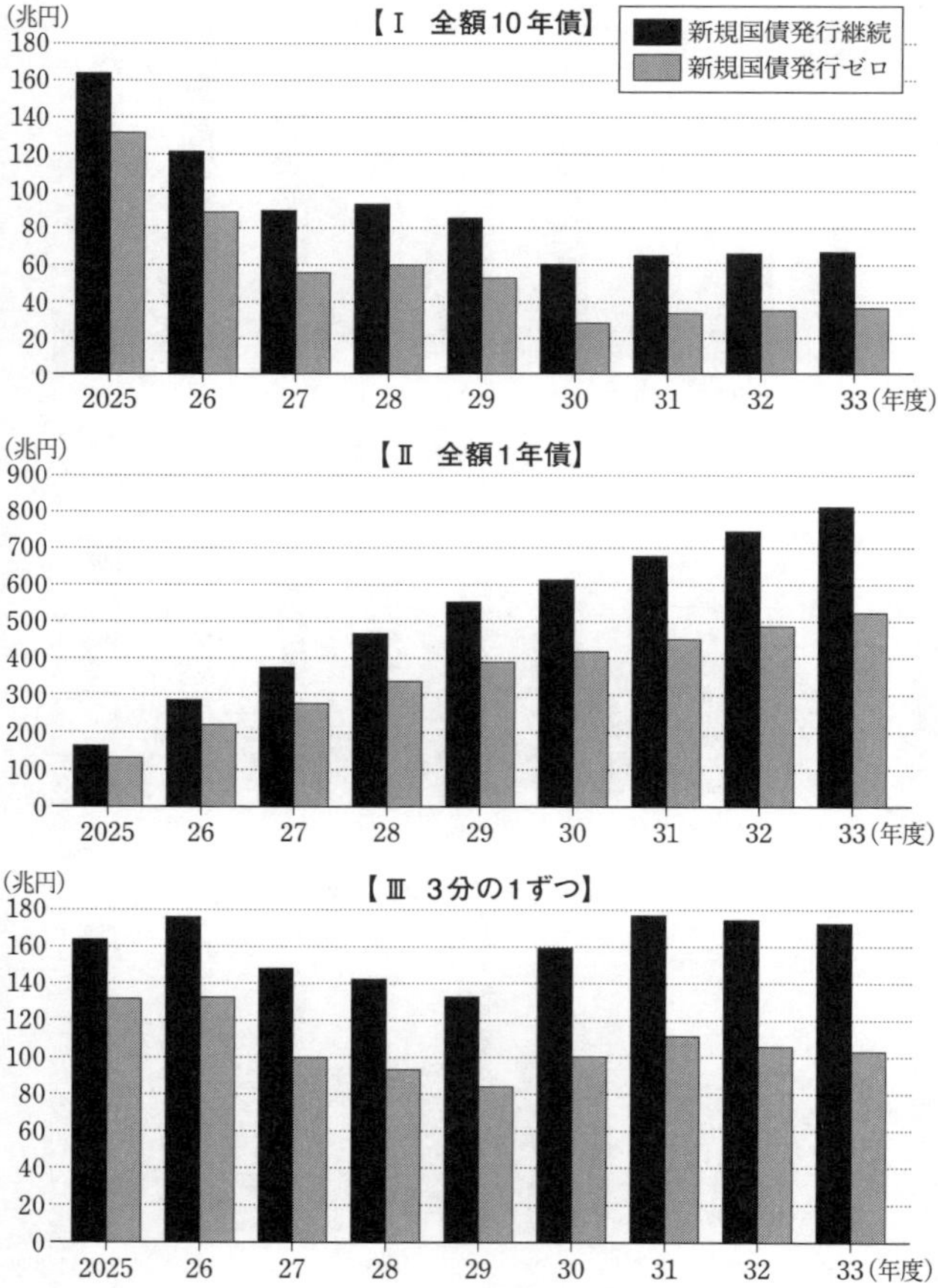

図表2-19　新規国債発行を継続した場合とゼロにした場合の、国債発行額（借換債＋新規発行国債）の試算結果の比較

(出所) 財務省『財政法第28条等による令和6年度予算参考書類』、『財政法第28条等による令和5年度予算参考書類』、財務省理財局『債務管理リポート　国の債務管理と公的債務の現状2024』のデータを基に筆者作成

財政収支均衡とは「収入の範囲で生活する」こと

財政収支均衡は、他の諸外国も重債務国中心に取り組み、実際に達成している目標でもあります。財政運営を本来、どのように行うべきか、というのは、難しい話でもなんでもなく、「収入の範囲で生活する」ことに尽きます。これが当てはまるのは、家計ばかりでなく、政府の財政運営も全く同じで、「税収の範囲で歳出をまかなう」のは当然です。我が国のように厳しい人口減少基調にある国にとっては、なおのことそうであるといえるでしょう。

本試算では単純化のため、2025年度からいきなり新規国債を皆減させる前提で試算を行っていますが、現実には確かにそれは難しいでしょう。とはいえ、財政収支均衡をできるだけ早く達成すること、例えば3年後とか、5年後といったできるだけ早期に達成することが、財政運営の安定的な継続を堅持できることにつながるのも、この試算から明らかです。

先述のように、国の債務残高を減額に転じさせるためには、利払費を含む財政収支の均衡では足りず、財政収支の黒字化が必要です。近年、当初予算で三十数兆円、補正予算を加えれば40兆円を超える新規国債を発行し続けている我が国では、財政収支を少なくとも

30兆円規模で改善させなければいけないことになります。

では、財政収支の30兆円規模での改善を、具体的にはどのような選択肢を組み合わせれば達成できるのか。歳出・歳入の両面にわたり、第3部で検討してみることにします。

〈Box③〉財務省公表の利払費の仮定計算を分解する推計の手法と考え方

本書における、財務省公表の利払費の仮定計算を分解する推計は、次に述べるような手法と考え方に基づき行いました。

財務省による利払費の試算値（2024年2月時点）は、①2023年度までに発行済みの国債の利払費で、この先何年度に利息としていくらずつ支払わなければいけないかの金額がすでに確定している分と、②2024年度以降に発行される国債の利払費で、2024年度以降の実際の長短市場金利がこれからどのように推移するかによって決定される分、とに分解できるはずです。

①の2023年度までに発行済みの国債の今後の利払費、とは、財務省理財局が毎年度の『債務管理リポート』に掲載している、「普通国債の償還年度別残高及び各償還年度の利付国債の平均金利」のグラフ（**図表2-20**）の今後の各年度において、各年限別の国債の償還（満期到来）残高に、その年限の国債につけられているクーポン（表面金利）の加重平均を掛け合わせ、それを足し上げたものに相当します。

しかしながら、財務省理財局は、このグラフに限ってはバックデータを公表しておらず、今後の各年度に、償還を迎える各年限の国債残高は、『債務管理リポート』で

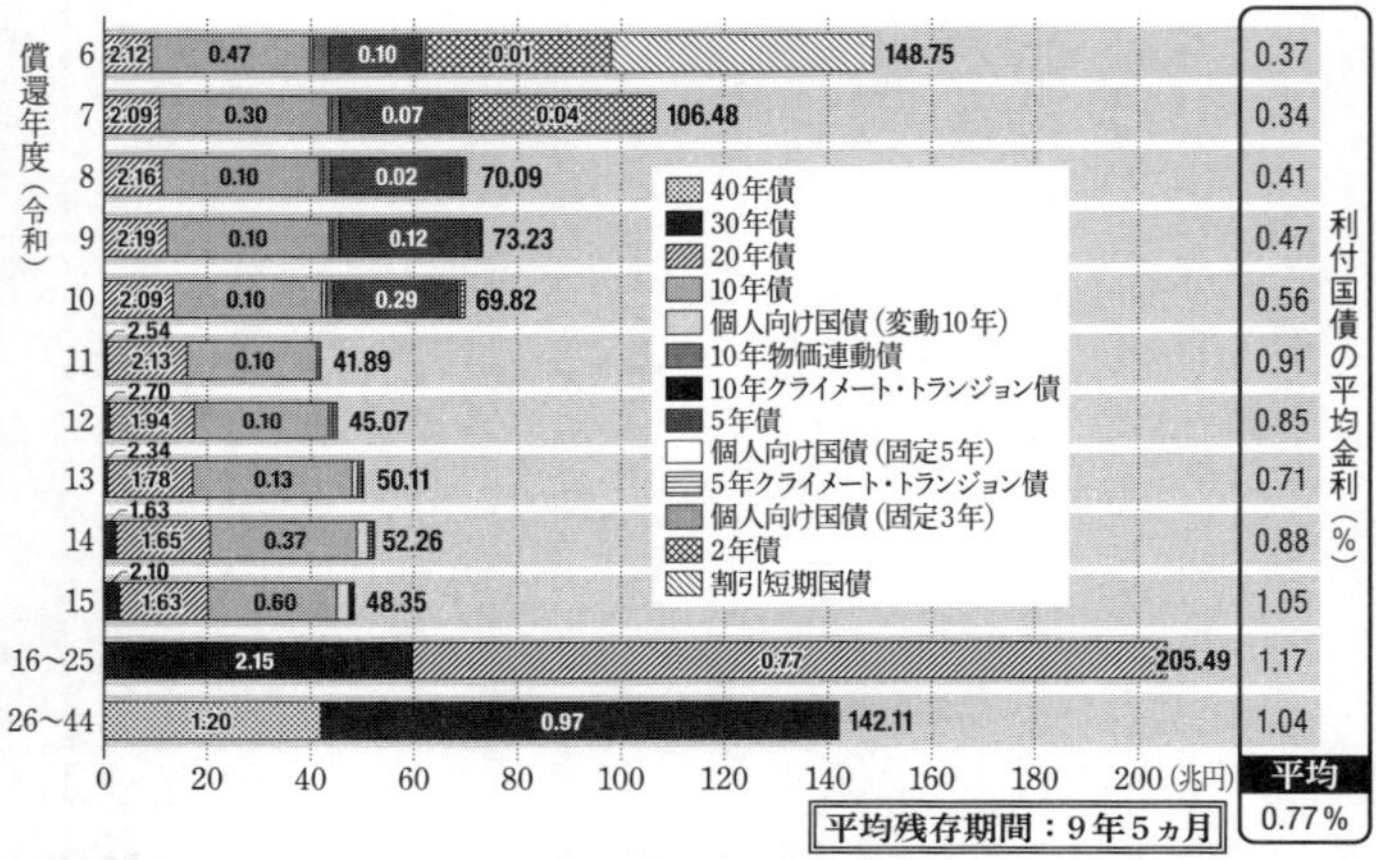

図表2-20　普通国債の償還年度別残高及び各償還年度の利付国債の平均金利　（出所）令和5年度末、財務省理財局公表資料

（注1）グラフ中の（　）内の計数は、2年債、5年債、10年債、20年債、30年債及び40年債についての、各償還年度別の平均金利（表面金利）の加重平均

（注2）中長期的なコストの抑制を図るためには、必ずしも、国債発行計画において、単に足許の利払費用（平均利率）が低くなる年限構成をすればよいとは限らない点に留意する必要があります。実際に国債発行年限を決定する際には、市場のニーズ・動向等も踏まえつつ、金利変動リスク・借換リスクと調達コストとの関係や将来の償還状況も考慮しています

公表されているデータからはわかりません。

そこで、財務省が毎年度の当初予算政府案の国会提出に合わせて公表している『財政法第28条等による令和6年度予算参考書類』のなかの「普通国債の発行年度別償還年次表」に掲載されている建設国債と赤字国債のデータを償還年度別、発行年限別に拾い上げる方法で、国債の発行年限別・償還年度別残高を試算しました。

前倒債の発行分等を完全

に正確に見定めて拾い切れていない可能性は残るものの、国債の発行年限別・償還年度別残高の試算結果は、財務省理財局が公表するグラフ（**図表2－20**）の横棒グラフの見かけ上の長さと概ね一致しているようです。それに理財局が同グラフ上で公表している、各発行年限の利付国債の加重平均金利をかけ合わせて全年限分を足し合わせ、それをさらに、当該年度分からそれ以降の年度分まで足し合わせる形で、既発国債の各年度の利払費を算出しました。

そのようにして、財務省公表の利払費の仮定計算の値を分解してみた結果は、本文中の図表2－7の通りです。

〈Ｂｏｘ④〉新規国債発行ゼロとした場合の利払費と国債発行額の試算結果

新規国債発行ゼロとした場合の利払費と国債発行額（借換債＋新規国債発行ゼロ）の試算結果は**図表2－21**、**図表2－22**の通りです。それぞれ、新規国債を32兆～35兆円程度で継続した場合の試算結果である、図表2－11、図表2－12と比較してご覧いただければと思います。

（億円）

年度		23年度までの既発債分の各年度の利払費	全額10年債で発行する場合				〈参考〉財務省利払費試算（2024年2月）
			0.5%成長シナリオ＝10年金利0.5%	1.5%成長シナリオ＝10年金利1.5%	2.5%成長シナリオ＝10年金利2.5%	5.5%成長シナリオ＝10年金利5.5%	
2025	令和7	71,270	77,896	91,147	104,398	144,150	112,300
26	8	67,958	79,041	101,208	123,374	189,873	133,200
27	9	65,490	79,383	107,168	134,953	218,308	154,000
28	10	62,348	79,259	113,081	146,902	248,367	174,400
29	11	58,703	78,280	117,434	156,587	274,049	191,500
30	12	55,502	76,515	118,541	160,567	286,645	206,000
31	13	51,962	74,680	120,116	165,551	301,858	220,500
32	14	48,578	73,076	122,072	171,067	318,055	235,300
33	15	44,203	70,551	123,246	175,941	334,027	248,000

年度		23年度までの既発債分の各年度の利払費	全額1年債で発行する場合			
			0.5%成長シナリオ＝1年金利0.5%	1.5%成長シナリオ＝1年金利1%	2.5%成長シナリオ＝1年金利2%	5.5%成長シナリオ＝1年金利5%
2025	令和7	71,270	77,896	84,521	97,772	137,525
26	8	67,958	79,041	90,124	112,291	178,790
27	9	65,490	79,383	93,275	121,060	204,415
28	10	62,348	79,259	96,170	129,992	231,457
29	11	58,703	78,280	97,857	137,011	254,472
30	12	55,502	76,515	97,528	139,554	265,632
31	13	51,962	74,680	97,398	142,833	279,140
32	14	48,578	73,076	97,574	146,570	293,557
33	15	44,203	70,551	96,899	149,594	307,680

年度		23年度までの既発債分の各年度の利払費	1年債、5年債、10年債を3分の1ずつ発行する場合			
			0.5%成長S＝1年0.5%、5年0.5%、10年0.5%	1.5%成長S＝1年1%、5年1.25%、10年1.5%	2.5%成長S＝1年2%、5年2.25%、10年2.5%	5.5%成長S＝1年5%、5年5.25%、10年5.5%
2025	令和7	71,270	77,896	87,834	101,085	140,838
26	8	67,958	79,041	96,770	118,937	185,436
27	9	65,490	79,383	102,437	130,222	213,577
28	10	62,348	79,259	107,679	141,501	242,966
29	11	58,703	78,280	111,482	150,635	268,097
30	12	55,502	76,515	112,576	154,602	280,680
31	13	51,962	74,680	114,141	159,576	295,883
32	14	48,578	73,076	116,142	165,138	312,125
33	15	44,203	70,551	117,280	169,975	328,061

図表2-21　既発分と新規・借換発行分を合わせた利払費合計額の試算結果【新規国債ゼロの場合】

（出所）財務省『財政法第28条等による令和6年度予算参考書類』、『財政法第28条等による令和5年度予算参考書類』、財務省理財局『債務管理リポート　国の債務管理と公的債務の現状2024』のデータを基に筆者作成

（億円）

年度		借換債	全額10年債 2025年度以降に想定する新規発行国債	全額10年債 国債発行額合計（借換債＋新規発行国債）
2025	令和7	1,325,097	0	1,325,097
26	8	891,549	0	891,549
27	9	561,859	0	561,859
28	10	603,663	0	603,663
29	11	533,208	0	533,208
30	12	287,230	0	287,230
31	13	340,957	0	340,957
32	14	356,021	0	356,021
33	15	369,939	0	369,939

年度		借換債	全額1年債 2025年度以降に想定する新規発行国債	全額1年債 国債発行額合計（借換債＋新規発行国債）
2025	令和7	1,325,097	0	1,325,097
26	8	2,216,646	0	2,216,646
27	9	2,778,505	0	2,778,505
28	10	3,382,168	0	3,382,168
29	11	3,915,376	0	3,915,376
30	12	4,202,606	0	4,202,606
31	13	4,543,563	0	4,543,563
32	14	4,899,584	0	4,899,584
33	15	5,269,523	0	5,269,523

年度		借換債	1年債、5年債、10年債を3分の1ずつ 2025年度以降に想定する新規発行国債	1年債、5年債、10年債を3分の1ずつ 国債発行額合計（借換債＋新規発行国債）
2025	令和7	1,325,097	0	1,325,097
26	8	1,333,248	0	1,333,248
27	9	1,006,275	0	1,006,275
28	10	939,088	0	939,088
29	11	846,238	0	846,238
30	12	1,011,008	0	1,011,008
31	13	1,122,376	0	1,122,376
32	14	1,065,571	0	1,065,571
33	15	1,038,159	0	1,038,159

図表2-22　各調達パターンごとの国債発行額の比較【新規国債ゼロの場合】（出所）財務省『財政法第28条等による令和6年度予算参考書類』、『財政法第28条等による令和5年度予算参考書類』のデータを基に筆者作成

第3部　聖域なき歳出削減　何をどう減らすのか

3-1 医療・介護・少子化対策

第2部でみたように、我が国の財政運営はすでに事実上、持続不可能な状態に陥っています。今後も金利上昇が進めば、このままでは財政運営が突然行き詰まってしまうことになります。そうした事態は、もはや絵空事ともいえないほど差し迫っているのです。

第2部のシミュレーションからは、我が国全体として今後、改善しなければならない財政収支の幅は30兆円規模に及ぶことになります。いきなりこの規模の歳出削減を行う、あるいは歳入の増加を図ることは困難ですが、財政が危機的な状況にあることを考えれば時間的な余裕はあまりありません。

国債費はすでに市場からお金を借りている以上、今になって返済のお金を減らしてもらうことはできない性質のものですが、それ以外のすべての歳出については例外をなくして聖域なき改革を断行しなければ、我が国の財政が破綻することは明らかです。

第3部と第4部では、30兆円ほどの財政収支の赤字幅の改善を図るためにどのようなやり方があるのか、115兆円規模の一般会計の3割に及ぶ財政収支をどうすればよいのか、どの程度の削減が可能なのか、そして歳出削減に限界があるとすれば、誰がどのような負担増を受け入れるべきかを、みなさんといっしょに考えていきたいと思います。

3-1-1　聖域にはできなくなった社会保障制度

我が国の一般会計の規模115兆円からすると、30兆円の改善というのは並大抵のことではありません。弱者の保護や困っている人の救済を旗印に削減してはならないとされてきた社会保障の分野も、今や聖域として扱うことはできません。

高齢化が著しく進んでいることから、年金や医療、介護などの社会保障関係費は急増しています。一般会計予算に占める社会保障関係費の割合は、バブル期の17%からその後の30年間で34%へと2倍に膨れ上がっています。今後、全人口における65歳以上の比率である高齢化率はさらに上昇が見込まれ、2030年代には3人に1人が高齢者という時代がやってきます。1947年から49年にかけて、毎年約270万人の子どもが生まれた第1次ベビーブームがありました。この時に生まれた「団塊の世代」のすべてが75歳以上の後期高齢者となる2025年は目前に迫っています。医療費や介護費用が急増することは明らかです。

一方、少子化が進み、2023年の合計特殊出生率は1・20と過去最低を更新し、1年間に生まれた子どもの数は73万人です。団塊の世代の4分の1にすぎません。社会保障

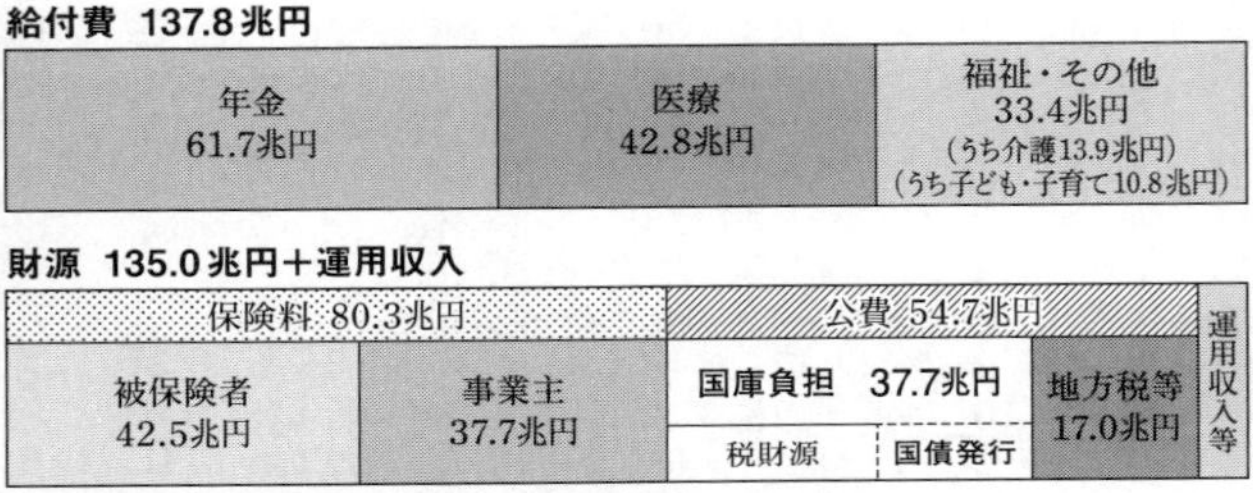

図表3-1-1 社会保障の給付と財源（2024年度ベース）

（出所）厚生労働省資料〈https://www.mhlw.go.jp/content/12600000/001307344.pdf〉を基に筆者作成

を支える現役世代の人たちが少なくなっています。もはや現状の社会保障制度を維持することはできなくなりつつあります。

我が国の社会保障制度の基本は老後や病気に備えて、みんなでお金（社会保険料）を出しあってリスクに備える社会保険です。年金保険、医療保険、介護保険など社会保障の重要な分野はすべて社会保険制度です。しかし保険料だけでは制度が維持できないために、多額の税金や国債を発行して調達した財源が投入されています（**図表3-1-1**）。

保険料の担い手である現役世代が減っていくからと言って、社会保障制度を維持するために無制限に税金の投入や国債の発行による借金で財源を調達することには限界があります。そこで第3部の第1章では、聖域にはできなくなった医療、介護、少子化対策の分野を取り上げ、第2章では年金に目を向けて、問題の解決には何が必要かを考えていきます。

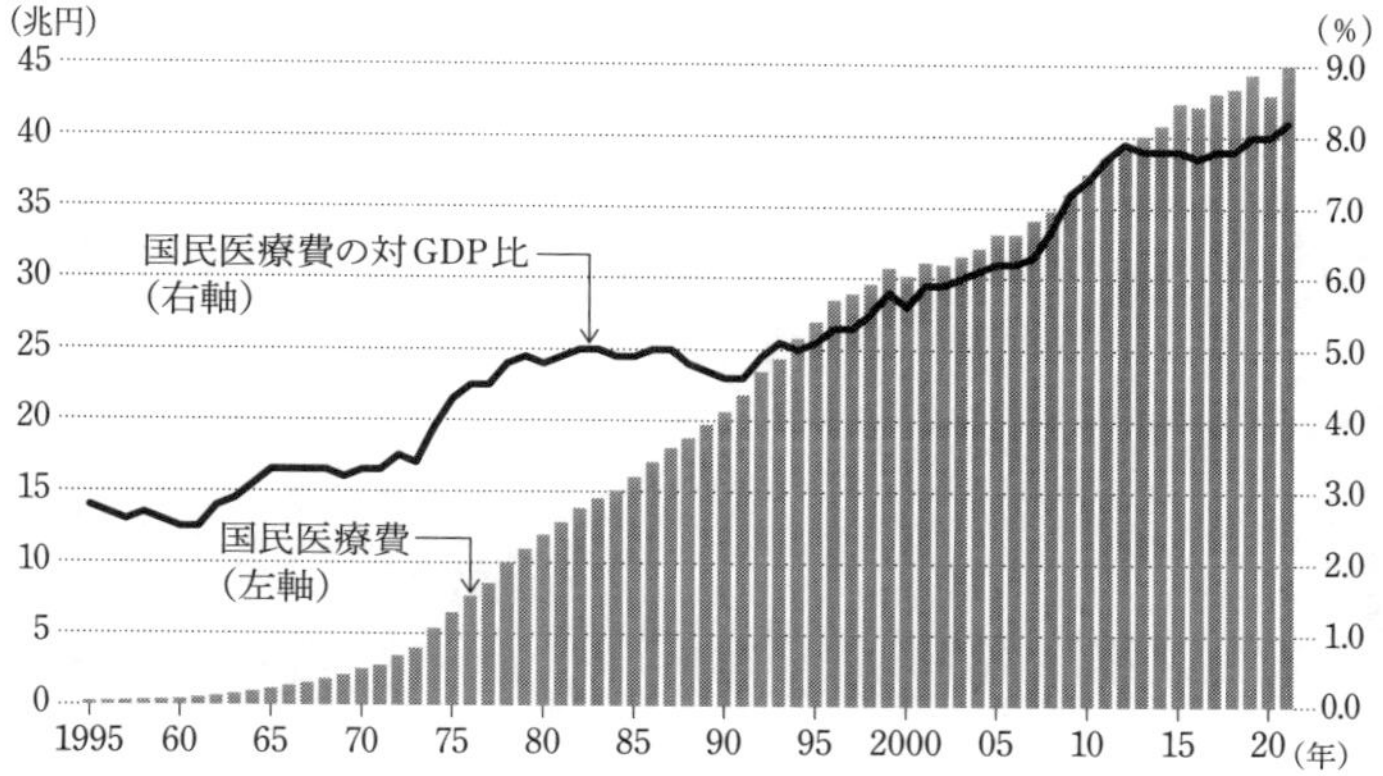

図表3-1-2　国民医療費と対国内総生産（GDP）比の推移

（出所）厚生労働省『2021年度国民医療費の概況』統計表第1表を基に筆者作成

3-1-2　増加の一途をたどる医療費

高齢化によって医療費が急増しています。2021年度の国民医療費は45兆円で、前年度の43兆円から2兆円以上増加し、対国内総生産（GDP）比で初めて8％を超えました（**図表3-1-2**）。

1人当たりにかかる医療費を見ていきましょう。それぞれの人にかかる医療費は年齢によって大きく異なります（**図表3-1-3**）。

0歳から4歳は病気になりやすくケガもしやすいために、1年間に25万円以上かかり、5年間で100万円を超える医療費が支出されています。成長するにつれて徐々に医療費はかからなくなり、20歳代前半では年間10万円足らずに過ぎません。その後は年齢が上がる

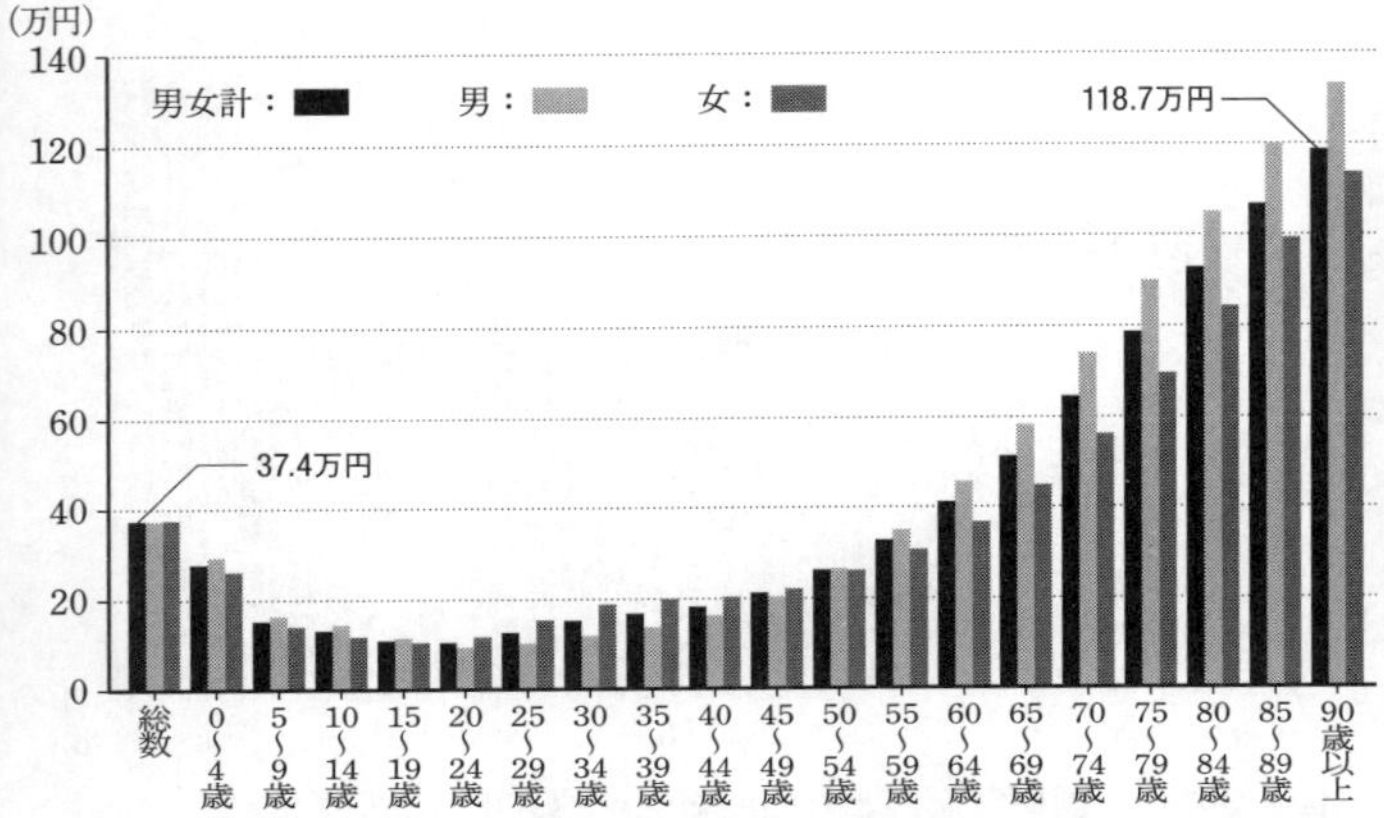

図表3-1-3　1人当たり国民医療費（年齢階級別）（2022年度）

（出所）厚生労働省『2022年度国民医療費の概況』統計表第8表を基に筆者作成

につれて再び医療費がかかるようになり、50歳代前半で乳幼児期と同じ程度の医療費が生じます。

75歳以上は後期高齢者と言われます。75歳以上になると心身の機能の衰えがはっきりとして、老年症候群やフレイル（虚弱）、認知症が増加することが医学的に証明されています。1年間にかかる医療費は60歳代後半で男性が58万円、女性が45万円であったものが、70歳代後半には男性で90万円、女性で70万円とそれぞれ1・6倍ものお金がかかるようになります。さらに85歳以上では1年間に110万円の医療費がかかって、平均医療費の3倍近くまで膨れ上がります。

近年は医療技術が高度化し、延命治療が

発達したために寿命が大幅に延びています。健康で長生きできればよいのですが、現実は必ずしもそうはなっていません。寝たきりや介護が必要になり、手厚い治療や看護が必要になっています。団塊の世代の全員が75歳以上となる2025年以降は、後期高齢者の数が急増することから医療費の増大がますます加速化します。

3-1-3　もはや現役世代の「仕送り」は限界

我が国では保険証さえあれば「いつでも」「誰でも」必要な医療サービスを受けることができます。1955年頃までは農業や自営業者などを中心に、国民の3分の1に当たる約3000万人は無保険者で社会問題となっていました。1958年に国民健康保険法が制定され、61年に全国の市町村で国民健康保険事業が始まると、国民の誰もが医療保険に加入する国民皆保険の医療体制が確立しました。

現在はすべての国民が加入する医療保険として、①地域保険、②職域保険、③後期高齢者医療制度の3つがあります（**図表3-1-4**）。国民の誰もがいずれかの保険に加入する体制が整っているのです。地域保険は市区町村が運営する「市町村国保（国民健康保険）」で、主に自営業者や農業、無職の人が加入しています。職域保険は一般のサラリーマンとその扶養親族を対象とするもので、（i）協会けんぽ（主に中小企業で働く人を対象）、（ii）組合健

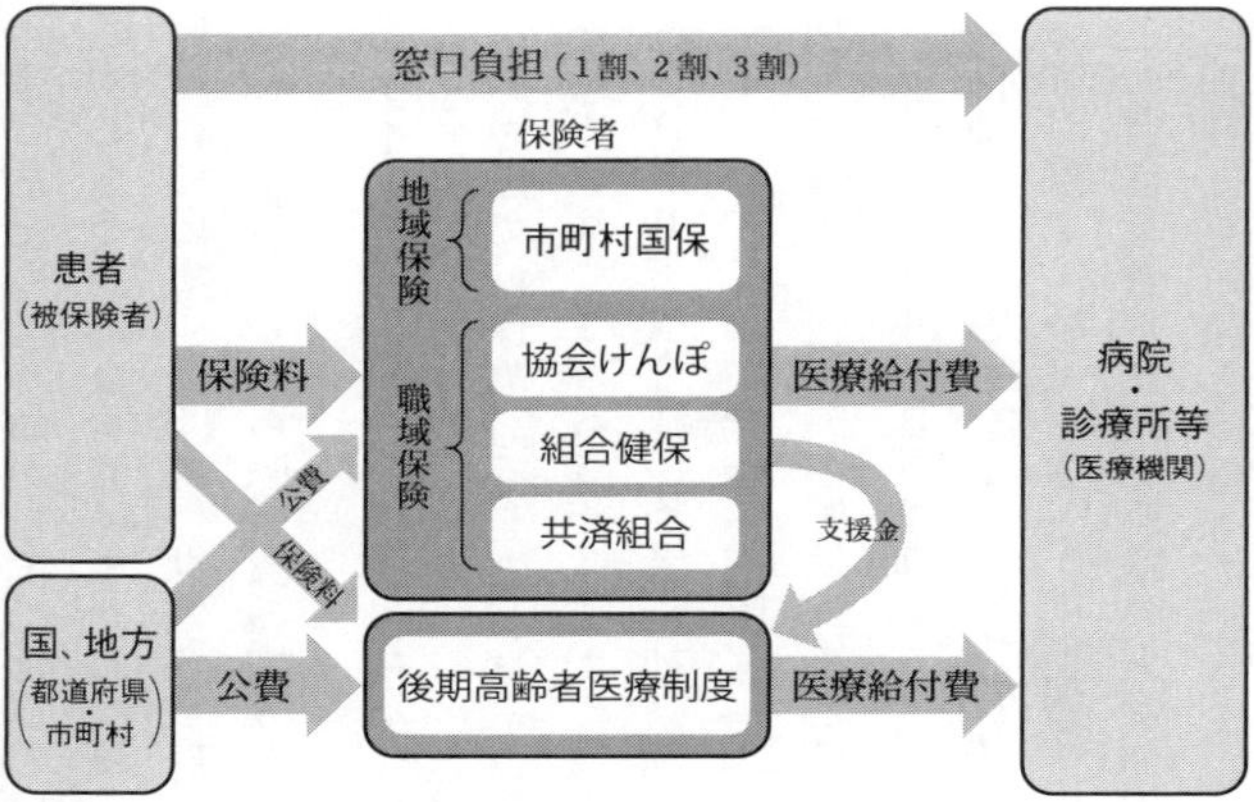

図表3-1-4　医療保険制度の仕組み　（出所）厚生労働省資料を基に筆者作成

保（主に大企業で働く人を対象）、（iii）共済組合（公務員や船員など）に区分されます。

後期高齢者医療は75歳以上か、65歳以上で一定の障害を持つ高齢者が加入する独立した医療制度です。後期高齢者医療制度の前身である老人保健制度では、高齢者は市町村国保などに加入しながら「老人保健制度」で医療を受けていたために、現役との保険料が区分されず世代間の費用負担が不明確だ、加入する市区町村によって保険料に格差があるなどの問題が指摘されていました。こうした課題を解決するために２００８年４月に独立した制度として後期高齢者医療制度が創設され、老人保健制度は廃止されたのです。

医療保険によって財源の内訳が異なっているので、次に見ていきましょう。厚生労働省

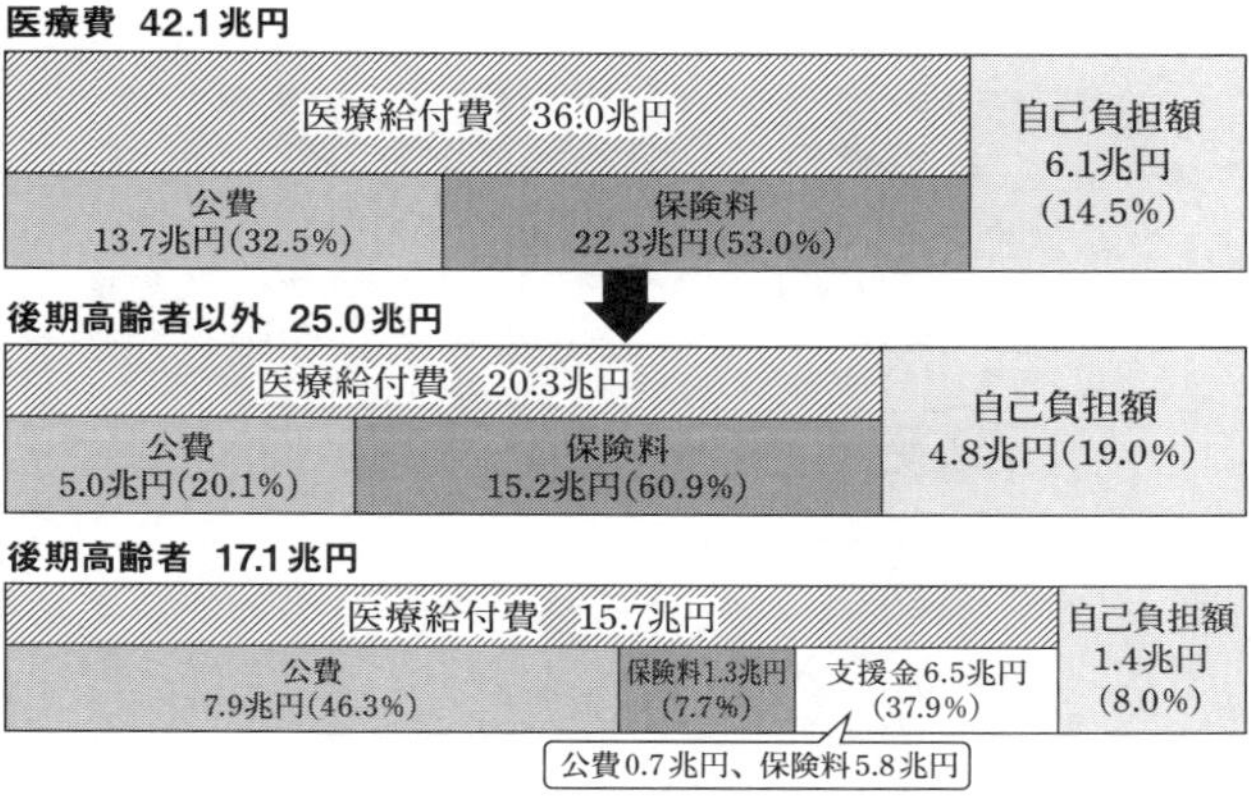

図表3-1-5　医療費の財源構成（2021年度）

（出所）厚生労働省ホームページ『医療費の見える化について』〈https://www.mhlw.go.jp/stf/seisakunitsuite/bunya/kenkou_iryou/iryouhoken/newpage_21420.html〉を基に筆者作成
（注）この資料における「医療給付費」は医療保険からの給付費であり、公費負担医療分や地方単独事業分は含んでいない。「自己負担額」は医療保険に係る医療費から上記の「医療給付費」を除いたもの〔公費0.7兆円　保険料5.8兆円〕

が医療費の財源を「見える化」しています（**図表3－1－5**）。医療費の財源は主に加入者（被保険者）からの保険料と自己負担、国費などの公費です。

まず保険料については、その決め方と額は加入している医療保険ごとに異なっています。

市町村国保の保険料は世帯ごとに収入や資産額、世帯人数などに応じて計算されます。保険料は市町村が決めるので、住んでいる市町村によって保険料の額が違うことになります。

職域保険に区分される協会けんぽ、組合健保、共済組合の保険料は働いている人（労働者）の給与水準によって決定されます。保険料は労働者本人と使

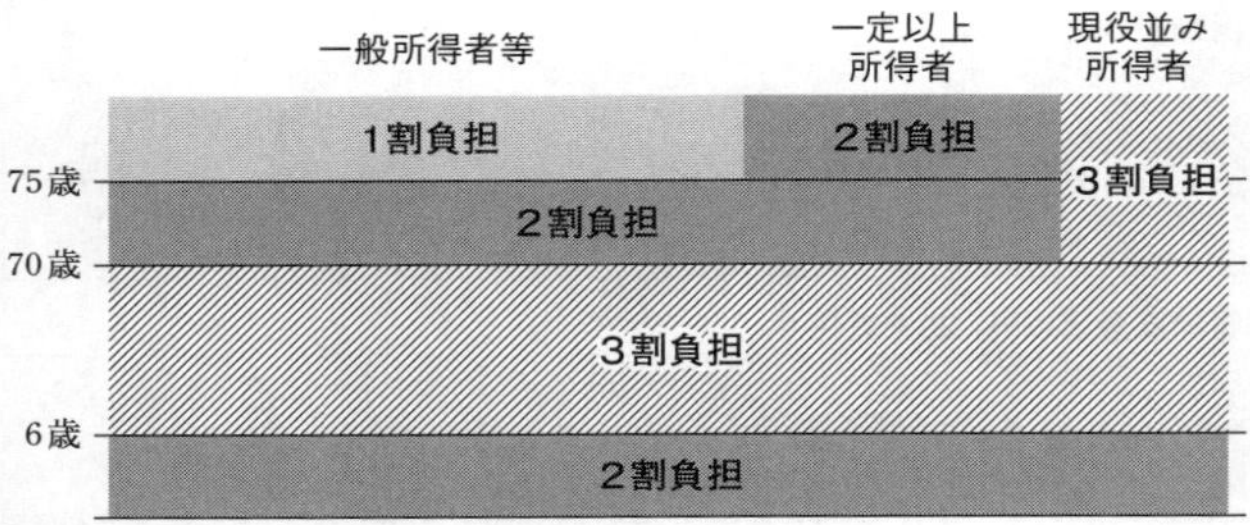

図表3-1-6　医療費の窓口負担割合

（出所）厚生労働省ホームページ〈https://www.mhlw.go.jp/content/000937919.pdf〉

用者がほぼ折半して負担しています。これらの後期高齢者以外の保険では、医療費の財源のうち保険料は15・2兆円です。財源全体の6割をまかなっています。

後期高齢者医療制度の保険料は、①保険の加入者である被保険者全員が同じように負担する均等割と、②負担能力に応じて賦課される所得割から構成されていて、加入者個人ごとに納めます。後期高齢者医療制度に加入する人（被保険者）の多くは現役を引退しています。所得もそれほどたくさんあるわけではありません。制度を維持していくための財源となる保険料の規模はたかが知れています。財源となる保険料は1・3兆円にすぎず、かかった医療費の1割もまかなえていません。

次に医療機関にかかった場合に負担する自己負担額、いわゆる「窓口負担」を見てみましょう。医療機関で治療や入院などの医療サービスを受けた時には、年齢と所得に応じてかかった医療費の1割から3割を負担します（図表3

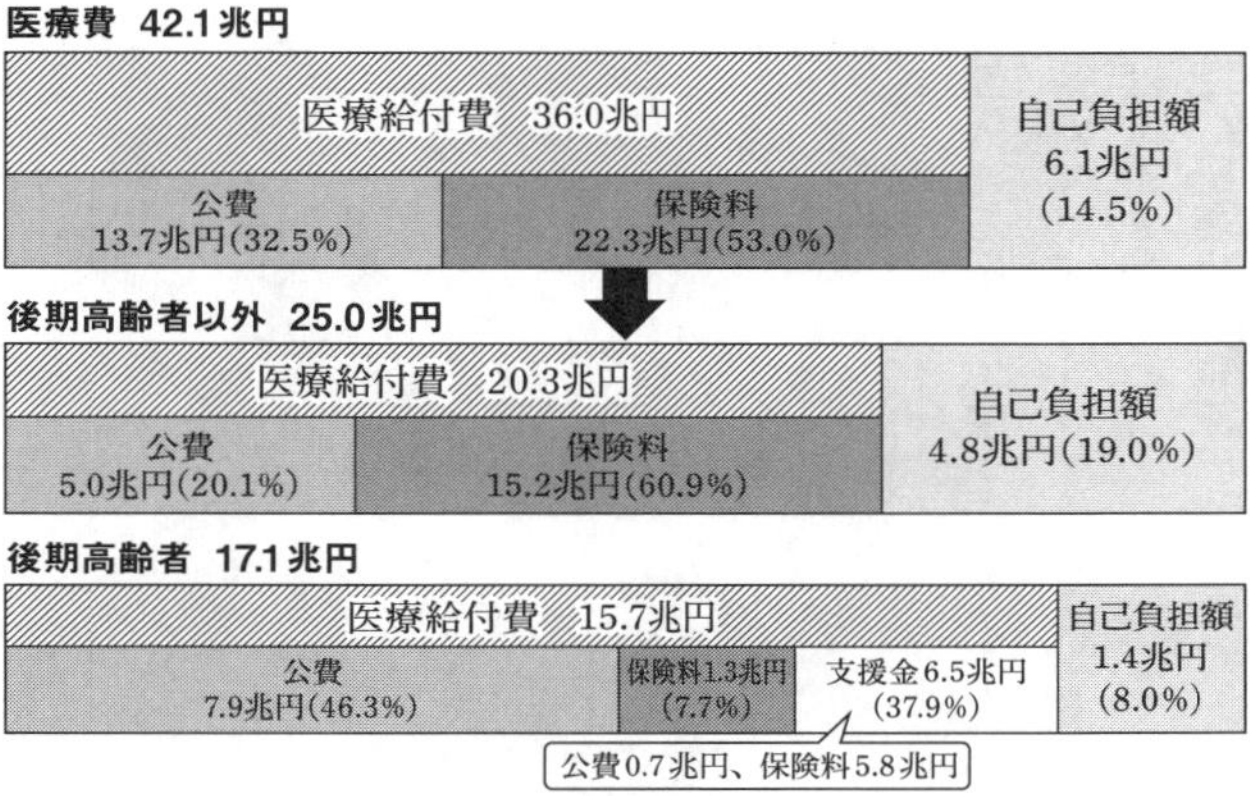

図表3-1-5　医療費の財源構成（2021年度）（再掲）

-1-6）。

6歳までは2割の負担ですみますが、それ以上の年齢で69歳までは3割負担が基本です。70歳からは原則2割負担になりますが、現役並みの所得がある人は3割を自己負担してもらいます。75歳以上の後期高齢者は原則1割負担ですが、一定以上の所得がある人は2割負担、現役並みの所得がある人は3割負担のままです。

自己負担額は後期高齢者医療制度以外では4・8兆円と、医療費の2割程度をまかなっています。これに対して後期高齢者医療制度の被保険者の自己負担額は1・4兆円、医療費の8%しか負担していません。そして国費などの公費が医療費財源として用いられています。後期高齢者医療制度以外では5・0兆円の公費が財源として使われて、医療費の2割にとどまりま

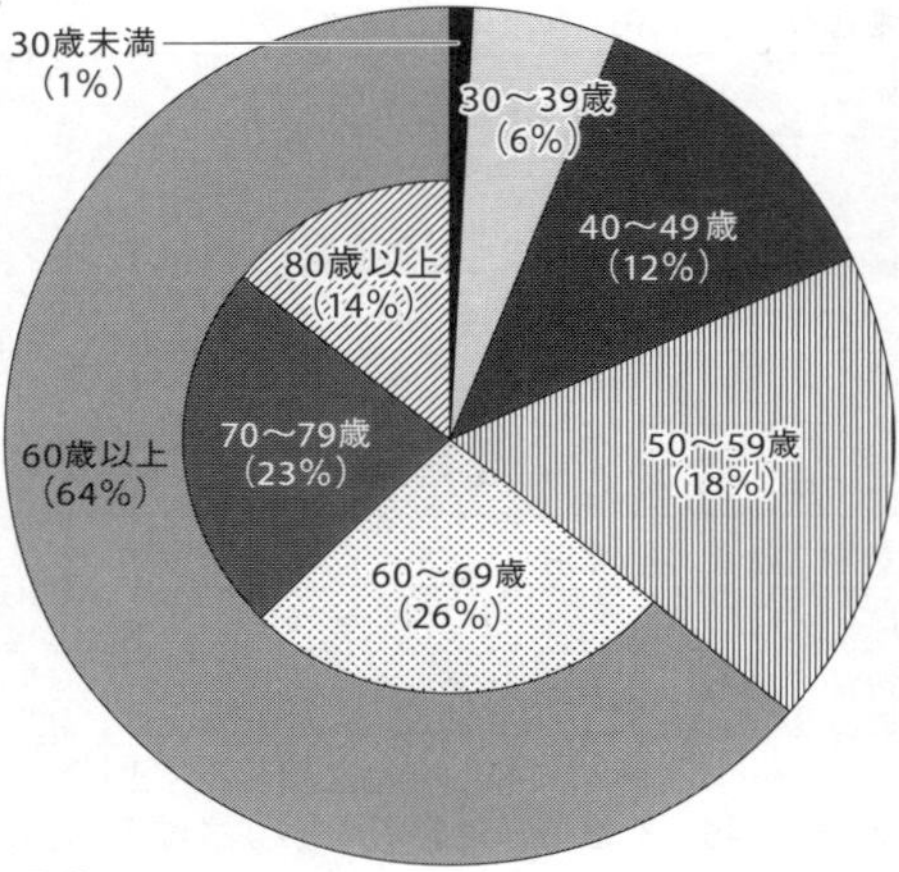

図表3-1-7
我が国の家計金融資産の世代別保有内訳

（出所）内閣官房新しい資本主義実現本部事務局『資産所得倍増に関する基礎資料集』2022年10月、3頁を基に筆者作成　（注）1.金融資産は、預貯金、生命保険など、有価証券、投資信託及びその他　2.四捨五入の関係で端数において一致しない場合がある

す。後期高齢者医療制度では7・9兆円が投入され、医療費の半分近くを公費でまかなっています。

後期高齢者医療制度は、保険料の割合も、自己負担額の割合も低い水準であるにもかかわらず運営できています。これは多額の公費が投入されているからです。さらに、かかった医療費の4割近くの財源を「支援金」が支えています。支援金は他の医療保険から支出された財政資金です。現役世代が多く加入する医療保険から6・5兆円ものお金が「仕送り」として後期高齢者医療制度に投入されているのです。多額の公費投入と現役世代の「仕送り」によって後期高齢者医療制度は維持されています。

しかし後期高齢者がさらに増える2025年以降は、こうした公費の投入と現役世代からの「仕送り」に頼る制度を続けていくことが極めて難しくなっていきます。現役世代の負担が過度に膨らむからです。高齢者は年齢が高いというだけで優遇されている面もあります。家計の金融資産の保有内訳を見ると、60歳以上が我が国の家計の金融資産の6割以上を保有しています（**図表3－1－7**）。金融資産はリタイアする世代以降が3分の2を持ち、高齢化が進むにつれてその度合いはますます強まっています。

元気で数億円の資産を持っていても年収がゼロの75歳以上であれば、医療機関にかかった時の窓口負担は1割です。貯蓄もなく多くの家族を少ない給料で養うような厳しい生活を送っていても、50歳の労働者はけがをしたときには治療費の3割を支払わなければいけません。世代による不公平と言えないでしょうか。現役世代の「仕送り」にも限界があります。今後も現役世代の負担に甘えたままで後期高齢者のために「仕送り」を続けさせる制度が維持できるとは思えません。

3－1－4　もし公費が3割カットされたら医療・介護はどうなる？

第1部で我が国財政が行き詰まったときに起こる事態を示しました。財政が行き詰まってこれまでのように赤字国債が発行できなくなるとどうなるのでしょう。聖域とされてきた社会保障関係費も大幅に削らざるを得なくなります。

第2部では「我が国の財政運営をなんとか続けていくことができるようにするには、利払費を含む財政収支の均衡、黒字化を達成してその状態を続けていくことが必要」「家計と同じで、財政運営も『収入の範囲で生活する』ようにすることが必要」と指摘しました。財政収支を均衡させるためには、毎年度の新規国債の発行をゼロに近い形にまで減らしていく必要があります。ところが近年の我が国では、当初予算だけで見ても115兆円規模の予算のうち30兆円超を新規国債に依存しています。この新規国債を30兆円規模で減らしていくためには、現状で115兆円規模の歳出を、国債費を除く分で30兆円減らすか、もしくは30兆円分を増税しなければなりません。

ここでは医療保険に投入している公費（国と地方の合計）の額を3割カットしなければならなくなったらどうなるかを考えてみます。医療保険の公費投入分が3割削減なんて突拍子もないと思われるかもしれません。

しかし実際、各国が金融危機の時にＩＭＦ（国際通貨基金）の支援を受ける条件として厳しい財政緊縮を迫られています。韓国では歳出カットや増税、為替レートの切り下げや金利引き上げ、食料・ガソリンなどの公定価格の引き上げなど屈辱的との声が出るほどの厳しい措置が求められ、中央政府で1・9万人、地方自治体などで定員の2割弱の削減が行われました。アイスランドではキャピタル・ゲイン税率や相続税率が2倍になるほか、所得税や付加価値税などの幅広い税目での税率や酒類・タバコ・石油・ガソリン手数料などが引き上げられました。また財政再建団体となった北海道夕張市では市役所職員の半減などの厳しい財政再建策が講じられたことを思えば、我が国の財政破綻が現実となった場合にはあり得ない事態ではないと思います。

前述したように我が国の医療費は多額の公費に依存しています（図表3－1－5）。公費が3割削減されても従来と同じ水準の医療サービスの提供を受けるためには、削減された財源に対して保険料負担を増やして賄うか、窓口での自己負担額を増加して補うしかありません。

あるいは、保険料をそのままにして公費を削減すると、病院の収入が減って医師や看護師が離職することになります。経営難から多くの医療機関も破綻するでしょう（図表3－1－8）。

市町村国保などの「後期高齢者以外」の保険で公費3割に相当する1・5兆円が削減されれば、保険料または自己負担額の1・5兆円増が求められます。保険料の負担増で賄おうとすれば月額で数千円の負担増となります。あるいは窓口での3割負担を4割負担にしなければならなくなります。

後期高齢者医療制度は公費への依存度が高いので、3割削減はさらに厳しい影響を及ぼ

	同水準の医療サービスを維持		保険料・自己負担額は維持したまま
	保険料負担の引き上げ（本人分、月額）	自己負担の上昇	
市町村国保	30,074円→33,042円	3割負担 ↓ 4割負担	医療提供体制が崩壊
協会けんぽ	14,970円→16,447円		
組合健保	9,000円→9,888円		
共済健保	13,531円→14,886円		
後期高齢者医療制度	7,082円→19,993円	1割負担 ↓ 2.7割負担	

図表3-1-8　公費3割削減の場合の医療保険への影響（試算）

（出所）新宿区『令和6年度国民健康保険料概算早見表（総所得金額等）』、全国健康保険協会『令和6年度保険料額表（東京都）』、トヨタ自動車健康保険組合『保険料』、日本私立学校振興・共済事業団『令和6年9月から令和7年3月の掛金等早見表』、厚生労働省『後期高齢者医療制度の令和6・7年度の保険料率について』を基に筆者作成

（注）市町村国保は40歳未満の年収300万円、協会けんぽ・組合健保・共済健保は40歳未満の月収30万円の例。後期高齢者医療制度は令和6年度の平均保険料額

します。同程度の水準の医療サービスを受けようとすれば、毎月の保険料が7000円で済んでいたのが2万円近い負担になります。保険料をそれまでと同じ負担で済ませるのであれば、窓口負担は低所得者でも現役並みの3割近い負担を求められます。

後期高齢者医療制度の財源は3分の1以上を現役世代の「仕送り」である「支援金」に頼っています。高齢者が保険料の負担増や窓口での現役世代並みの自己負担ができないのであれば、財源を確保するために支援金の額を大幅に増やすしかありません。現役世代は自分たちの保険料や窓口負担が増大する中で、さらに後期高齢者医療制度を支える負担が必要になります。

公費の削減に踏み込む場合であっても、代わりに誰が負担するのか、医療サービス提供体制

をどのように見直すかなど多くのことを考えないといけません。実際にはもっと精緻な議論が行われ、ここに示したような単純な制度変更にはならないと思います。それでも国民生活に甚大な影響を与えることは明らかです。国債を安易に増発し続けていたのができなくなり、そのために政策的な経費が削られるということはこういうことです。

3-1-5　医療保険を持続可能にするには

公費の削減が行われる中で現在の医療保険制度を維持する唯一の選択肢は、保険料負担の増加と窓口負担の割合の引き上げ、そして医療費の縮減をすべて組み合わせて行うことです。この3つの施策を適切に組み合わせることによって、それぞれの負担増を多少でも緩和することができます。

A. 能力に応じた後期高齢者の負担増

まず保険料負担について考えたいと思います。現在の後期高齢者医療制度では75歳以上の人は毎月7000円程度の保険料を負担すれば、病気やけがをしたときに原則1割の負担で治療を受けることができます。

なぜ75歳という区切りをつけるのでしょうか。医学上は65歳以上を高齢者として、その中で74歳までを前期高齢者、75歳以上を後期高齢者としています。75歳を超えると骨粗鬆症《こつそしょう》や脊椎《せきつい》圧迫骨折、頻尿などの老化に伴う病気を発症しやすくなります。低栄養や免疫機能の低下によって感染症を発症し、病気が慢性化しやすくなります。またADL（日常生活動作）が低下して尿失禁《しっきん》が起きやすくなり、嚥下《えんげ》が困難になりますし、いったん入院すると退院も困難になる人が増えてきます。医学的にはその通りです。

しかしこの定義をそのまま医療保険制度に持ち込むのが適切なのでしょうか。75歳以上であっても60歳代より健康で元気な人はたくさんいます。多くの資産を持ち、生活に困っていない人もいます。大企業の経営者として活躍している「後期高齢者」もいらっしゃいます。一律に75歳以上で線引きして、例外的に「一定以上の所得者」や「現役並みの所得者」の窓口負担を2割または3割としている今の制度は適切でしょうか。

これを支えているのは多くの現役世代による負担です。少子化対策のために医療保険の保険料を上乗せする議論も行われています。しわ寄せを現役世代に押し付けている今の後期高齢者制度は、もはや持続可能とは言えません。医学的な区分に準じた一律の「後期高齢者」の定義を見直し、多くの資産を持つ高齢者、高い給与所得を得ている高齢者は年齢にこだわらずに保険料や窓口での負担を増やすという解決の選択肢もあり得るのではないでしょうか。

図表3-1-9
国民医療費の費用構造（2023年度予算ベース48兆円）
（出所）財務省財政制度分科会資料『社会保障』（2023年11月1日）24頁を基に筆者作成

B. 医療費の削減

我が国の医療費は増加の一途をたどっています。高齢化が進む以上は一定の増加は避けられません。それでも見直す余地はあると思います。国民医療費48兆円のうち23兆円（全体の47・4％）は医師等の人件費です（**図表3－1－9**）。医師を始めとする医療従事者は人の命を預かる重要な仕事です。ある程度の所得が保障されることは当然です。しかし同じように人の命を預かる医師なのに、病院という大規模な医療機関で働く勤務医と、小規模の医療機関である診療所で働く医師の間には、勤務条件にも収入にも大きな格差があります。

病院や診療所の経費の約半分は医師や看護師など医療従事者の給与費で、残りの半分は医薬品費や医療材料費、備品などにかかる支出です。病院

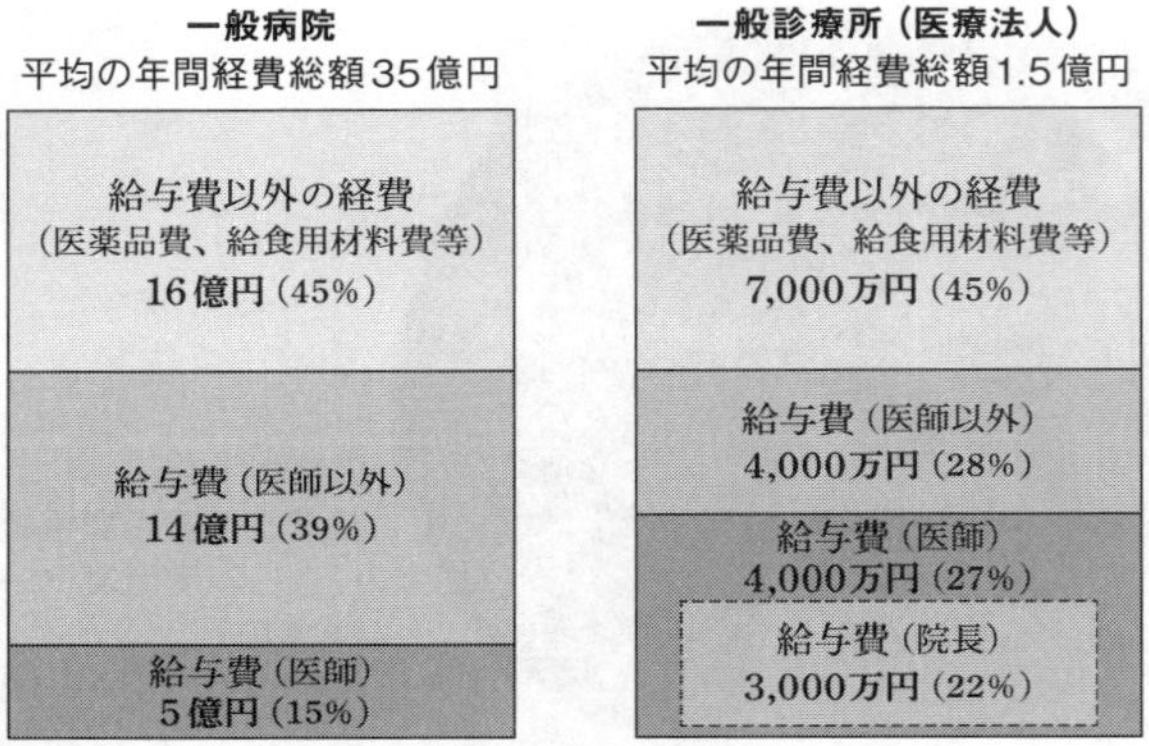

図表3-1-10　病院・診療所の経費構造

（出所）財務省財政制度分科会資料『社会保障』（2023年11月1日）27頁を一部加工

では全体の経費に占める医師の給与費は15％で、医師以外の給与費は39％であるのに対して、診療所では医師の給与費が27％で医師以外は28％です。診療所の場合、医師の給与費27％（4000万円）ですが、院長の給与費はそのうち大半の3000万円を占めています（**図表3－1－10**）。厚生労働省「第24回医療経済実態調査」によると、公的病院の病院長の平均年間収入は2200万円、医師は1500万円です。診療所の院長は経営者を兼ねていることも多いと思いますが、病院の院長が組織をまとめる役割を果たし、勤務医が当直制で緊急の重症患者などに対応しなければならず、医師の働き方改革が社会問題となっている中で、病院と診療所で働く医師との格差がここまで拡大したままでよいのでしょうか。

医師などの人件費はすべて、医療費に跳ね返ってきています。我が国には18万の医療施設があります。その内訳は病院が8000施設、一般診療所が10万5000施設、歯科診療所が6万8000施設です。[*1] 診療報酬を見直して診療所の院長の給与費を1割削減して2700万円にすれば3000億円以上の医療費を削減することができます。

国民医療費の21％に当たる10兆円は医薬品の経費です。多くの国民が医療機関にかかって薬を処方されます。医師から処方された薬を患者が飲み残したり飲み忘れて、多くの薬が余る現実があります。「残薬」の問題と言われます。残薬の問題は特に高齢患者の飲み残し・飲み忘れに関して議論されますが、薬が余って使用されることなく廃棄される状況を改善すれば医療費の削減にもつながります。

残薬を回収して再利用する「節薬バッグ」運動によって、薬剤費を年間[*2]3300億円削減できるとする推計から、残薬薬剤費が年間[*3]8700億円に上っているとする推計までさまざまです。8700億円の薬剤費の削減を行い、さらに1錠ごとに薬の種類や使用期限などの情報を記載するように包装を見直せば廃棄する薬を減らすことにつながります。家庭

＊1　厚生労働省「2022年医療施設（動態）調査・病院報告の概況」（表1　施設の種類別に見た施設数）。
＊2　九州大学と福岡市薬剤師会による節薬バッグの成果に基づく推計。
＊3　一般社団法人滋賀県薬剤師会による2014年12月3日から2015年2月28日に実施した調査による推計。

での回収した残薬をリユース薬として活用したり、高価な抗がん剤などの注射薬剤を容量の小さい容器に小分けして少人数でも使い切ることができるようにして廃棄される薬剤を削減するなどの工夫もあります。合わせれば1兆円近い医療費を削減することも可能です。

3-1-6　2040年に約1000万人が要介護状態に

経済産業省の研究会がまとめた報告書によると、2025年の時点で介護が必要な状態にある人は815万人です。その後徐々に増え続け、2040年には要介護（要支援）を認定される人は988万人に上ると見込まれています（図表3-1-11）。我が国の人口は2040年に1億1284万人と推計されているので、国民の11人に1人が要介護者になります。[*4] 2040年には65歳以上は3929万人に増え、高齢者に限って見れば4人に1人が要介護者という未曽有の事態です。

厚生労働省は今後必要な介護職員数を2026年度に240万人、2040年度に272万人としています。2022年10月時点の介護職員は215万人なので、2026年度に向けて25万人の人員増が必要です。2040年度には今よりも57万人も介護職員が必要となります。介護職員の有効求人倍率は他の職種よりも3倍くらい高く、今でも多くの事業所から人手が不足しているとの声が上がっています。若い介護職員の勤続年数は他の業

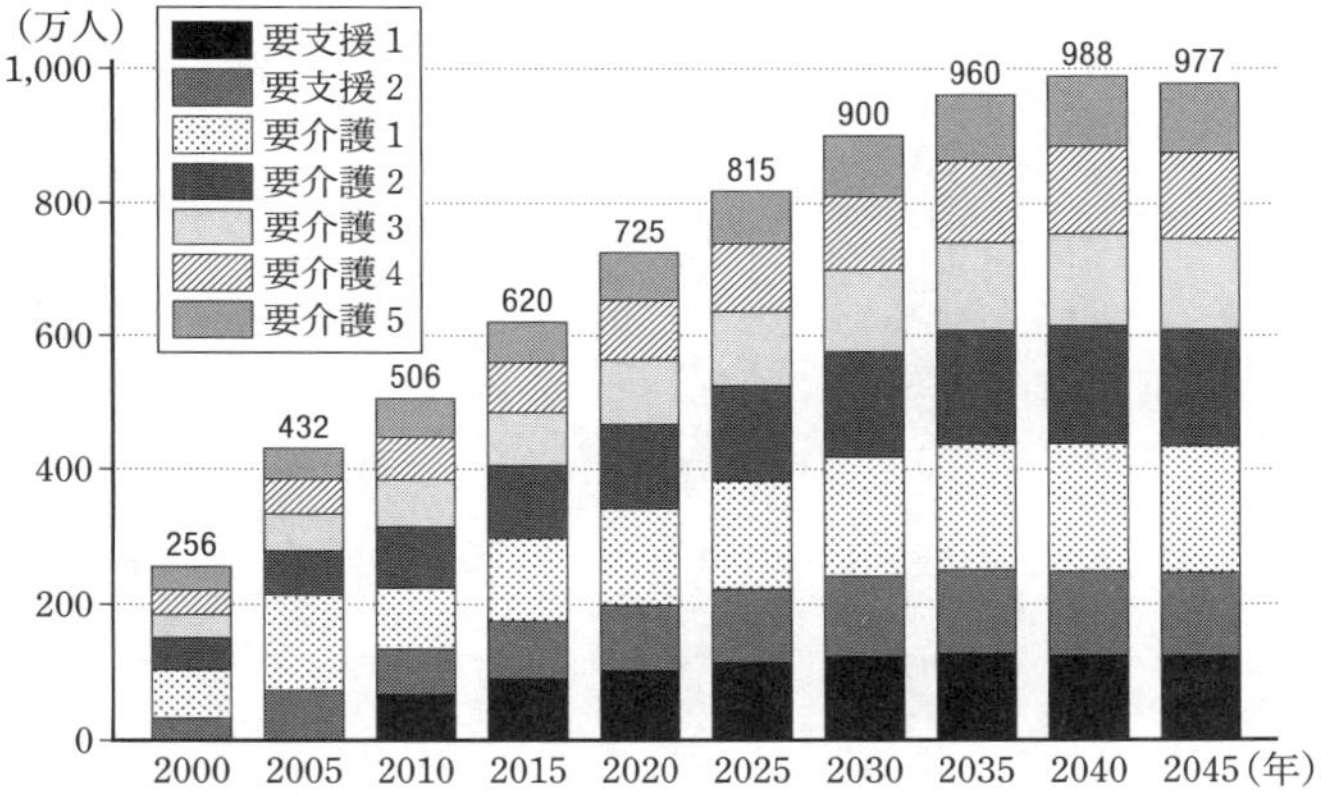

図表3-1-11　要介護(要支援)認定者の将来推計

(出所)経済産業省『将来の介護需給に対する高齢者ケアシステムに関する研究会』(2018年3月)を一部加工
(原資料注)2000年度、2005年度は、要支援が1段階しかなく、要支援2には現行の要支援1相当の者も含まれる

種と大差はありませんが、30歳代後半になると短くなり、離職率も高くなって中堅以上の介護職員が足りない状況です。

介護の仕事は体力的にも精神的にもきつい仕事であるにもかかわらず、給与は全産業の平均36・1万円よりも低く、介護職は29・3万円と月額7万円程度の差がついています(2022年)。10年前には10万円ほどの格差がありましたが、この間、処遇改善加算という国の施策によって徐々に賃金の格差を縮めてきたおかげで、今は7万円に縮小しています。それでも月額7万円というのは大きな差で

＊4　国立社会保障・人口問題研究所「日本の将来推計人口(2023年推計)」出生中位(死亡中位)推計。

あることは間違いありません。

　介護が必要な高齢者が増えることは確実です。それに伴う介護職員の増加も必須です。介護職員の処遇を改善して人手を確保しなければなりませんが、現在でも多額の公費が投入されている介護保険制度にそれほどの余裕があるのでしょうか。我が国の介護保険制度は持続可能なのかを考えてみたいと思います。

3-1-7　2040年に介護保険料と自己負担はどれだけ増えるのか

　介護保険制度は2000年4月に始まりました。従来、息子や娘、その家族の力に頼ってきた高齢者の介護が、核家族化のために親の介護ができなくなったり、介護のために離職せざるを得ない人が出てきて社会問題となっていました。介護が必要な高齢者が社会的弱者と位置付けられ、ニーズに合った十分なサービスを受けられず、積極的な医療が必要でなくても退院後の落ち着き先が見つけにくいという社会的事情によって入院せざるを得ない「社会的入院」も多く行われていました。また介護のための医療機関への入院は患者一人当たりの収益率が低く、病院経営を圧迫するほか、老人医療費も増大する要因となっていました。

	第1号被保険者	第2号被保険者
対象者	65歳以上の者	40歳から64歳までの医療保険加入者
人数	3,579万人	4,190万人
受給要件	●要介護状態（寝たきり、認知症等で介護が必要な状態） ●要支援状態（日常生活に支援が必要な状態）	要介護、要支援状態が、末期がん・関節リウマチ等の加齢に起因する疾病（特定疾病）による場合に限定
要介護（要支援）認定者数と被保険者に占める割合	669万人（18.7％） 65〜74歳：76万人(4.3%) 75歳以上：593万人(32.4%)	13万人（0.3％）
保険料負担	市町村が徴収 （原則、年金から天引き）	医療保険者が医療保険の保険料と一括徴収

図表3-1-12　介護保険制度の被保険者

（出所）社会保障審議会介護保険部会（第100回）2022年10月31日（参考資料1）13頁を一部加工

A．増大を続ける介護費用の負担

こうした問題を解決し、介護を家族だけに任せず、社会全体で介護問題に取り組むために創設されたのが介護保険制度です。介護保険制度は40歳以上の人が介護保険料を負担し、国や自治体からは公費を支出して財源を確保し、介護が必要になった時に一部の負担で介護サービスを受けることができる制度です（図表3－1－12）。

65歳以上の人（第1号被保険者）と40歳から64歳までの医療保険に加入している人（第2号被保険者）は市区町村に保険料を納めます。第1号被保険者の保険料額は自治体ごとに所得に応じて決められます。第2号被保険者の保険料は加入している医療保険（市町村国保、協会けんぽ、組合健保、共済組合）によって異なっています。国と自

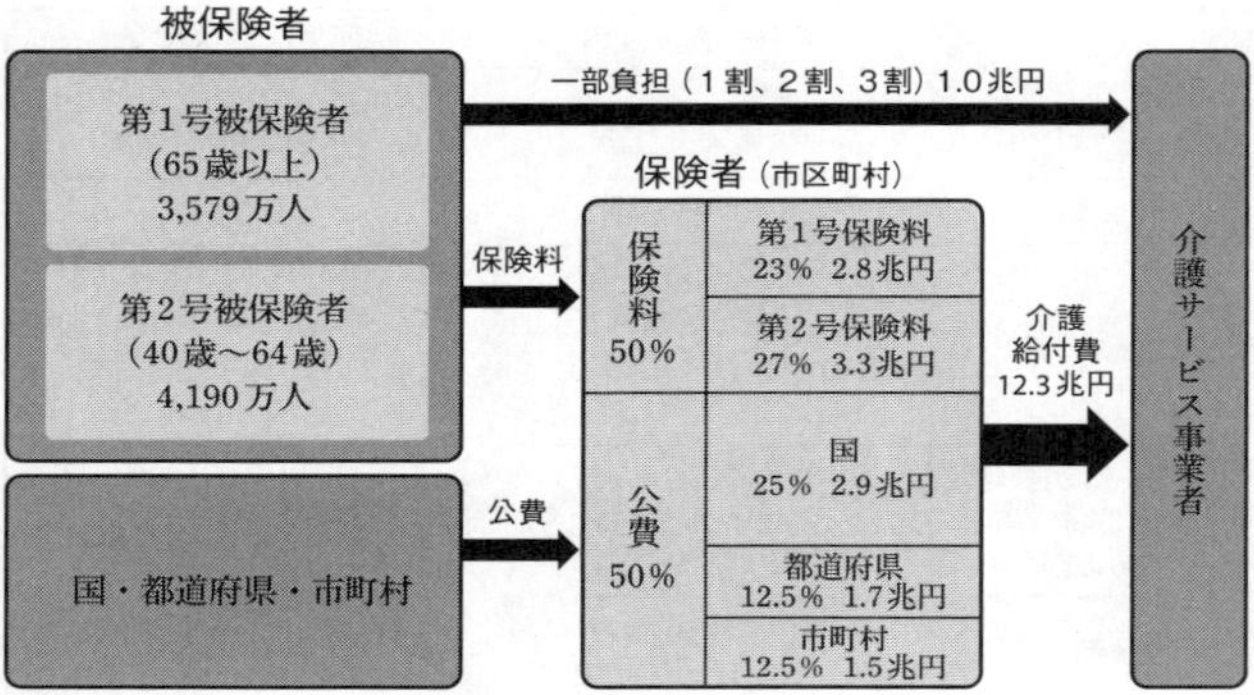

図表3-1-13　介護保険の財政構造

(出所) 社会保障審議会介護保険部会(第92回)2022年3月24日(資料1)3、5頁を基に筆者作成
(注) 1. 被保険者数は2020年度(末)。保険料、公費及び介護給付費は2022年度予算ベース
2. 数値は端数処理しているため、合計が一致しない場合がある

治体からは保険料と同規模の公費が支出されています。

被保険者が訪問介護やデイサービス、ショートステイなどの介護サービスを受けたときには所得に応じて1割、2割または3割の費用を負担し、残りの9割、8割または7割に相当する金額は介護給付費として支払われます(**図表3-1-13**)。

要介護認定者数の増加に伴って介護費用が増大し、財源を確保するために保険料と公費の投入も増えています。介護保険制度が始まった2000年度当時は、65歳以上の高齢者の保険料負担は全国平均で月額2911円でした。2024年度から始まる第9期介護保険事業計画期間では月額6225円と見られています。この20年あまりで2倍以上に膨れ

	第1号保険料(65歳〜)の 1人当たり月額 (基準額の全国加重平均)	第2号保険料(40歳〜64歳)の 1人当たり月額 (事業主負担分、公費分を含む)
2000年度	2,911円	2,075円
2018年度	5,869円	5,353円
2040年度	約9,200円	約8,900円
2040年度 (公費3割カット)	約11,960円	約11,570円

図表3-1-14　介護保険の保険料

(出所) 社会保障審議会介護保険部会（第111回）（資料1）、第28回社会保障審議会（資料2）を基に筆者作成

(注) 第1号保険料は2018年度賃金換算。2040年度の第2号保険料は、2018年度の協会けんぽ保険料を5,353円として、保険料率1.57％が2040年度に2.6％に上昇したとして機械的に計算

上がっています。

厚生労働省は２０４０年度には第１号保険料が約９２００円になるとの見通しを示し、現在よりも約３０００円の負担増になります。第２号保険料は協会けんぽなどの保険料率の上昇を見込み、今より約３５００円も負担が増えます（**図表3-1-14**）。この見通しは現在の経済状況を前提としているので、介護需要が増加したり、物価上昇が想定以上に進むと、財源が不足してさらに保険料の負担は増えることになります。

第２号被保険者の保険料は、医療保険の保険料と合わせて納めるので、その被扶養者は介護保険料を個別に納める必要はありません。そのために被扶養者が40歳から64歳（介護保険の第2号被保険者）でも、扶養者である被保険者が「40歳未満または65歳以上」であれば、被保険者・被扶養者のいずれも保険料を

支払うことなく、被扶養者は介護サービスを受けることができます。保険料は、医療保険の被保険者がみんなで負担します。おかしいと思いませんか。介護保険料の負担は公平ではありません。後述する年金の「第3号被保険者」問題と同じ構図です。

この問題に対処するために健康保険組合は、被扶養者が40歳から64歳であれば、被保険者が「40歳未満または65歳以上」であっても介護保険料を徴収できる「特定被保険者制度」を設けています。それでも特定被保険者制度を採用しているのは健保組合1380組合のうち4割の551組合にとどまり、約7万8000人しか介護保険料を負担していません（2023年度決算見込）。

65歳以上になって介護を受けるリスクは、若いころに働いていたかどうかは関係ありません。40歳から64歳の年齢なのに、被扶養者だからと言って介護保険料を納めないのは不公平ではありませんか。

B．介護負担のシミュレーション

介護保険制度は介護の負担を社会全体で分かち合うための制度です。そのために保険料を納め、必要になった時に一定の負担で介護サービスを受けることができるように制度設計されています。こうした仕組みにもかかわらず、現行の制度では年金生活者がみずからの収入だけで介護サービスを受けたり、介護のために仕事を辞めた介護離職者が親の面倒を見ることになると、家計がかなり厳しい状況に置かれるのが現実です。今でも厳しい状況にある家計が、財政が悪化して公費の支出が大幅に削減されると、生活はどのように変わるのでしょう。一定の前提を置いてシミュレーションしてみます。

まず定年を迎えて無職になっている夫婦のみの世帯を考えてみたいと思います。公益財団法人生命保険文化センター「2021年度生命保険に関する全国実態調査」によると介護費用のうち住宅改造や介護用ベッドの購入など一時的な費用の合計額は平均74万円です。毎月の収支は平均世帯で年金などの収入が月に24・5万円、支出が28・3万円なので3・8万円の赤字です（総務省「家計調査」〈2023年〉）。毎月貯蓄から3・8万円を取り崩していかなければなりません。

仮に夫が健康で、妻が要介護4の認定を受けて介護が必要になったとします。在宅介護であれば支出は30・3万円になり、毎月5・8万円の持ち出しになります**（図表3-1-15）**。1000万円の貯蓄があっても毎月5・8万円ずつ取り崩せば14年で貯蓄はなくなります。特別養護老人ホームに入れば毎月7・6万円の持ち出しで、11年で貯蓄がなくなります。さらに介護付き有料老人ホームであれば毎月15・4万円の持ち出しなので、わずか6年足らずでたくわえが底をつきます。途中で病気をすれば医療費がかかりますし、入

		在宅介護	特別養護老人ホーム	介護付き有料老人ホーム
収入	年金	24.5万円		
支出	非消費支出（税、保険料等）	3.2万円		
	月額利用料（家賃、管理費等）	0円	3.6万円	10.6万円
	生活費（食費、光熱水道費等）	20.5万円	10.5万円	10.5万円
	介護サービス費	3.1万円	2.3万円	3.1万円
	医療費	1.7万円		
	介護用品（おむつ等）	1.8万円		
	その他（妻の生活費等）	0円	9万円	
	支出計	30.3万円	32.1万円	39.9万円
収支		▲5.8万円	▲7.6万円	▲15.4万円

図表3-1-15　介護にかかる費用
（夫婦のみの定年後世帯、妻が要介護4の場合）
（出所）総務省『家計調査報告〈家計収支編〉2023年平均結果の概要』等を基に筆者作成

院・手術をすればあっという間に数十万円がなくなります。貯蓄がなくなったうえに毎月数万円の赤字が出る状況で、老夫婦だけでどうやって生活していけばよいのでしょう。

実際には世帯によって収入や支出の状況は違いますし、貯蓄もかなり異なります。もっと収入が多く、多くの資産を持って裕福な世帯もあります。ひと括りにすることはできませんが、このような経済的に厳しい世帯はかなり多いのではないでしょうか。

高齢者の一人暮らしも増えています。無職の高齢者の一人暮らしの場合は収入が12・7万円、支出が15・8万円で毎月3・1万円の赤字です（総務省「家計調査」）。要介護度4と認定され、限度額である30万9380円の介護サービスを受けた場合、最も低い自己負担割合の1割負担でも3・1万円かかります。普通に暮らしていても3・1万円の赤字なのに、介護サービスのためにさらに3・1万円を負担することは可能でしょうか。

子どもがいれば仕送りや遠距離介護という方法もあります。親が福岡県に住んでいて、子どもが東京にいる場合であれば、格安航空券でも片道2万円かかります。1ヵ月に一度の遠距離介護では毎月4万円の航空運賃がかかります。場合によっては介護のために離職せざるを得ません。2022年の介護離職者は7・3万人で55～59歳の働き盛りが最も多くなっています（厚生労働省「雇用動向調査」）。

介護離職すれば定期的な収入がない中で高齢者を支えなければなりません。介護が長期になればなるほど、お金はかかるし、介護する方も体力的にも精神的にもきつくなっていきます。子育てであれば時が経つほど負担は軽くなり、子育てが終わる時期も決まっています。しかし介護の場合には先になればなるほど負担が増え、先行きを見通すことができません。

現在でも介護のために多くの支出が必要です。こうした中で公費が3割削られればどうなるのでしょう。介護給付費の財源は保険料と公費が半々です。図表3－1－13で公費負担の6・1兆円のうち3割が削減されて1・8兆円減少すると、削減分を保険料で補わなければなりません。その場合には保険料は1・3倍に増やさなければなりません。現状でも高齢者の介護には多額の費用がかかっているのに、２０４０年には第１号保険料が３０００円上昇して９２００円に、第２号保険料も３５００円引き上げられて８９００円になります。公費が削減されれば保険料負担は１・３倍になるので第１号保険料は１万１９６０円に、第２号保険料は１万１５７０円になります。これは介護保険制度発足時の保険料の水準から４～６倍のレベルです。制度設計時点から負担が４～６倍になったままで介護保険制度を維持することができると思いますか。

３－１－８　欺瞞の少子化対策

少子化の流れに歯止めがかかりません。少子化対策は１９９０年の「１・５７ショック」をきっかけに政策課題に浮上しました。政府による１９９４年12月のエンゼルプランの策定や２００３年の少子化社会対策基本法の施行にもかかわらず子どもの数は減少を続けています。２０２３年の合計特殊出生率は１・２０で過去最低を更新し、東京都では史上初めて１・０を切る０・９９まで低下しました。団塊の世代が生まれた頃は年間２７０万人近い出生数でしたが、２０２３年はその４分の１の73万人しか子どもが生まれていません。国立社会保障・人口問題研究所は現在１億２５００万人の人口が、２０７０年には８０２４万人になると推計しています。

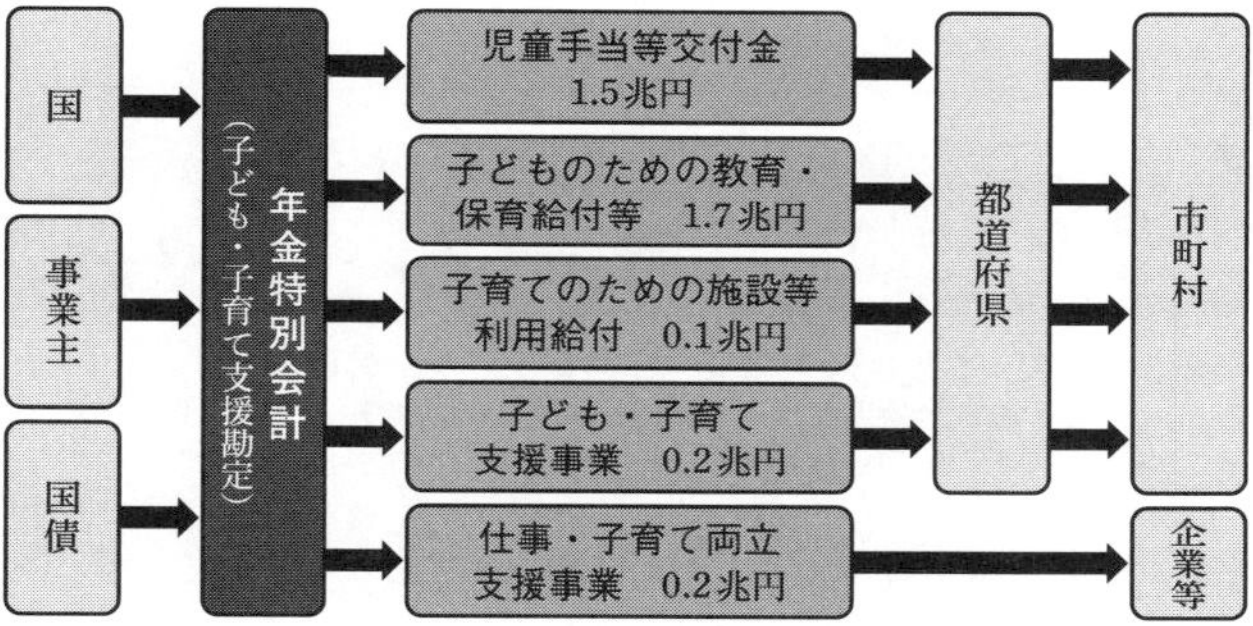

図表3-1-16　子ども・子育て支援新制度の給付・事業の全体像
（出所）こども家庭庁『令和6年度当初予算案の概要（参考資料）』15頁を一部加工

政府は２０１２年に「子ども・子育て支援法」などを成立させました。これにより子ども・子育て支援新制度を動かし、幼児教育や保育、地域の子育て支援に本格的に乗り出しています。２０２４年度予算では３・７兆円の事業を実施しています（**図表３－１－16**）。

岸田前総理は２０２３年１月４日の記者会見で「異次元の少子化対策」への取り組みを表明しました。その年の12月22日にはこども未来戦略を閣議決定し、追加の事業規模３・６兆円の「こども・子育て支援加速化プラン」をまとめて今後３年間に少子化対策に集中的に取り組む方針を示しています。

加速化プランは児童手当を拡充して、支給期間を中学生から高校生にまで広げるほか所得制限を撤廃するなどの経済的支援を強化するとしています。また両親の育児休業の取得や時短勤務を支援し、自営

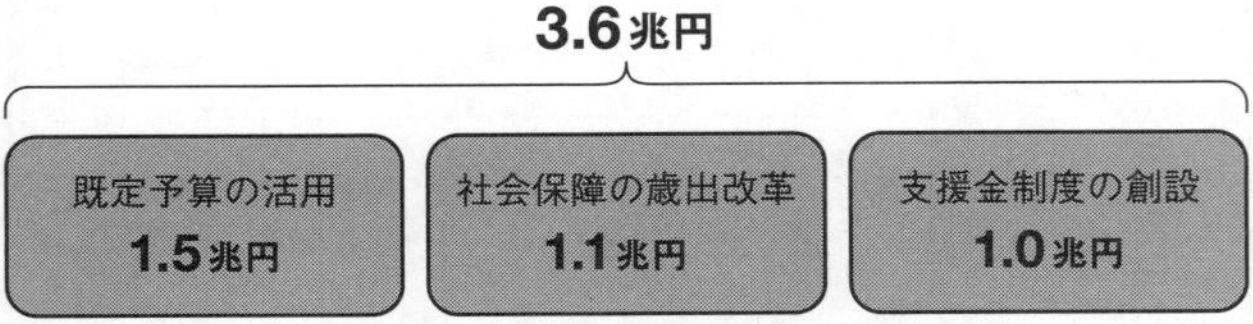

図表3-1-17　こども未来戦略「加速化プラン」の財源

（出所）こども未来戦略会議資料（2023年12月22日）『こども未来戦略における主な施策等について』19頁を基に筆者作成

業やフリーランスの育児期間中の保険料の免除を創設すること、「こども誰でも通園制度」の創設などを盛り込んだ子ども・子育て支援法の改正が行われました。

２０２４年度予算の子ども・子育て支援新制度の事業に相当する資金が、今後３年間で追加されます。その財源はどうなっているのでしょう。実は明確な財源は示されていません。

３・６兆円は既定予算を活用することで１・５兆円、社会保障の歳出改革によって１・１兆円、子ども・子育て支援金を創設することによって１兆円を確保するとされています（**図表3-1-17**）。

まず既定予算の活用ではインボイス制度の導入による増収や高等教育の修学支援の余った予算や子ども・子育て拠出金を財源に回します。進学率が低迷して利用が伸びなかったり、企業だけに負担を求める拠出金を持ってくることは、安定した財源の確保や公平性の点から問題があります。

社会保障の歳出改革で１・１兆円と言いますが、これまでも厳しい財政状況の中で多くの歳出改革を行ってきたはずです。新た

		2026年度	2027年度	2028年度
全制度平均		250円	350円	450円
市町村国保		250円	300円	400円
被用者保険	協会けんぽ	250円（被保険者1人当たり400円）	350円（被保険者1人当たり550円）	450円（被保険者1人当たり700円）
	健保組合	300円（被保険者1人当たり500円）	400円（被保険者1人当たり700円）	500円（被保険者1人当たり850円）
	共済組合	350円（被保険者1人当たり550円）	450円（被保険者1人当たり750円）	600円（被保険者1人当たり950円）
後期高齢者医療制度		200円	250円	350円

図表3-1-18　子ども・子育て支援金の負担金額（1人当たり平均月額）

（出所）こども家庭庁『子ども・子育て支援金制度における給付と拠出の試算について』（2024年3月29日）を基に筆者作成
（注）事業主負担分を除く本人拠出分のみ。被用者保険では事業主が労使折半の考えの下で拠出

な歳出改革をすると言うものの具体的な内容は示されていません。本当に実現できるのでしょうか。もし歳出改革ができるのなら、どうしてこれまで取り組んでこなかったのでしょう。

子ども・子育て支援金は２０２６年度から２０２８年度にかけて医療保険料と合わせて徴収されます（**図表3-1-18**）。１人当たりの負担金額は加入している医療保険によって異なります。大企業の健保組合であれば２０２８年度は月額５００円になります。中小企業が多い協会けんぽは４５０円、公務員などの共済組合は６００円になります。これらは本人が負担する金額ですので、事業主も同じ額を負担することになります。また後期高齢者医療制度に入る75歳以上は月額３５０円の

負担です。

岸田前総理は従来国会答弁で支援金の負担金額を国民1人当たり月額500円弱と説明してきました。たしかにすべての制度を平均すると1人当たり450円かもしれませんが、実際の負担額は加入している医療保険によって大きく異なってくるのです。

医療保険料と合わせて徴収する仕組みでは高齢者に比べて現役世代の負担が重くなり、不公平感が拭えません。社会保険は本来、年金や医療など負担と給付が明白な関係を持つべきなのに、少子化対策のために医療保険料と合わせて財源を確保するというのも説明が付きません。取りやすいところから取っているにすぎません。ただでさえ後期高齢者医療制度を支えるために苦しい健康保険組合が多い中で、さらに現役世代に負担を付け回すのは少子化対策と言えば何でも許されるという甘えです。

支援金は2028年度に1・0兆円の財源を確保し、それまでの間は財源不足が生じないようにするために「子ども・子育て支援特例公債」を発行することにしています。赤字国債に他なりません。先ほどの既定予算の活用や社会保障の歳出改革によって少子化対策のための財源が捻出できなければ、これも結局は赤字国債の発行によって穴埋めするしかないのです。

政府は少子化対策の財源を確保するための支援金について、「実質的な国民負担増はない」と繰り返して説明してきました。賃上げと歳出改革によって社会保障負担にかかる国民負担を軽減し、その範囲内で支援金制度を構築するからだそうです。最近では全体の取り組みを通して国民負担率は上昇しないと言い方を変えてきています。

国民負担率は、国民所得に対する租税負担と社会保障負担を合わせた割合のことです。国民にとってわかりにくい概念を持ち出してきて、「負担増はない」ことを取り繕うとしているとしか思えません。しかも国民負担率に含まれる社会保障負担には、医療や介護、年金の保険料負担が入っているので支援金の負担が増えたかどうかを区別することはできません。仮に賃金が増えて国民所得が増加すれば、社会保障負担が増えても国民負担率は上昇しないと言っているのであれば、賃金を決定する企業に責任を転嫁していることになります。

少子化対策という響きのよいフレーズが先行して、しっかりした財源も確保できないままに、巨額の財政資金をばらまくだけになりかねません。具体的な施策や効果を明らかにしないで、見栄えがよい財政支出をするだけの余裕があるのでしょうか。

3-2 年金

多くの国民は我が国の公的年金制度は大丈夫なのかという不安を抱えています。自分が年金を受け取る頃には年金制度は破綻しているのではないか、せっかく保険料を払っても掛け捨てになるのではないかと思っています。年金に期待できないという漠然とした思いを数字で示したのが「老後2000万円問題」です。

3-2-1 日本の年金は本当に「100年安心」といえるのか

A.「老後2000万円問題」で高まる年金制度への不安

2019年6月、金融庁の金融審議会が「65歳から30年間生きるには年金だけでは足りない。約2000万円の貯蓄が必要だ」と試算した報告書を公表しました。年金だけでは生活できないのか、定年を迎えた時にとても2000万円の貯蓄はない、どうすればいいのだという不安が現実の問題として突きつけられました。これが「老後2000万円問題」です。

2023年の「家計調査」では高齢者夫婦の無職世帯では収入が24万4580円です。

一方、支出は28万2497円ですので毎月3万8000円程度の貯蓄の取り崩しになり、2019年の報告の時よりも不足額は縮小しています（**図表3-2-1**）。それでも20年間を生活するには910万円、30年間では1370万円の貯蓄が必要です。老後に必要な額は景気の状況や物価によって変わるので、取り崩す貯蓄の金額は大きく変わります。場合によっては不足額がもっと小さくなるかもしれませんし、逆に収入が減って収支の差額が拡大すれば老後に必要な額が2000万円ではとても足りない状況になります。

図表3-2-1　高齢者夫婦無職世帯（65歳以上）2023年の家計

（出所）総務省『家計調査報告〈家計収支編〉2023年平均結果の概要』を基に筆者作成

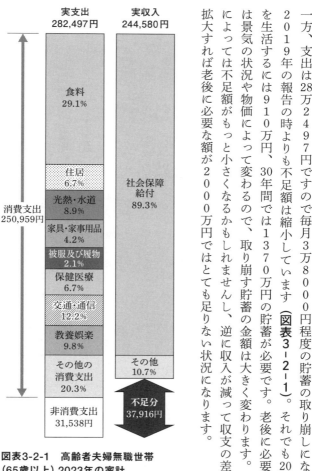

このままでは年金制度は維持できないとの懸念は、以前から政府自身も持っていました。政府は2004年、公的年金制度を維持するために年金制度の大改革を行いました。今後100年にわたって年金制度を安心できるものとするために、将来の保険料の水準を抑えるとともに一定の給付水準を確保し、公費投入の割合を拡充して基礎年金の国庫負担を3分の1から2分の1に引き上げました。

また給付と負担のバランスが取れる仕組みを取り入れました。これが2004年の年金制度改革で示された「100年安心プラン」です。この「100年安心」という言葉が独り歩きして、「年金だけで老後の生活は今後100年安心だ」という誤解も生じています。前述したように、この「100年安心」というのは、公的年金が100年維持できるという意味です。現実には公的年金だけで生活を維持していくことはほとんど不可能です。

私たちはどのくらいの年金給付を受けているかを見ておきます。我が国の年金制度（図表3-2-2）は国民皆年金制度です。

20歳以上の誰もが加入する国民年金の「1階部分」と、会社員や公務員などのサラリーマンが加入する厚生年金の「2階部分」、そしてこれに加えて別に保険料を納め、給付に上乗せをする「3階部分」の企業年金があります。

自営業者やフリーランスなどの第1号被保険者は国民年金だけの加入ですので、毎月受

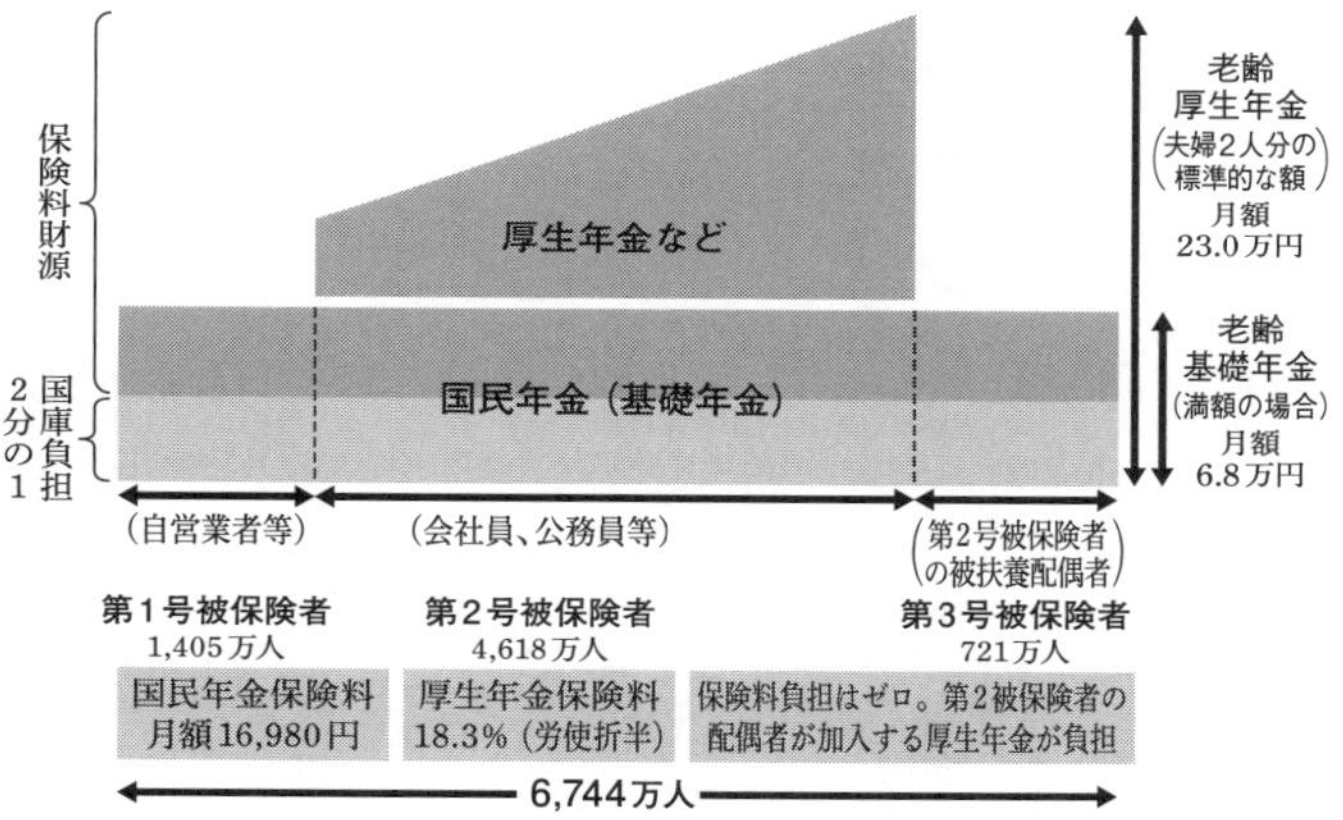

図表3-2-2　現行の年金制度の枠組み

（出所）『公的年金財政状況報告−2022年度−』図表1-2-1、厚生労働省年金局『令和4年度厚生年金保険・国民年金事業の概況』（2023年12月）等を基に筆者作成
（注）1.被保険者数は2023年3月末の数字　2.国民年金保険料は2024年度　3.年金給付額は2024年度

け取れる年金額は1人当たりの満額が6万8000円です。老後の生活はそれほどお金がかからないとはいえ、毎月6万8000円で暮らしていくことは困難です。サラリーマンは厚生年金や共済年金に加入しているので給付に上乗せ分がありますが、それでも1人当たり月額11万5242円です（**図表3-2-3**）。夫婦2人ですと23万円になりますが、これは厚生年金を受給する比較的恵まれた世帯が想定されています。

　2人とも健康であればなんとか生活していくことができます。しかし定年後に親の介護に多額の出費が必要となる高齢者がたくさんいます。年金受給

	2022年度	2023年度	2024年度
国民年金 （老齢基礎年金〈満額〉）	64,816円	66,250円	68,000円
厚生年金 （老齢基礎年金を含む）	109,797円	112,241円	115,242円

図表3-2-3　1人当たり年金額（月額）の例

（出所）日本年金機構『令和5年4月分からの年金額等について』、厚生労働省『令和6年度の年金額改定についてお知らせします』を基に筆者作成
（注）厚生年金の月額は、夫婦2人分老齢基礎年金を含む標準的な年金額を2で割って1人当たり分を算出

者である本人が老人ホームへの入居費用や介護費用、介護のための住宅のリフォーム、病気やけがによる手術・入院などの特別な支出をするようになるとさらに支出は増えます。現在の年金制度が維持されたとしても、とても年金だけで人生の最後まで安心した生活を送ることはできません。

B．「年金１００年安心」も存続が危ぶまれる状況に

前述したように、政府が２００４年の年金制度改革で示した「１００年安心」は公的年金制度が１００年維持できるという意味です。年金財政の健全性を１００年にわたって保つことができるようにしたという意味で「１００年安心」といっています。年金受給者の生活を維持していくのに安心な年金給付額が１００年保証されるということではありません。

２００４年の年金制度改革の主なポイントは次のようなものでした。

（１）厚生年金保険料の料率を引き上げて２０１７年度以降固

定する。
（2）国民年金保険料の水準を実質2017年度以降固定する。
（3）基礎年金の国庫負担割合を2分の1に引き上げる。
（4）マクロ経済スライド制度を導入する。

マクロ経済スライド制度は賃金や物価の上昇率だけでなく、現役世代の人口減少や平均余命の延びなどを勘案して年金の給付水準を決める仕組みです。そのために現役世代の数が減ったり平均余命が延びた場合には、年金の給付額の伸び率は賃金や物価の上昇率より低く抑えられることになります。ただしデフレ経済下ではマクロ経済スライドを発動できず、物価が下がっても年金の給付額を抑えることはしてきませんでした。

その後2014年の年金制度改革では「財政検証」が導入されました。5年ごとに最新の人口・経済状況を反映した長期の財政収支見通しである財政検証を行って、人口や経済全体の状況を考慮して給付と負担のバランスが取れているかを確認する年金財政の〝定期健康診断〟です。

厚生労働省は2024年7月3日、最新の財政検証の結果を公表しました。財政検証は「所得代替率」を重要視しています。所得代替率は年金額が現役世代男性の平均手取り収入の何%にあたるかを示しています。2024年財政検証では経済シナリオを4つ想定し、

	実質成長率		将来の年金額			所得代替率		
			2024年度	2040年度	2060年度	2024年度	給付水準調整終了後	低下率
高成長実現ケース	1.6%	現役男性の平均手取り	37.0万円	46.4万円	68.9万円	61.2%	56.9%（2039年度）	▲7.0%
		1人当たり年金額	11.3万円	13.2万円	19.6万円			
成長型経済移行ケース	1.1%	現役男性の平均手取り	37.0万円	43.5万円	58.6万円		57.6%（2037年度）	▲5.9%
		1人当たり年金額	11.3万円	12.6万円	16.9万円			
過去30年投影（横ばい）ケース	▲0.1%	現役男性の平均手取り	37.0万円	38.4万円	42.5万円		50.4%（2057年度）	▲17.6%
		1人当たり年金額	11.3万円	10.8万円	10.7万円			
マイナス成長ケース	▲0.7%	現役男性の平均手取り	37.0万円	37.5万円	事実上の破綻		33〜37%	約▲43%
		1人当たり年金額	11.3万円	10.3万円				

図表3-2-4　2024年財政検証の結果

（出所）厚生労働省『令和6年財政検証結果の概要』を基に筆者作成
（注）1. 1人当たり年金額は、65歳世帯の夫婦の年金額を2で割って算出　2. マイナス成長ケースの場合、2059年度に国民年金の積立金がなくなる　3. 低下率は、2024年度から給付水準調整終了後にかけて低下する所得代替率の割合

将来の年金額を示しました（**図表3-2-4**）。

シナリオは経済成長率によって、①高成長実現ケース（実質成長率1・6%）、②成長型経済移行ケース（同1・1%）、③過去30年と同じ状況が続く過去30年投影（横ばい）ケース（同▲0・1%）、④マイナス成長ケース（同▲0・7%）を示しています。

これは高い成長率を実現しても、現役男性の収入の61・2%に相当する年金をもらっている夫婦の年金が56・9%に目減りする、これまでと同じような成長しかできなければ50・4%まで少なくなるということです。仮にマイナス成長になると2

059年度に国民年金の積立金が枯渇して事実上、破綻するシナリオです。

政府は、②成長型経済移行ケースの実質1・1%成長を「めざすべき姿」と位置付けています。1995年度から2023年度の平均実質成長率が0・8%でした。第2部では内閣府が経済見通しの前提となる経済成長率について、実質経済成長率に相当する潜在成長率をかなり高めに設定していることを見てきました。厚生労働省も同じことをやっているのです。

合計特殊出生率は1・36を前提としていますが、2023年は1・20です。実質賃金1・5%上昇を見込んでいますが、過去20年間の平均上昇率はマイナス0・3%です。人口減少は経済成長にはマイナス要因ですから、これを補う生産性の上昇や出生率の向上がなければ政府の目標は達成できません。超少子高齢社会に向かう我が国にとってかなり高いハードルです。

4つのシナリオでは、いずれも今よりも所得代替率は低下します。政府がめざす実質1・1%成長を達成しても所得代替率は5・9%減少します（成長型経済移行ケース）。2024年度のモデル世帯の平均年金月額が23万483円なので、減少分に当たる5・9%は1万3598円です。老後2000万円問題を巡って今のままでも単純計算で貯蓄1370万円の取り崩しが必要になると推計しましたが、さらに年金が毎月1・4万円も減れば、

30年間で500万円が不足することになって1870万円の取り崩しが必要になります。女性や高齢者の労働参加がさらに高まり、景気が回復しても年金財政が厳しい状況は変わりません。

3-2-2　国庫負担が3割削減されたら、年金はどれだけ減るのか？

公的年金制度は国の年金特別会計によって経理されています。公的年金制度の財政構造を見ておきましょう。

年金特別会計の主な収入は自営業者やフリーランスなどの第1号被保険者が納める保険料と、会社員・公務員などの第2号被保険者と雇用主とが折半して負担する保険料です。その他にも税金を財源とする国の一般会計による国庫負担、積立金の運用収入なども収入としています。特別会計の中では国民年金と厚生年金はそれぞれ区分して経理されています。国民に共通する基礎年金部分には国の財政資金が入れられています（**図表3-2-5**）。

年金制度を100年安心にするために2004年の改革で、基礎年金部分の国庫負担をそれまでの3分の1から2分の1に引き上げることになりました。その結果、国民の保険料負担が抑えられた反面、国の財政への依存が高まっています。仮に国の財政が縮小されて国庫負担が3割削減されたらどうなるのでしょう。

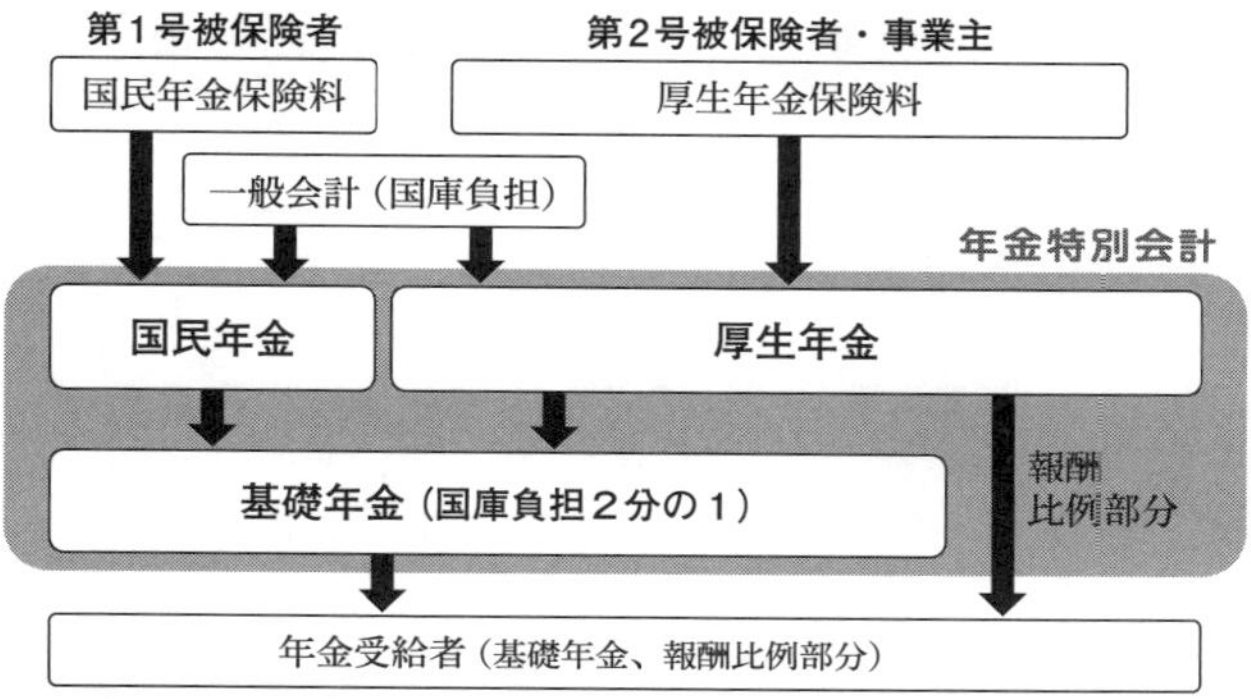

図表3-2-5　公的年金の財政構造

（出所）社会保障審議会年金部会（第9回）2023年11月21日（資料1）3頁を基に筆者作成

２０２４年度一般会計の社会保障関係費37・7兆円のうち、年金給付のために13・4兆円が計上されています。第２部で述べたように、財政運営が行き詰まるのを回避するために年金給付のための一般会計予算を３割（４・０兆円）削減しなければならなくなったら、基礎年金の財源である国庫負担分といっしょに、現行制度では保険料財源も減るので、給付される国民年金６万８０００円（月額）は３割カットされて、月額４万７６００円になります。厚生年金（老齢基礎年金を含む）の１人当たり給付額11万５２４２円（図表３－２－３）は、基礎年金分の２万４０００円が減らされて９万４８４２円になります。

国の予算が減らされたからといって年金給付を削られるのはたまらないというのであれば、毎月の保険料負担を増やして財源を確保するしかあり

	1人当たり年金給付額（月額）		年金保険料（月額）	
	国民年金	厚生年金	国民年金	厚生年金
現行	68,000円	115,242円	17,000円	54,900円
見直し後	47,600円	94,842円	22,100円	71,370円

図表3-2-6　国庫負担3割削減の影響（試算） （出所）筆者作成

ません。国庫負担を減らした分を保険料で賄うとすれば、国民年金給付（月額）6万8000円のうちの保険料財源分3万4000円に国庫負担が削減された分を補う1万2000円を加えて、保険料財源分を4万4200円に引き上げることになります。これは従来の保険料の1・3倍の負担増です。1・3倍ということは、国民年金保険料1万7000円（2004年度価格）は2万2100円になります。厚生年金保険料は標準報酬月額30万円であれば、保険料5万4900円が7万1370円に増えます（**図表3-2-6**）。

2022年6月26日に自民党の当時の茂木幹事長がNHKの番組・日曜討論で、「消費税率10％を引き下げるとなると年金財源3割をカットしなければいけない」と発言して批判されました。消費税の税収30・2兆円のうち国分は19・2兆円、地方分が11兆円です（2024年度当初予算）。仮に消費税率を10％から5％に引き下げると国の取り分は9・6兆円減ります。消費税はすべて社会保障の費用に充てられているので、消費税収が9・6兆円減ると社会保障の費用33・4兆円のうち3割も失われます。茂木幹事長の「消費税を引き下げると年金財源を3割カットしないといけない」という説明は、あながち根拠がない数字ではありません。減税すれば財源がなくなるので、国民の生活に影響が出るのは必至です。

年金財政に対する国の財政支出が削られれば、年金給付額をカットされるか、または従来通りの給付水準を確保するために保険料負担の大幅な増額を受け入れるかの選択しかありません。あるいは年金給付額の切り下げと保険料の引き上げの両方を受け入れるしかないのです。負担増を避けて受益だけを期待することはできません。

3-2-3　第3号被保険者制度をまだ続けますか?

我が国の年金制度は被保険者を3種類に区分しています。自営業者・フリーランスなどの第1号被保険者と会社員・公務員などの第2号被保険者、そして第2号被保険者に扶養される第3号被保険者です。

A. 第3号被保険者問題とはなにか

我が国では従来、夫はサラリーマン、妻は専業主婦という専業主婦世帯が多く、夫の年金で夫婦2人の老後の生活をカバーするという考え方で厚生年金制度が作られていました。

もともとは、妻は自営業者などを対象とする国民年金に任意に加入できる仕組みでした。この制度の下では専業主婦が国民年金に加入していないと離婚や障害を負った時に年金保障が受けられないなどの問題が指摘されていました。

この問題に対応するために1985年の年金制度改正で第3号被保険者制度が創設されたのです。改正ではサラリーマンの夫と専業主婦の妻を想定し、夫が妻の保険料も負担したものとみなして夫婦がそれぞれ年金を受け取れる制度としました。また年金保険や健康保険においては、サラリーマンの妻（正しくは配偶者）で一定以下の収入の人は被扶養者（第3号被保険者）として、税や社会保険料の負担が発生しないとしています。

B.「年収の壁」が働き方に影響を与える

一定の収入がない第3号被保険者がパートやアルバイトで働いて収入が増加し、一定の収入を超えると、税負担や社会保険料の負担が発生し、その分手取り収入が減少します。これを回避する目的で就業調整する方がいます。税負担が発生したり、社会保険料の負担が発生する収入基準が「年収の壁」と呼ばれ、重要な政策課題となっています。

「年収の壁」は税について100万円、103万円（2025年度税制改正に向けて検討中）、150万円、201万円の4つの壁（税金の壁）があります。社会保険料では106万円と13

壁の種類		パートタイム労働者本人への影響	パートタイム労働者の配偶者もしくは世帯における影響
①税金の壁	100万円の壁	住民税の発生 ↓	
	103万円の壁	所得税の発生 ↓	配偶者控除（38万円）が適用できなくなる→代わりに配偶者特別控除が適用になる
	150万円の壁	↓	配偶者特別控除が満額（38万円）適用できなくなり、以降、パートタイム労働者の収入によって徐々に減額
	201万円の壁	↓	配偶者特別控除の対象ではなくなる
②社会保険の壁	106万円の壁	勤め先によって社会保険加入の対象。健康保険、厚生年金保険の保険料の支払いが発生	
	130万円の壁	国民健康保険、国民年金の保険料が発生	
③配偶者手当の壁	主に103万円または130万円の壁		パートタイムで働く本人の収入により、配偶者が配偶者手当等の支給対象外となる

図表3-2-7　年収の壁

（出所）厚生労働省ホームページ『「年収の壁について知ろう」あなたにベストな働き方とは？』〈https://www.mhlw.go.jp/content/001265287.pdf〉を基に筆者作成

0万円の2つの壁（社会保険の壁）があります（**図表3-2-7**）。

まず「税金の壁」についてです。最初が100万円の壁です。年収が100万円を超えると住民税が発生し納税手続きが必要になりますが、手取りは増えていきます。年収が103万円を超えると超えた分に所得税がかかります。それでも手取りは増えていきます。100万円の壁も103万円の壁も税金がかかるようになるからといって手取りが減るわけではありません。

結婚している場合は年収103万円以下であれば配偶者に配偶者控除の適用がありますが、103万円を超えると配偶者控除が受けられなくなります。代わりに配偶者特別控除が満額適用されます。年収が１５０万円を超えると配偶者特別控除は徐々に減額されて２０１万円で適用がなくなります。それぞれ１５０万円の壁、２０１万円の壁といいます。手取り収入や配偶者（特別）控除の適用の有無を考慮してパートやアルバイトの働き方の調整が行われています。

次が「社会保険の壁」です。税金に加えて社会保険料を負担する境目となる壁です。勤め先企業が従業員51人以上、月額賃金８・８万円以上、週の労働時間20時間以上の場合には、年収１０６万円を超えると健康保険、厚生年金保険への加入義務が発生します。１０６万円の壁を超えた場合の保険料を東京都で協会けんぽに加入する標準報酬月額11万円の30歳代（介護保険第２号被保険者に該当しない）で試算すると、健康保険料が６万６０００円、厚生年金保険料が12万７８０円の計18万６７８０円の追加負担が１年間で生じます。またこうした企業以外に勤めている場合には、年収１３０万円になると、国民健康保険と国民年金の保険料が発生します。社会保険の壁を超えると一定の年収までは働き損の状態に陥るのです。

内閣府によると、「年収の壁」があることによって就業調整を行っている労働者は５３７万人（２０２２年時点）といわれます。そのうち61％が結婚している女性です。正規雇用の女性は結婚の前後において「年収の壁」付近での年収分布に変化は見られません。ところが、非正規雇用の女性は、結婚すると就業調整を行って年収が200万円から100万円に下がる人が多いのです。1週間当たりの労働時間も正規雇用の女性は結婚前後に変化は見られませんが、非正規雇用の女性はピークとなるのが週35～40時間から15～20時間へ短くなっています。結婚をきっかけに年収の壁を意識した働き方を選択するなど、年収の壁は税負担を回避する行動を引き起こすだけでなく、働き方に大きな影響を及ぼしています。[*5]

企業が雇用者に支給している「配偶者手当」も就業調整を生む要因になっています。一般的に、企業が配偶者手当を支給している場合、支給要件として年収103万円または130万円の収入制限を設けることが多いようです。配偶者の年収を103万円とする企業が46・7％、130万円とする企業が34・3％もあります。[*6]この支給基準が本人の「年収の壁」と相まって女性の働き方に影響を与えています。

2024年秋の衆議院議員総選挙後に、「年収の壁」対策として103万円の控除額を178万円に引き上げる議論が出てきて、与党と一部の野党の間で一定の合意に達しました。就業調整による働き控えをしないで手取り収入を増やしてもらおうという考えです。

＊5　内閣府「2023年度日本経済レポート」（2024年2月）158～162頁。
＊6　人事院「民間給与の実態（令和4年職種別民間給与実態調査の結果）」第12表。

問題は財源です。政府の試算によると、控除額を75万円引き上げると国と地方の合計で年間7兆〜8兆円（うち地方分4兆円）の減収になります。消費税3％に相当する規模の減収です。さまざまな歳出改革や節減を迫られ、火の車にある財政状況の中で、大規模な減税が適切でしょうか。それ以上に問題は、「103万円の壁」を「178万円の壁」に引き上げるだけで、女性の働き方を制約する根本的な問題を先送りし、逆に固定化するのではないでしょうか。

年収の壁を始めとする就業調整は、税負担を回避する行動を引き起こすだけでなく、低賃金に押しとどめてキャリアアップの機会を失わせ、労働時間を減少させて経済活動に影響を及ぼしています。第3号被保険者制度や配偶者控除制度などを廃止すれば、女性の社会進出が加速して、所得も増え、政府の財政にもよい影響[*7]を与えます。

「年収の壁」は収入があっても一定の水準までは税や社会保険料を免除することから生じる問題です。働いて収入があればそれに見合う負担は必要です。これこそ日本国憲法第30条が定める「納税の義務」ではないでしょうか。一定水準の収入までは税や社会保険料の負担をする必要がないと線引きをするから、就業調整を行ったり、企業の配偶者手当に影響を及ぼすのです。

C．社会の実情に合わなくなった第3号被保険者制度

第3号被保険者制度は働き方に影響を与え、専業主婦を中心とする被扶養者の経済活動を制限してきました。しかし最大の問題は、第3号被保険者が負担しないで済む保険料は、第3号被保険者以外の多くのサラリーマンが男女を問わず、あるいは結婚しているかどうかを問わずに負担していることです。

みなさんはこの問題をどう感じるでしょう。第3号被保険者の多くを占める専業主婦を例として考えてみます。そうか、夫婦で1人分の保険料しか負担していないのに、いざ給付を受けるときには、まるまる2人分の給付を受けることができる人たちがいるのだな、随分、虫のいい話だなと思う人も少なくないのではないでしょうか。実際にこうした扱いをされるのは、専業主婦に支えられる一定の所得水準以下のサラリーマン世帯だけです。夫が自営業であれば、専業主婦の場合でも所得水準にかかわらず夫婦2人分の保険料を納めなければ2人分の給付は受けられません。

現実の社会を見ると独身やひとり親家庭も少なくありません。法的にはまだ「夫婦」と

＊7　東京大学（当時）の北尾早霧教授らは、①第3号被保険者制度、②配偶者控除制度、③遺族年金給付制度の3つを廃止すれば女性の労働参加率が12・5％ポイント上昇して女性の労働所得は27・7％高まると試算。女性が納税する税額も19・5％以上拡大すると見ています。

は認められていないＬＧＢＴＱカップルもいます。こうした人は自分が年金給付を受けるために、自分の分の保険料を納めなければなりません。自分の分の保険料を１円も納めずに１人分の年金給付を満額、フルに受けられるというのは、専業主婦がいる一定のサラリーマン世帯の「特権」といっても過言ではありません。

年金制度はみんなが能力に応じて負担をして、高齢になった時に負担に応じた給付を受けるシステムです。誰もが能力に応じてそれなりの負担を負うことが必要です。第３号被保険者制度は専業主婦などが保険料を支払わないで、第２号被保険者全員に負担を肩代わりさせる仕組みです。自らは保険料を負担しないのに、高齢になった時に年金給付だけは受け取る「フリーライダー（ただ乗りする人）」とも言えます。

第３号被保険者制度が創設されたのは１９８５年です。創設時は女性の年金権を確立し、専業主婦が多い世帯に対応した年金制度として評価されました。

しかし男女雇用機会均等法が施行されて女性の社会進出が進むようになると、１９９０年代後半には共働き世帯の数と専業主婦世帯の数が逆転しました。今ではかなり多くの世帯が共働き世帯です（**図表3-2-8**）。

専業主婦世帯を前提とした制度設計は社会の実情に合わなくなっています。第３号被保険者の割合は現在は１割程度にまで減っています（**図表3-2-9**）。第３号被保険者制度

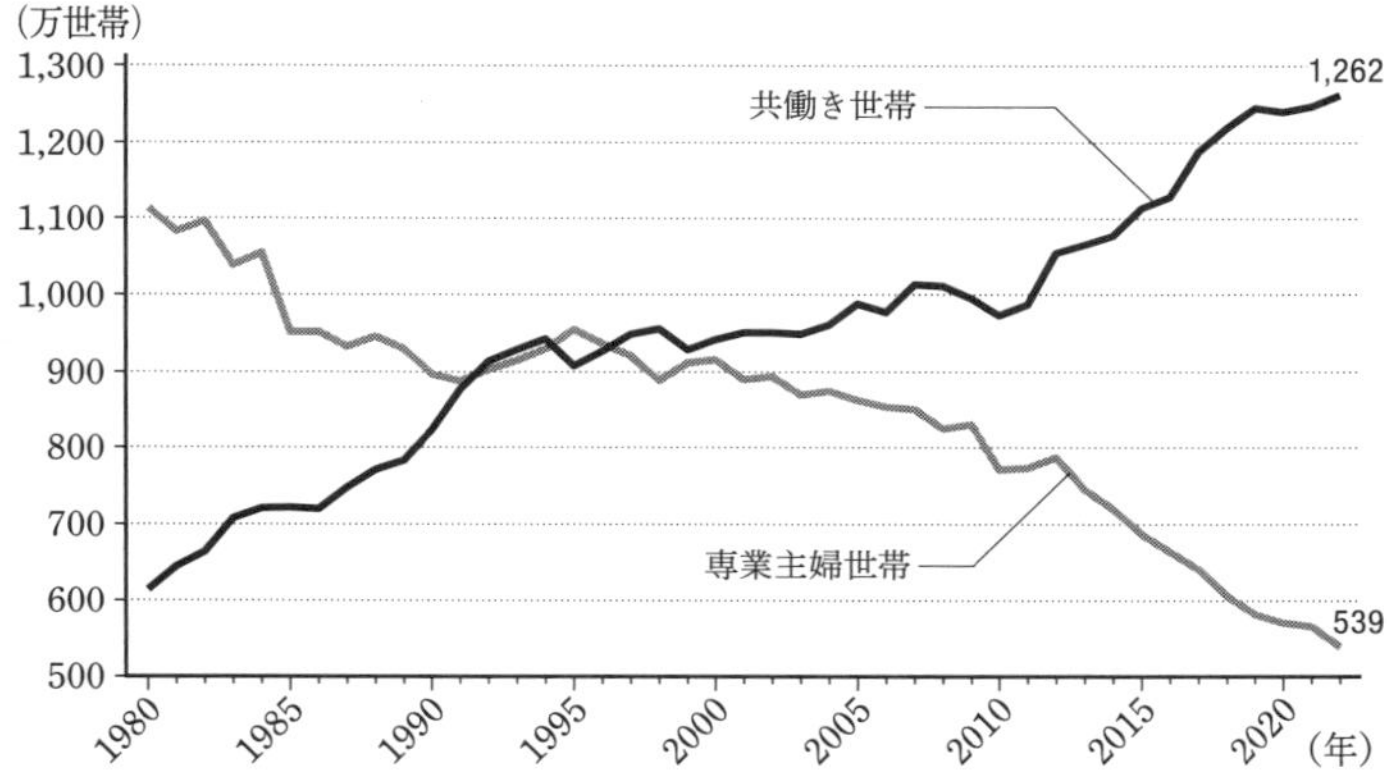

図表3-2-8　共働き世帯と専業主婦世帯の推移

（出所）厚生労働省ホームページ〈https://www.mhlw.go.jp/stf/wp/hakusyo/kousei/22/backdata/02-01-01-03.html〉を基に筆者作成

（注）2010年及び2011年は岩手県、宮城県及び福島県を除く全国の結果

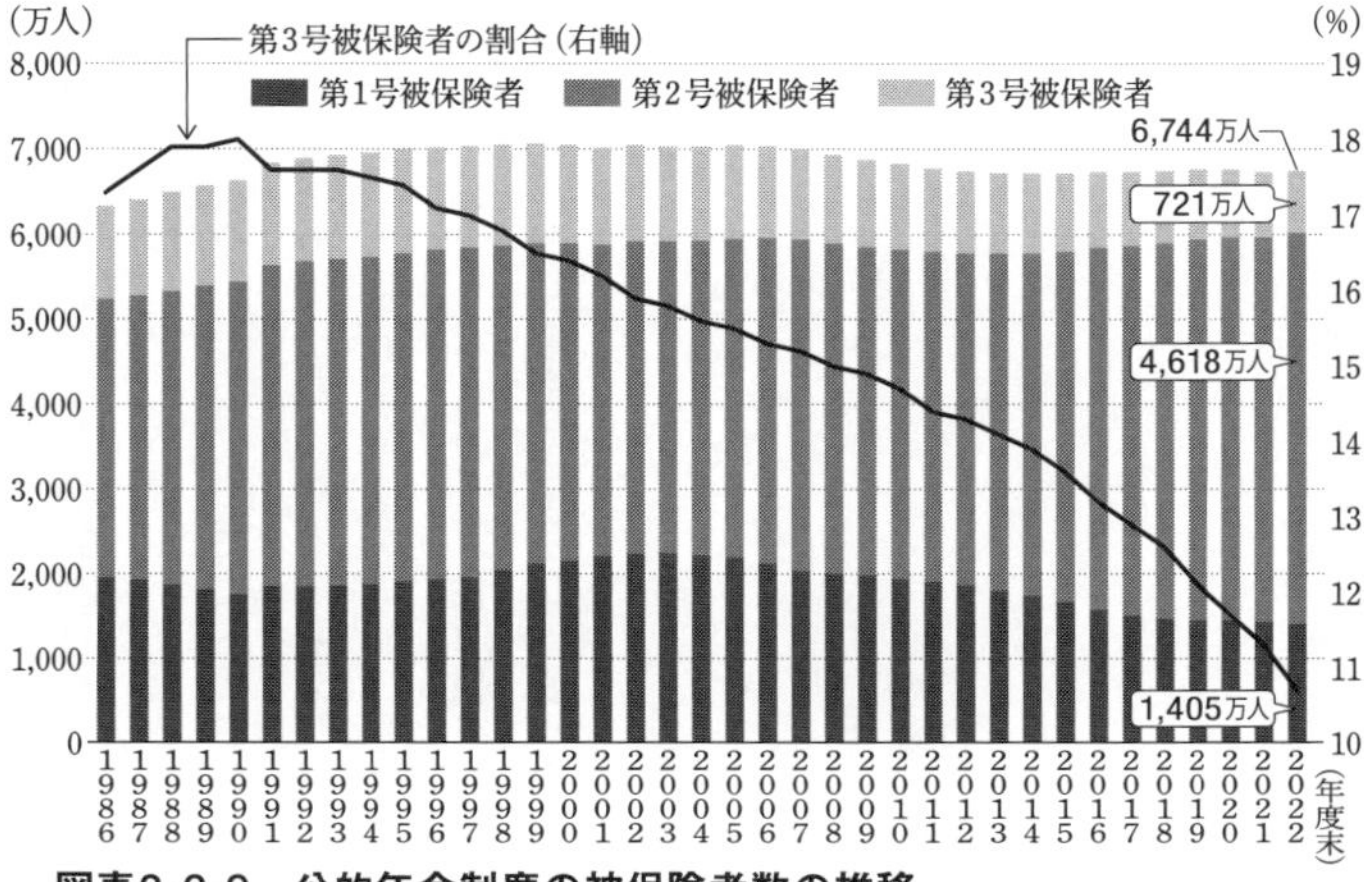

図表3-2-9　公的年金制度の被保険者数の推移

（出所）厚生労働省『公的年金財政状況報告－令和4年度－』を基に筆者作成

の廃止を訴える声は多いのですが、それでも700万人を超える当事者がいることからなかなか見直しは進みません。

第3号被保険者制度は長年にわたって男女の社会的な役割分担を固定化させてきた象徴的な制度の一つです。社会の仕組みや意識が大きく変わりつつあることを考えれば、すでに第3号被保険者の立場にある人の継続は認めながらも、数年後からは新規の適用を止めて転換を促す方向に舵を切る時期に来ているのではないでしょうか。年金財政に対する改善の効果は当初、それほど大きくないかもしれませんが、社会全体を新しい姿に変えていく強いメッセージになると期待できます。

3-3 地方財政

3-3-1 改革を避けては通れない地方財政制度

第2部のシミュレーションからは、我が国全体として今後、改善しなければならない財政収支の幅は30兆円規模と、5年とか10年単位の計画を立てて取り組むとしても極めて大幅な金額であることがわかりました。国債費だけは、ひとたび市場からお金を借りてしまった以上、事後的に返済額を減らしてもらうことはできない性質のものですが、それ以外のすべての歳出分野に関して、社会保障であろうが、教育であろうが、公共事業であろうが、「例外・聖域なき改革」を断行せざるを得なくなることは明らかです。

国の財政運営全体がこうした危機的な状況にあるもとでは、地方財政も、この「例外・聖域なき改革」の対象から除外することはできません。国の一般会計の歳出のなかで、国債費を別にすれば、国が地方財政を支える仕組みである地方交付税制度には、2025年度の国の一般会計当初予算政府案115・5兆円のうち、実に19兆円が投じられており、社会保障に次ぐ第二の歳出規模となっているのです(前掲図表1-1)。各地方が国全体にとっていかに大切だとしても、改革を避けて通ることはできないのです。

ではどうすればよいのでしょうか。本章ではまず、我が国の地方財政制度全体、そしてその中核をなす地方交付税制度がどのように運営されているのかを大づかみに説明します。そのうえで、地方財政の分野では今後、国全体の財政収支の改善に向けて、どのような改革の工夫をしていく余地があるのか、とりわけ、厳しい人口減少が進むなかで、各地方自治体間でどうやって痛みや負担を分け合っていけばよいのか、考え得る具体的な選択肢を提示したいと思います。

3-3-2　地方交付税制度のからくり

我が国は中央集権体制の国ですが、地方自治は憲法で保障されており、国と地方は対等と位置づけられ、別々に財政運営を行っています。もっとも自治体ごとの財政力には格差があるのが現実です。そこで、財政力の弱い自治体を国の財政運営を通じて支えていますが、そのために中核的な機能を果たしているのが「地方交付税制度」です。

国全体としては財政運営を行っていくうえで、まず、税は国税と地方税とに分けられて徴収されています。具体的には、国税、地方税それぞれについて、**図表3-3-1**に示すように様々な税目がありますが、主力の税目となっているのは（**図表3-3-2**）、国税で

	国税	地方税
所得課税	所得税 法人税 地方法人税(注1) 特別法人事業税(注1) 復興特別所得税	住民税　(個人均等割・所得割) 　　　　(法人均等割・法人税割) 事業税　(個人分) 　　　　(法人分)
資産課税等	相続税・贈与税 登録免許税 印紙税	不動産取得税 固定資産税 特別土地保有税 法定外普通税(注2) 事業所税 都市計画税 水利地益税 共同施設税 宅地開発税 国民健康保険税 法定外目的税(注3)

	国税	地方税
消費課税	消費税 酒税 たばこ税 たばこ特別税 揮発油税 地方揮発油税 石油ガス税 航空機燃料税 石油石炭税 電源開発促進税 自動車重量税 国際観光旅客税 関税 とん税 特別とん税	地方消費税 地方たばこ税 ゴルフ場利用税 軽油引取税 自動車税(環境性能割・種別割) 軽自動車税(環境性能割・種別割) 鉱区税 狩猟税 鉱産税 入湯税

図表3-3-1　国税・地方税の税目

(出所) 河本光博(編著)『図説　日本の税制(令和5年度版)』財経詳報社、2024年6月30日、p17、総務省『法定外税の状況(令和6年4月1日現在)(令和4年度決算額)』を参考に、一部加筆して筆者作成

(注1) 地方法人税、および特別法人事業税はそれぞれ、地方税である法人住民税、および法人事業税の偏在解消を目的に、これらの税収の一部を国税に移管するために設けられたもの

(注2) 地方税法に規定されている税目とは別に、各自治体がその実情に応じ、総務大臣との協議を経て条例により新設することができる税目で、使途を特定せずに徴収されるもの。2022年度決算ベースでは全国で22件、538億円の実績があり、福井県など10道府県が設けている核燃料税等がある

(注3) 地方税法に規定されている税目とは別に、各自治体がその実情に応じ、総務大臣との協議を経て条例により新設することができる税目で、あらかじめ使途を特定したうえで徴収されるもの。2022年度決算ベースでは全国で45件、193億円の実績があり、三重県など27道府県が設けている産業廃棄物税等がある

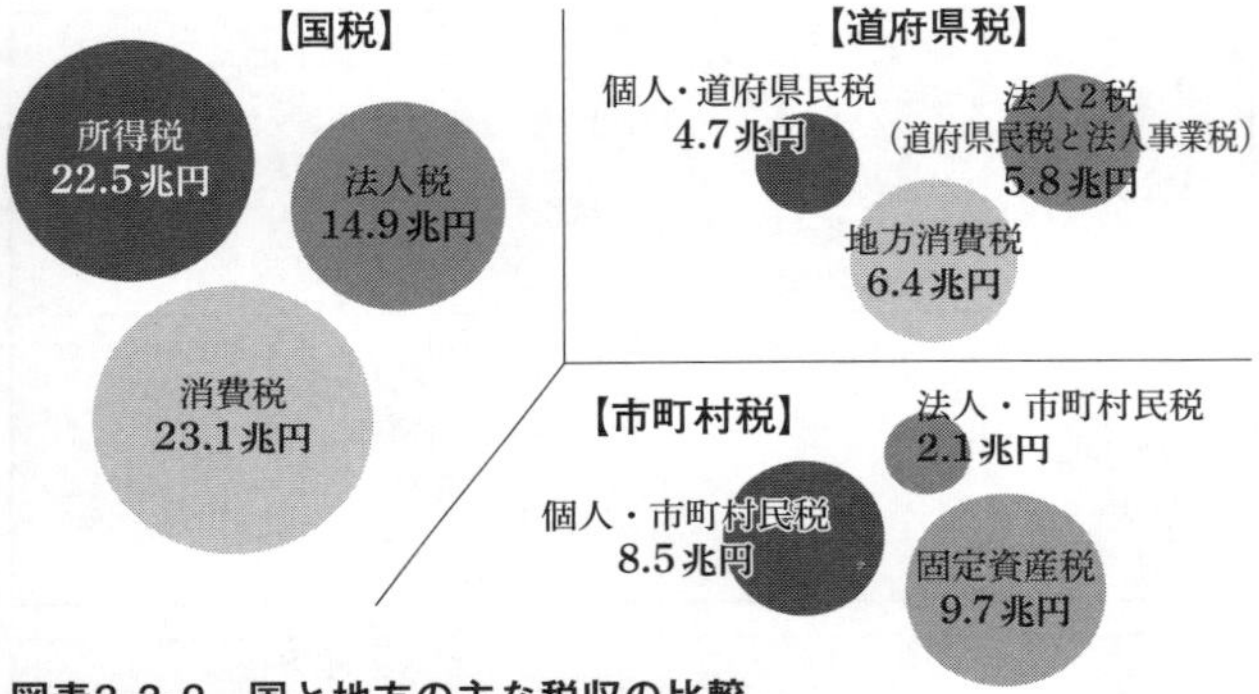

図表3-3-2　国と地方の主な税収の比較
（2022年度決算ベース、地方税は収入額ベース）

（出所）参議院予算委員会調査室『令和6年度財政関係資料集』2024年2月、財務省『令和4年度租税及び印紙収入決算額調』2023年7月31日および総務省『令和4（2022）年度地方財政統計年報』のデータを基に筆者作成

は消費税、所得税、法人税で、この3つは基幹3税と呼ばれています。

他方、地方税について、[*8]道府県税と市町村税とに区別しながら、主力となっている税をみると、国の所得税に対応する税としては、個人の道府県民税や市町村民税があります。

国の法人税に対応する税としては、道府県税としてはいわゆる「法人2税」（法人の道府県民税と事業税）があるほか、法人の市町村民税もあります。

国の消費税に対応する税としては、道府県税としての地方消費税があります。そして、国の基幹3税のなかには含まれない、資産に対する課税として、市町村税のなかには固定資産税があり、市町村の基幹財源として財政運営を支えています。

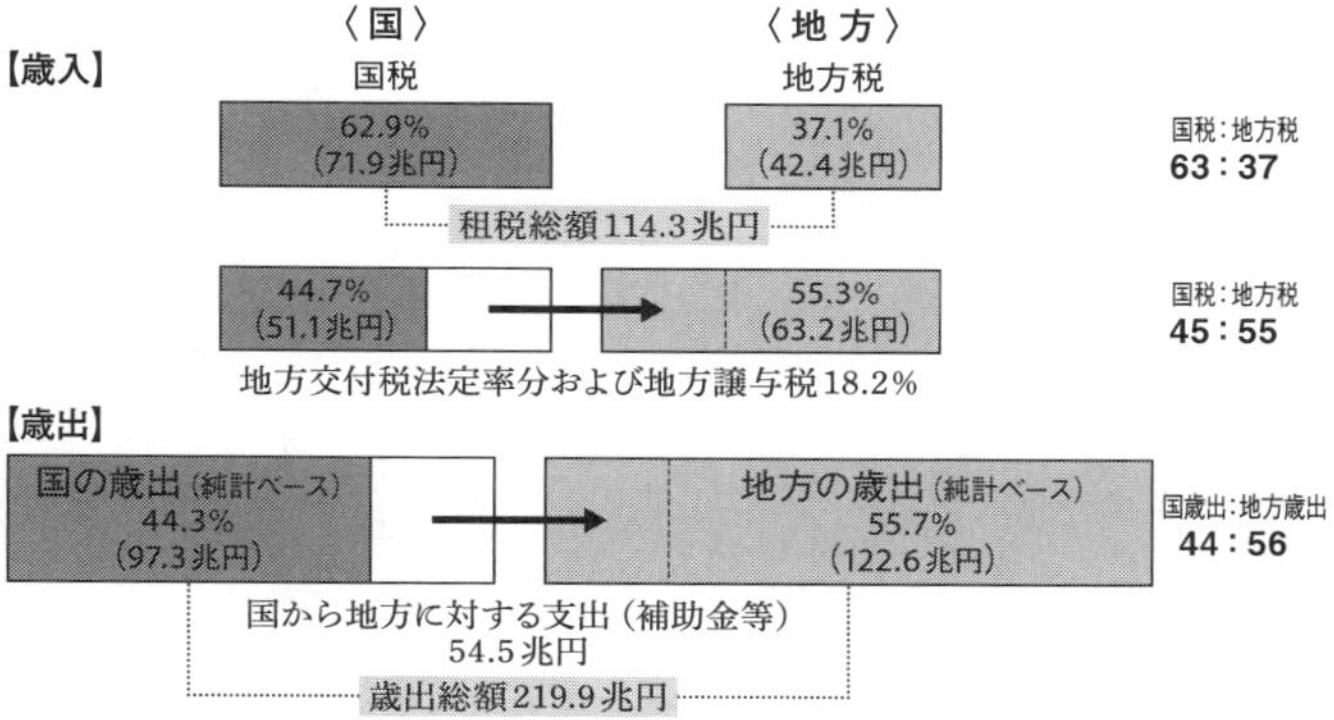

図表3-3-3　国と地方の税財源配分と歳出割合(2021年度決算ベース)

(出所)関口祐司(編著)『図説　日本の財政(令和5年度版)』財経詳報社、2023年11月15日、図表Ⅱ.13.1を基に筆者作成　(原出典)総務省『地方財政の状況(令和5年3月)』等

これらの税目によって集められた税収の規模は、国対地方がほぼ6対4になっています(**図表3-3-3**)。ところが、国と地方が実際に担う役割のための歳出の規模をみると、国対地方でほぼ4対6と逆転してしまいます。要するに、地方自治体は現実問題として、国が直接、実施するよりも多くの役割を担っているのに、それに応じた税源は現行制度上、地方自治体に直接入る税収としては配分されていません。

そこで、その不足分を埋めるため、国から、歳入の面では①地方交付税(詳しくはこのあと説明します)と、②地方譲与税(国が徴収した税

*8　東京都も他の道府県と並ぶ課税主体ですが、地方税法上、このように呼ばれています。東京都や23区は地方税法や地方税法施行令の規定によって準用され、運用上は都道府県税、市区町村税です。

の一部を、一定の基準に基づき地方自治体に移転する税）によって、また、歳出の面では③国庫支出金等によって財源を地方の側に移転しているのです。

A．財政力は不問の国庫支出金

このうち、③国庫支出金とは、（1）受け取る自治体側の財政力に関係なく、（2）国から特定の政策目的のために、言い換えれば使途を特定して財源を移転するもので、具体的には**図表3-3-4**（2024年度当初予算ベース）のようなものがあります。[*9]

国庫支出金のうち、例えば、国の一般会計から地方に拠出されるものの上位には、「後期高齢者医療給付費等負担金」や「介護給付費等負担金」「国民健康保険療養給付費等負担金」といった、実際の運営は個々の地方自治体が担っている社会保障制度への国からの負担分の支出が並んでいます。このほか、各市町村立の小中学校の教員の給与の3割を国が負担する「義務教育費国庫負担金」などもあります。

いずれも、住民が全国のどこの自治体に居住していようとも、同じ水準の社会保障サービスが受けられるようにするため、ないしは、どこの自治体で育てられている子どもでも教育の機会均等が保障されるように、そして義務教育の水準が維持され向上するように、国が必要経費の一定部分を負担し、自治体に渡しているのです。

B．地方交付税は財政力の弱い自治体のみが対象——実態はブラックボックス

これに対して、②地方交付税は、（1）財政力が弱い自治体のみを対象に、（2）使途を特定せずに国から財源を移転するものです。先述の③国庫支出金とは、その配分の仕方は大きく異なります。

実際の地方税収には自治体ごとに大きな差があるため、国民がどの自治体に居住していても、国として必要と考える最低限の行政サービスが平等に受けられるよう、国の基幹税収の一定部分を原資に、財政力の弱い自治体に足りない分の資金を交付しているのです。具体的には所得税と法人税はそれぞれ33・1％、消費税は19・5％、酒税は50％（これらは地方交付税の法定率と呼ばれます）が地方交付税に振り向けられることになっています。[*10] これが地方交付税制度です。

では、この地方交付税は、各自治体に対して、国からどのように配られているのでしょうか。〝財政力の弱い〟自治体を、毎年度、本当に公平に判定できているのでしょうか。

＊9　本章では、主として2022年度の地方財政のデータをもとに説明していますが直近の2024年度の当初予算ベースで見ても、国庫支出金の顔ぶれはほとんど変わりません。

＊10　正確には、後述する地方の法人2税の税収格差問題への対応策の一環として設けられた地方法人税に関しては100％が地方交付税に振り向けられることになっています。

一般会計

（億円、％）

所管	（目）名	予算金額	
		2024年度	構成比
厚生労働省	後期高齢者医療給付費等負担金	44,734	18.3
厚生労働省	介護給付費等負担金	24,878	10.2
厚生労働省	国民健康保険療養給付費等負担金	16,301	6.7
厚生労働省	障害者自立支援給付費負担金	15,651	6.4
文部科学省	義務教育費国庫負担金	15,627	6.4
厚生労働省	後期高齢者医療財政調整交付金	14,483	5.9
厚生労働省	医療扶助費等負担金	13,771	5.6
厚生労働省	生活扶助費等負担金	13,721	5.6
国土交通省等	防災・安全交付金	8,707	3.6
厚生労働省	介護給付費財政調整交付金	6,588	2.7
厚生労働省	国民健康保険財政調整交付金	5,634	2.3
厚生労働省	国民健康保険後期高齢者医療費支援金負担金	5,230	2.1
国土交通省等	社会資本整備総合交付金	5,065	2.1
内閣府	障害児入所給付費等負担金	4,690	1.9
文部科学省	高等学校等就学支援金交付金	4,018	1.6
厚生労働省	障害者医療費負担金	2,591	1.1
国土交通省等	道路更新防災等対策事業費補助	2,362	1.0
厚生労働省	国民健康保険介護納付金負担金	1,797	0.7
厚生労働省	地域支援事業交付金	1,538	0.6
内閣府	児童扶養手当給付費負担金	1,493	0.6
地方公共団体等向け補助金等総額		244,723	100.0

図表3-3-4　地方自治体向けの主な補助金等（2024年度当初予算ベース）

特別会計

（億円、％）

所管	（目）名	予算金額	
		2024年度	構成比
年金	子どものための教育・保育給付交付金	16,617	40.8
年金	児童手当交付金	14,952	36.7
年金	子ども・子育て支援交付金	2,074	5.1
年金	子育てのための施設等利用給付交付金	987	2.4
エネルギー対策	電源立地地域対策交付金	842	2.1
東日本大震災復興	福島再生加速化交付金	602	1.5
交付税及び譲与税配布金	交通安全対策特別交付金	487	1.2
エネルギー対策	二酸化炭素排出抑制対策事業費交付金	367	0.9
労働保険	生涯職業能力開発事業等委託費	355	0.9
年金	国民年金等事務取扱交付金	313	0.8
年金	特例給付等交付金	294	0.7
エネルギー対策	電源立地等推進対策交付金	281	0.7
エネルギー対策	二酸化炭素排出抑制対策事業費等補助金	255	0.6
東日本大震災復興	災害公営住宅家賃対策補助	209	0.5
東日本大震災復興	社会資本整備総合交付金	162	0.4
エネルギー対策	原子力施設等防災対策等交付金	160	0.4
年金	子ども・子育て支援施設整備交付金	156	0.4
自動車安全等	国有資産所在市町村交付金	148	0.4
自動車安全	空港整備事業費補助	134	0.3
エネルギー対策	非化石エネルギー等導入促進対策費補助金	123	0.3
地方公共団体等向け補助金等総額		40,704	100.0

（出所）参議院予算委員会調査室『令和6年度　財政関係資料集』

国の予算編成の流れのなかで、まず総務省が、年末の翌年度当初予算政府案の閣議決定に合わせて、全国ベースでの「地方財政計画」を策定します。これは、地方財政を全体として捉えて歳入・歳出を見込んだものです。これは、「地方財政全体として必要な歳出の金額」から、「あらかじめ国が負担すると決まっている金額」（先述の国庫支出金）や「地方税（地方自治体が直接徴収する税）や地方譲与税（国が徴収し、地方自治体に一定の基準に基づき配分することになっている税）の税収額」、「地方債の発行で調達できる金額」を差し引いた残りの分を、国から主として地方交付税を交付することによって穴埋めする、国全体としての財政計画を示したものです。これを式で表せば次のようになります。

（歳出）－（国庫負担金＋地方税・地方譲与税＋地方債）
＝国全体としての地方財政の不足額　←地方交付税で穴埋め

そして、各自治体への地方交付税の配分額は、この後、順次決められていきます。どのように決められているのかというと、国（総務省）が、各自治体（都道府県、市町村それぞれ）について、当該自治体の基礎的な条件（人口、面積、気候等）を勘案し、当該年度の財政運営に必要な金額（「基準財政需要額」と呼ばれます）を算出します。そして、当該自治体が、国全体として標準的な地方税の課税を実施した際に得られるはずの地方税収入の額を「基準財政収入額」として算出します。[*11]

このようにして算出された「基準財政需要額」を「基準財政収入額」が上回っていれば、その自治体の財政運営を国が支援する必要はなさそうですが、実際には、多くの自治体では「基準財政収入額」は「基準財政需要額」には足りません。そこで、その不足分を穴埋めすべく、国から地方交付税が交付されているのです。式で表せば、次のようになります。

「基準財政需要額」－「基準財政収入額」＝当該自治体の財源不足額
＝国から交付する「地方交付税」

ここまでお読みくださった読者の方々には、次のような疑問がわいてくるのではないでしょうか。

先に、国全体として必要な地方交付税の額を総務省が決めてしまって、実際に各自治体に配る必要がある地方交付税を足し上げた額がそのなかにうまく収まるのだろうか？

＊11　各自治体には、一定の法令の制約の下で、自主的に追加課税することもできるのですが、その分は除外されます。

もっともな疑問だと思います。実態はどうも、ごく大雑把に言えば、全国の自治体に配ることが必要な地方交付税の合計額が、国全体としての地方財政計画上の地方交付税総額に収まるよう、総務省が各自治体の地方交付税の金額を微調整している、ということのようです。先述した「基準財政需要額」は、当該自治体の基礎的な条件である人口や面積という「測定単位」に、「単位費用」(測定単位1当たりの費用)と「補正係数」(段階補正、寒冷補正など)を掛け合わせて算出されています。ただし、これらの〝単位〟〝費用〟〝係数〟は細かすぎて、本当のところはどうなっているのか、一般には極めてわかりにくく、ブラックボックスになってしまっています。実際には総務省が、これらの〝係数〟類を調整したりして、各地方自治体に配る地方交付税の合計額が、国全体としての地方財政計画上の地方交付税総額に収まるように調整しているようです。これでは、各自治体に配られる地方交付税の金額の配分が、本当に〝公平〟といえるのかどうかも、実のところは定かではなさそうです。

C. 地方自治体ごとの財政力格差の大きさ――実態は〝東京都一人勝ち〟状態

各地方自治体の個別の歳入事情にはバラツキが大きいのが現実です。なかには、自前の地方税収が潤沢で、国庫負担金と合わせれば十分に自団体の歳出をまかなえるため、国から地方交付税の交付を受けていない自治体も少数ながら存在し、これらは「(地方交付税の)不交付団体」と呼ばれます。

都道府県でみると、唯一の不交付団体は東京都です。市町村レベルでは、2022年度時点では、全国で1719の団体のうち73の不交付団体が存在しています。かつては不交付団体が100を超えていた時代もありましたが、人口減少やコロナ禍の影響で近年では大幅に減少しています。

東京都の地方税収はいずれの地方税目でみても突出しています。**図表3-3-5**は、各都道府県の地方税収の金額ではなく、各都道府県民一人当たりの地方税収をみたものですが、全国平均を100とすると、東京都は実に164・3もの地方税収を得ています。最小の長崎県とは実に2・3倍もの格差があります。税目別にみると、この格差が最も際立っているのが法人関係2税(法人事業税、法人住民税)で、東京都は都民一人当たりで実に全国平均の2・5倍もの税収を得ているのです。これは、〝東京一極集中〟傾向が続くなか、多くの企業が本社を東京に置いていることが背景です。こうした「法人関係2税の東京への集中」は、かねてより問題視され、小出しの対応が重ねられてきてはいるものの、抜本的な改革には程遠いのが事実です。

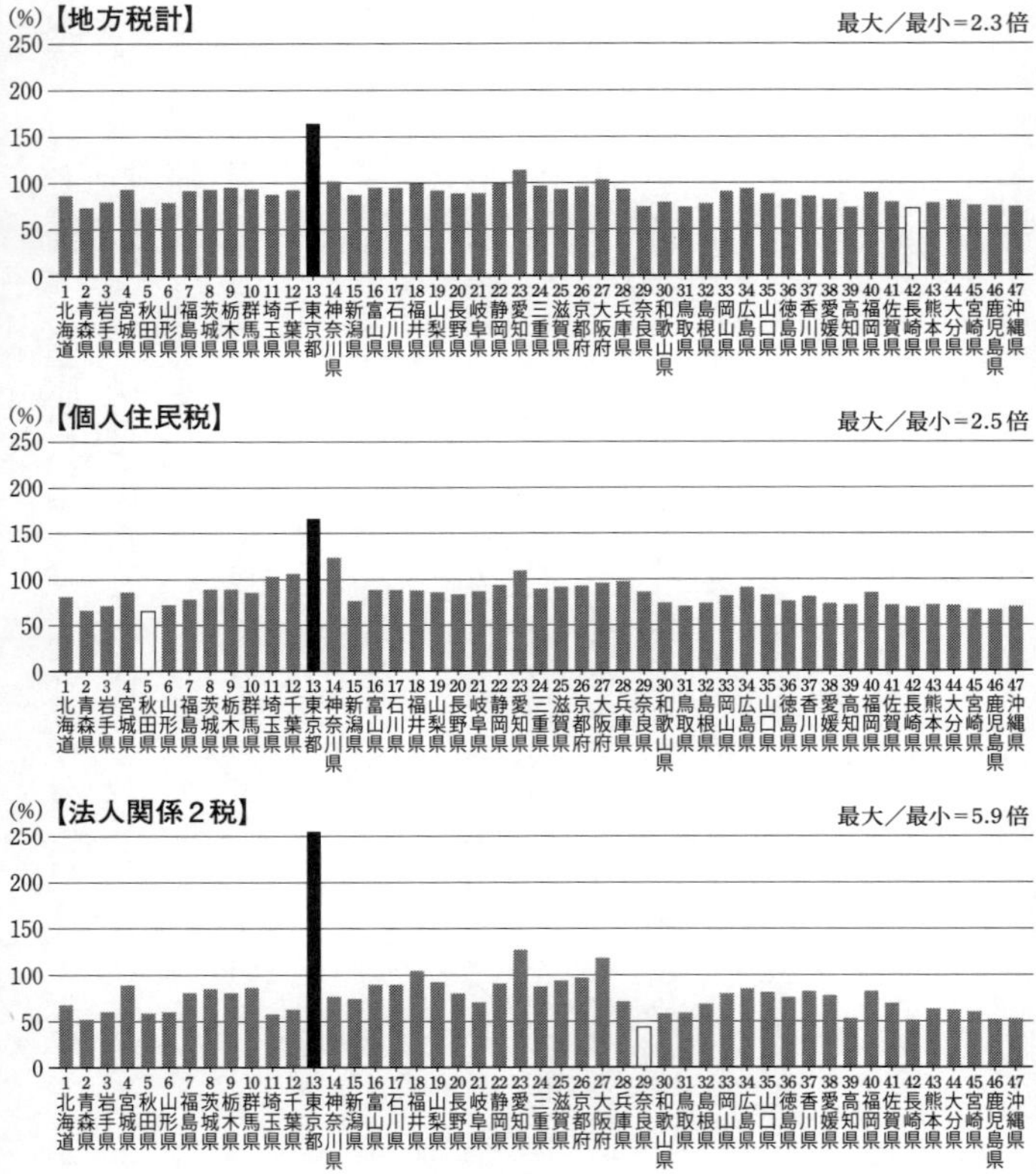

図表3-3-5　人口１人当たり税収額の比較
（全国平均＝100とした場合の指数値、2022年度）

（出所）総務省『地方財政の状況』令和6年3月、第22図を基に筆者作成
（注）黒塗り表示は最大値、白ヌキ表示は最小値の都道府県

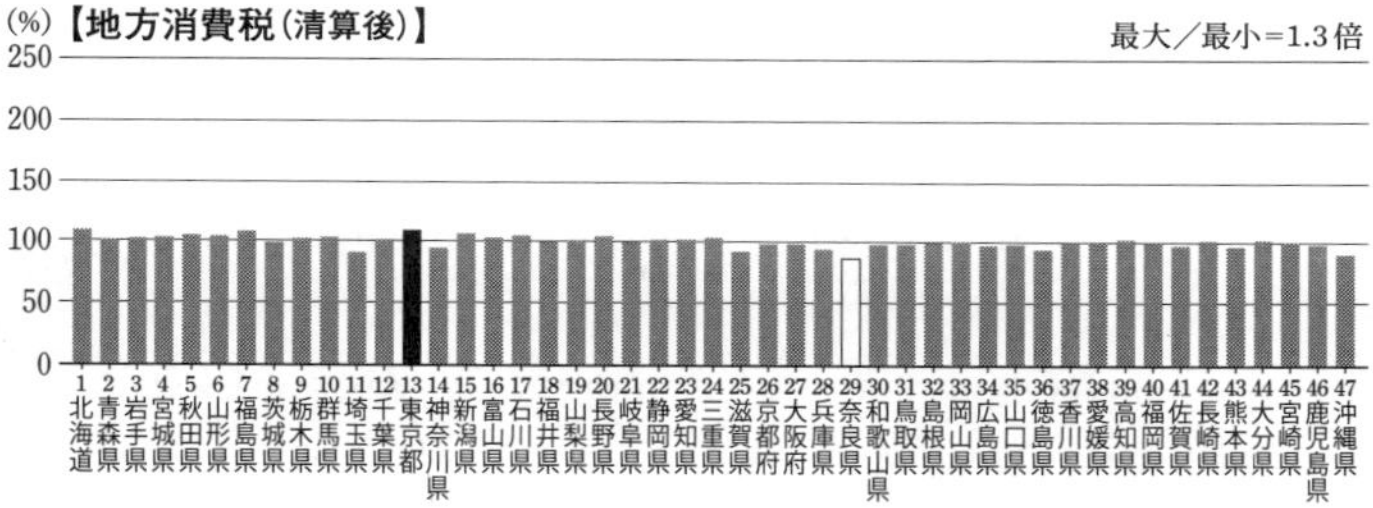

【地方消費税（清算後）】

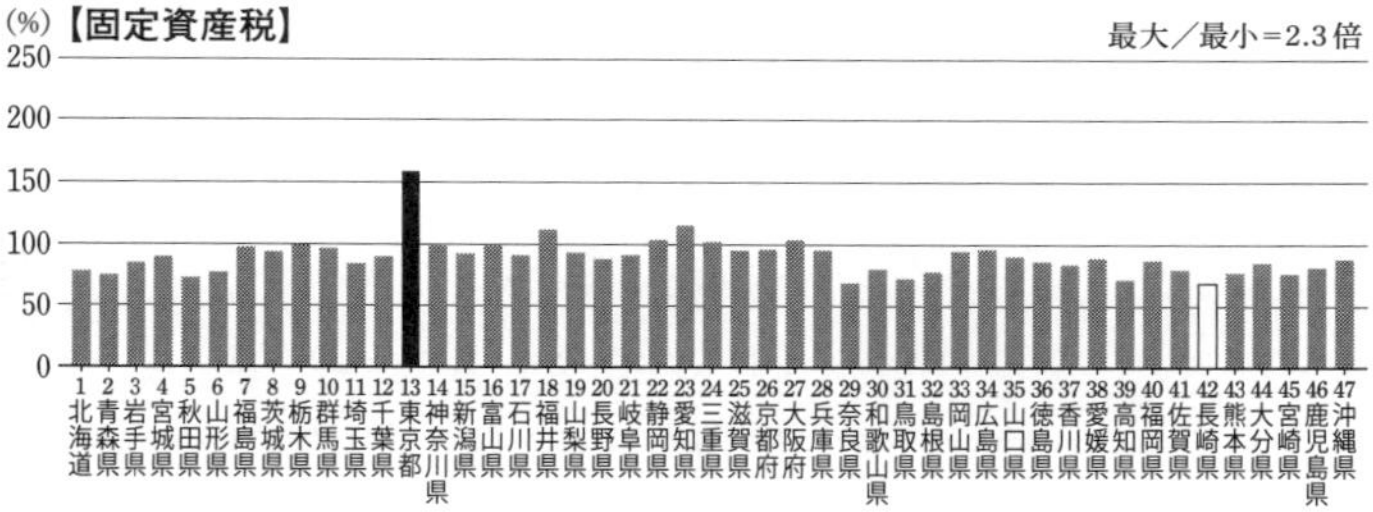

【固定資産税】

3-3-3　中途半端だった小泉政権での地方交付税制度改革

我が国において、これまで、こうした地方財政制度を改革しようという動きがなかったわけではありません。

とりわけ、小泉純一郎政権下にあった2002～06年にかけては、財政再建を進めるうえで改革が求められる〝大玉〟は、社会保障と地方財政であるとの認識のもと、社会保障改革ばかりではなく、地方財政制度の改革についても政府レベルで活発に議論が行われ、改革が進められました。当時、小泉政権側には、従前の地方財政制度のもとでは、地方自治体の側がとくに努力し

補助金改革

・地方の権限と責任を拡大するとともに、国・地方を通じた行政のスリム化を図る
・おおむね4兆円をめどに廃止・縮減等の改革
・事務事業・国庫補助負担金のあり方の抜本的な見直し

地方交付税の改革

・財源保障機能全般の見直し、縮小
・地方歳出を見直し、地方交付税総額を抑制
・不交付団体数を大幅に増加
・財政力格差の調整

税源移譲を含む税源配分の見直し

・廃止する補助事業の中で引き続き地方が主体となって実施する必要があるものについて税源移譲
・移譲にあたっては、個別事業の見直し・精査を行い、補助金の性格等を勘案しつつ8割程度を目安として移譲し、義務的な事業については徹底的な効率化を図ったうえでその所要の金額を移譲
・税源移譲は所得税から個人住民税への移譲によって行う
・課税自主権を拡大

図表3-3-6　「三位一体の改革」の内容

（出所）関口祐司（編著）『図説　日本の財政（令和5年度版）』財経詳報社、2023年11月、図表Ⅱ.13.7を基に筆者作成
（原資料）『経済財政運営と構造改革に関する基本方針2003』（2003年6月27日閣議決定）など

なくても国から地方交付税という歳入を安易に得られてしまうため自立できず、地方の側が努力して自立しようともせず、国全体としての財政再建にもつながらない、という認識がありました。

　こうした考え方のもとで、いわゆる「三位一体の改革」（①国庫補助負担金改革、②税源移譲、③地方交付税改革）が実施されたのです。具体的には、**図表3-3-6**に示すように、「地方が決定すべきことは地方が自ら決定するという地方自治の本来の姿の実現に向けた改革」が企図されたのでした。

　このうち、地方交付税制度に関しては、それまでの〝複雑で難解〟で〝透明性に欠ける〟制度を改革しようと、〝人

口〟と〟面積〟を基にシンプルなルールで交付税を配分する「新型交付税」制度を導入することになりましたが、この制度が適用されるのは地方交付税全体のごく一部にとどまったままで、今日に至っています。

3-3-4　地方交付税制度はすでに事実上破綻状態

三位一体の改革を通じて、交付税の総額が減らされたこともあり、地方の側には不満も蓄積し、その後も地方分権改革は進められましたが、どちらかというと地方行政面が中心で、地方財政の本格的な改革をめぐる議論は途絶えてしまいました。交付税の総額も、「三位一体改革」の後は2008年にリーマン・ショックに見舞われたこともあって増加に転じたものの、2010年をピークに再び抑制されていたものが、2010年代の半ば以降はまたジリジリと増え続けている状況にあります（**図表3-3-7**）。

ではその「三位一体改革」の後、今日に至るまでの間、どのような地方財政運営が行われてきたのでしょうか。2008年にはリーマン・ショックが起こり、2011年には東日本大震災にも見舞われ、我が国の財政運営は、国としても地方としても厳しい局面が続きました。

地方交付税は、国の消費税、所得税、法人税といった基幹税収から、実際の歳入額に一

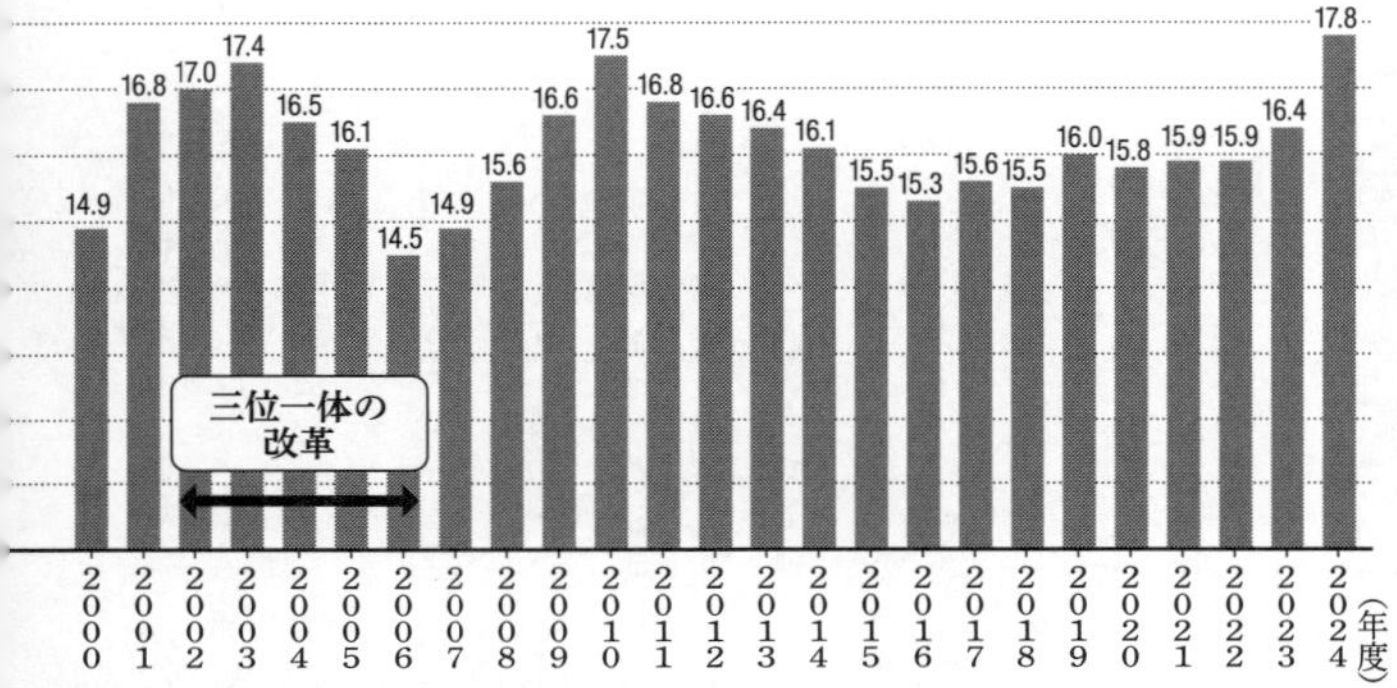

図表3-3-7　地方交付税交付金等（一般会計当初予算ベース）の推移

定の法定率を乗じる形で算出され、財政力の弱い自治体に交付されるものです。ところが、その地方交付税の総額が、国全体として必要な地方財政計画上の金額（地方全体としての収支不足幅）には足りない状態が常態化してしまったのです。要するに、国として地方財政計画を立てても、それに必要な国税の歳入はついてこられなくなった、言い換えれば、これまで提供してきた住民サービスに見合う税収が得られなくなった、ということです。

　そうした局面でこの国が何をやってきたのかというと、国庫に入ってくる税収額の減少に見合うように、地方交付税制度全体の規模を抑えていくとか、スリム化する努力は全くしませんでした。それどころか、新たに追加的な借金をして、総務省がそれまで通り立てる地方財政計画通りの地方交付税を配ることにしたのです。

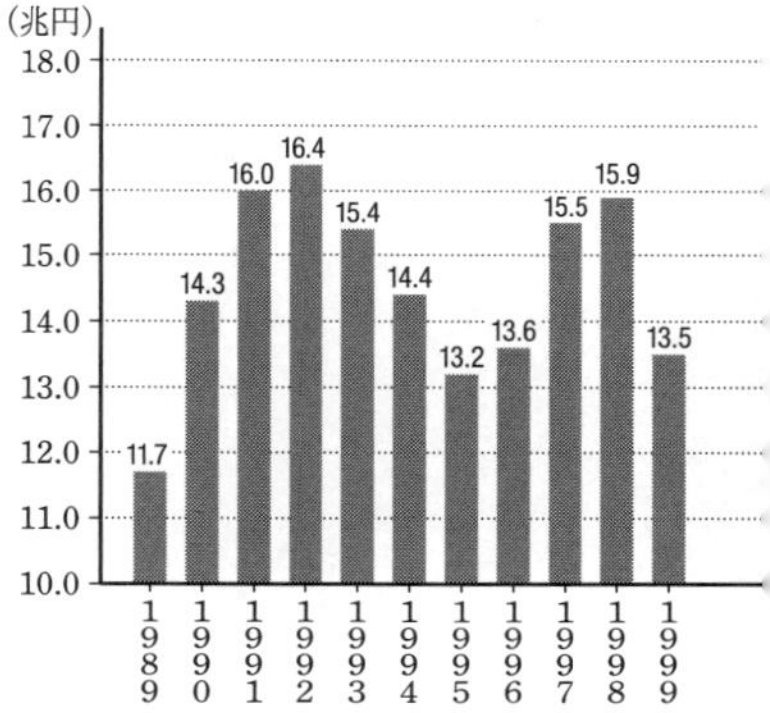

(出所)財務省『予算の説明』(各年度版)を基に筆者作成

だいたい、第1部で述べたように、こうやって地方財政を支えている国の財政運営自体がすでに〝火の車〟状態になって久しく、毎年度数十兆円規模の新たな借金を積み増し続けています。それとは別に、地方財政運営の規模を維持するためにも、新たな借金を重ねて、今に至っているのです。

要するに、元手となる国の税収の裏付けのない分まで、新たな借金をして埋め合わせる形で地方交付税を配る状態を続けてきたわけで、地方交付税制度はすでに事実上破綻して久しい、仕組みとして行き詰まっている、とすら言えなくもありません。国全体として抱えている財政制約に見合った、新たな地方財政制度、とりわけ地方交付税制度について検討して然るべき段階に、我が国はだいぶ前から入っているにもかかわらず、そうした検討に着手することすらできていないのです。アベノミクス、異次元緩和の下で財政制約を意識する必要がなくなり、財政規律が緩み切っている状態が続いていたことが、地方財政の分野ではこのような形で表れているともいえるでしょう。

こうした状況下、近年では地方交付税制度は、以下の2つのルールに基づき運営されています。

1つめは、「財源不足に関する国・地方の折半ルール」で、地方交付税の法定率分等では不足する地方交付税の財源を、特例加算（国）と臨時財政対策債（地方）により折半で負担する、要するに国と地方で半々で借金して穴埋めし、そのツケは後の世代に回してしまうというものです。もっとも近年は国税・地方税収が好調な伸びを見せており、2022年度以降は新たな財源不足は発生しなくなっていますが、それ以前に発生した財源不足の穴埋めのための借金の残高はまだまだ残っているのが現実です。

2つめは、「一般財源総額実質前年同水準ルール」で、地方の一般財源総額については、消費税率の引き上げに伴う社会保障の充実や偏在是正効果に相当する分等を除き、実質的に前年と同水準を維持するというものです。2011年度以降、〝地方財政の健全化のための規律〟といううたい文句で堅持されています**（図表3-3-8）**。

しかしこれは要するに、地方全体として必要とされる一般財源総額が一方向で増えてしまうことのないよう、〝実質〟横ばいで抑えようとするものに過ぎません。こうした地方財政制度運営に関しては、「高齢化のため一方向で増えざるを得ない社会保障費などに比較すれば、地方財政分野の歳出の伸びには歯止めをかけることができている」という見方もありますが、そもそも、国が毎年度大幅な財政収支赤字（数十兆円規模の新規国債の発行）の計上

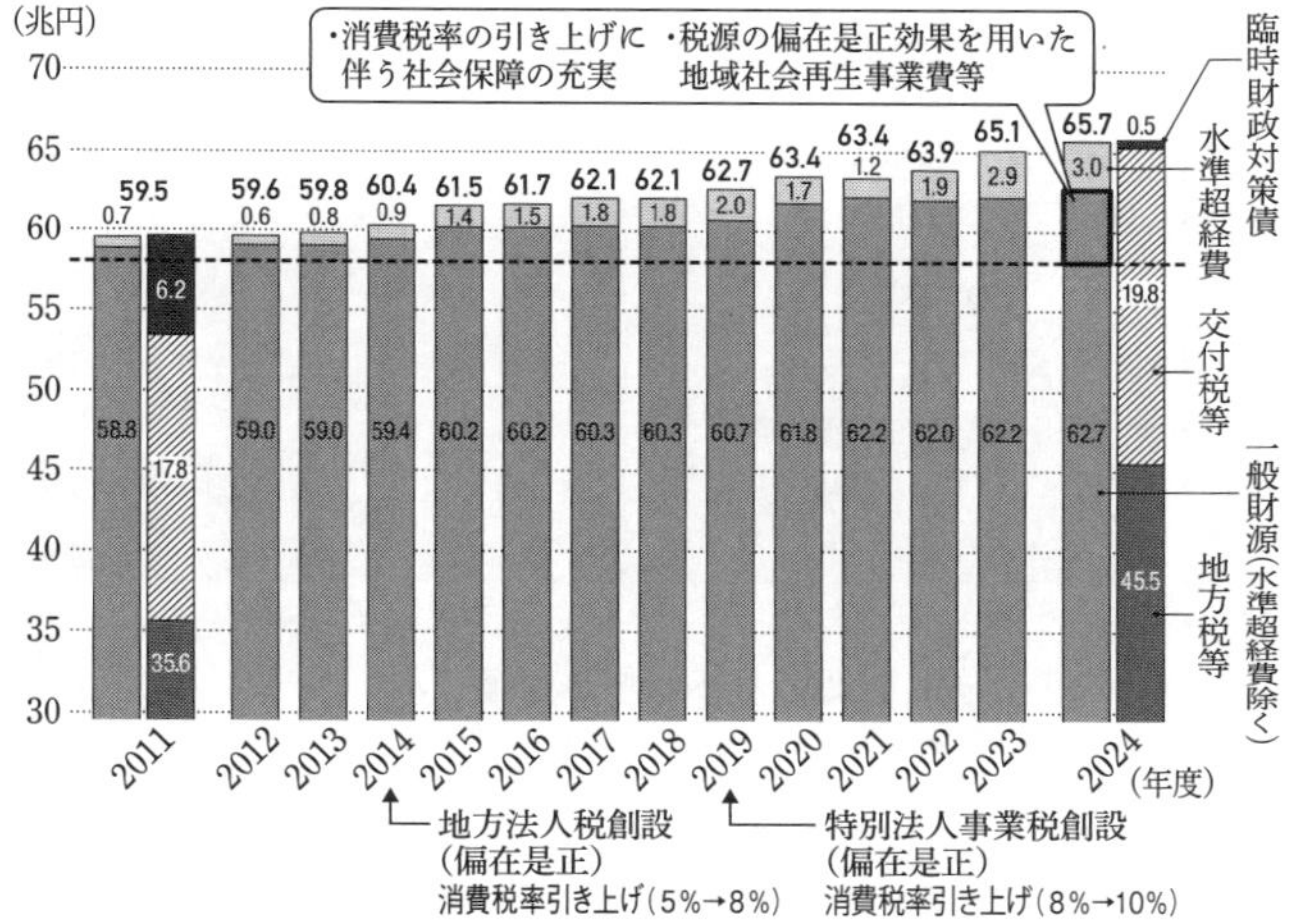

図表3-3-8　地方一般財源総額の推移

(出所) 総務省『地方財政収支の見通し』(各年度版) を基に筆者作成

を続けているなかで、地方財政の分野も国全体の財政収支改善にはおよそ貢献できてはいないのが事実です。

それどころか、各地方自治体、ひいては国全体の人口が、これほどの厳しいペースで減少するなかで、従前の算定ルールのもとでは、人口が減っている分は減額になって然るべき地方交付税の総額を、〝地域創生〟の名目で様々な交付金（「まち・ひと・しごと創生交付金等」）を追加したりして、前年と同水準を維持できるようにしたのがこの「一般財源総額実質前年同水準ルール」だったとみることも可能です。このルールは実際には、地方の不満への政治的な配慮の道具と化していると言っても

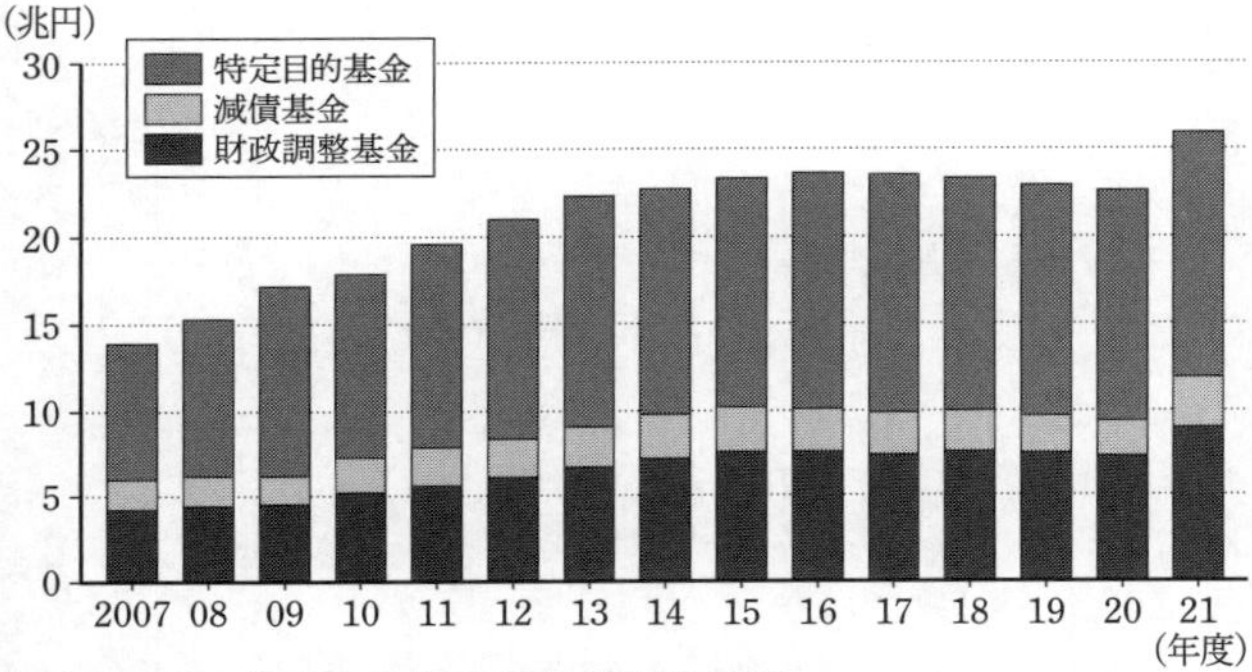

図表3-3-9　地方自治体の基金残高の推移

(出所) 総務省『地方財政白書』各年版の「積立金現在高の推移」、「基金残高の推移」のデータを基に筆者作成

過言ではありません。

3-3-5　地方財政はコロナ危機で〝焼け太り〟？

近年の地方財政運営の現実をみれば、このように、人口減少時代に見合わない大盤振る舞いが続けられてきたともいえますが、はたしてそうしなければ本当にやっていかれないほど、各自治体の懐事情は苦しいのでしょうか。

図表3-3-9は、地方自治体の〝貯金〟に相当する基金の推移をみたものですが、かなりの規模まで積み上がっていることがわかります。もちろん、自治体の財政運営を安定的に行うためには、一定の〝貯金〟も必要です。

ところが図表3-3-9で内訳別の基金の推移をみると、発行した地方債の将来的な元金償還に備えた「減債基金」よりはむしろ、〝万が一〟の事態に備えた「財政調整基金」がかなり膨らんでいるばかりでなく、何らかの特定の政策目的（例えば庁舎の建設、社会福祉の充実、災害対策等）のための「特定目的基金」が積み上がっており、〝実はそれなりに余裕がある〟のが実態のようです。

例えばコロナ危機下では、国から巨額の地方創生臨時交付金等が交付されてきました。こうした国からの支援が、感染症危機から脱却するうえで一定の役割を果たしたのは事実ですが、半面、国の側から自治体に対して使途を特定せずに配られた交付金であったため、コロナ危機とは無縁の事業に使われてしまった例等も多く報じられています。それでも使い切れない資金が、各自治体の基金残高の増加という形で積み上がっているのです。危機的な状況にある国の財政運営とは裏腹に、地方財政は〝焼け太り〟といえなくもありません。

3-3-6　人口減少下での改革の選択肢を考える

このように、これまで、〝ゆるゆる〟の地方財政運営が行われてきてしまったなかで、この人口減少時代に、どうすれば国から地方への支出を減らせるのでしょうか。どのような方法で減らせば公平と言え、みんなが納得できるのでしょうか。

先述のように、従前の地方交付税制度は、各自治体が抱える事情にできるかぎり国の側がきめ細やかに寄り添い、手厚く配慮しようと運営されてきたものでした。黙っていても人口は増え、税収も伸びていた高度成長期のような時代はそれでよかったのかもしれません。しかしながら、これだけ厳しい人口減少の時代に入っている我が国が置かれた状況は当時とは全く異なります。地方交付税制度の効率化、スリム化は避けては通れない課題です。そのためには、国全体として、みんながこれなら公平だと納得できる一定のルールのもとで、地方交付税の配分額を決め直すことにして、全体として減額していくよりほかにないのではないでしょうか。そこで以下では、一定のルールに基づいて、地方交付税を配り直したらどうなるのか、という試算結果をご覧いただきたいと思います。

A．現行の地方交付税は、何を重視して配られているのか

まず最初に、現行の都道府県別にみた地方交付税の内訳別交付実績は**図表3－3－10**の通りです。なお、地方交付税は先述のように、各都道府県、各市町村それぞれに交付されているものですが、以下では、今後、どのような配り方をするのが47都道府県民にとって公平といえるのかを読者のみなさまに考えていただきやすくするために、地方交付税や基準財政需要額、基準財政収入額の計数は、各都道府県分に傘下の市町村分を合算する形で、

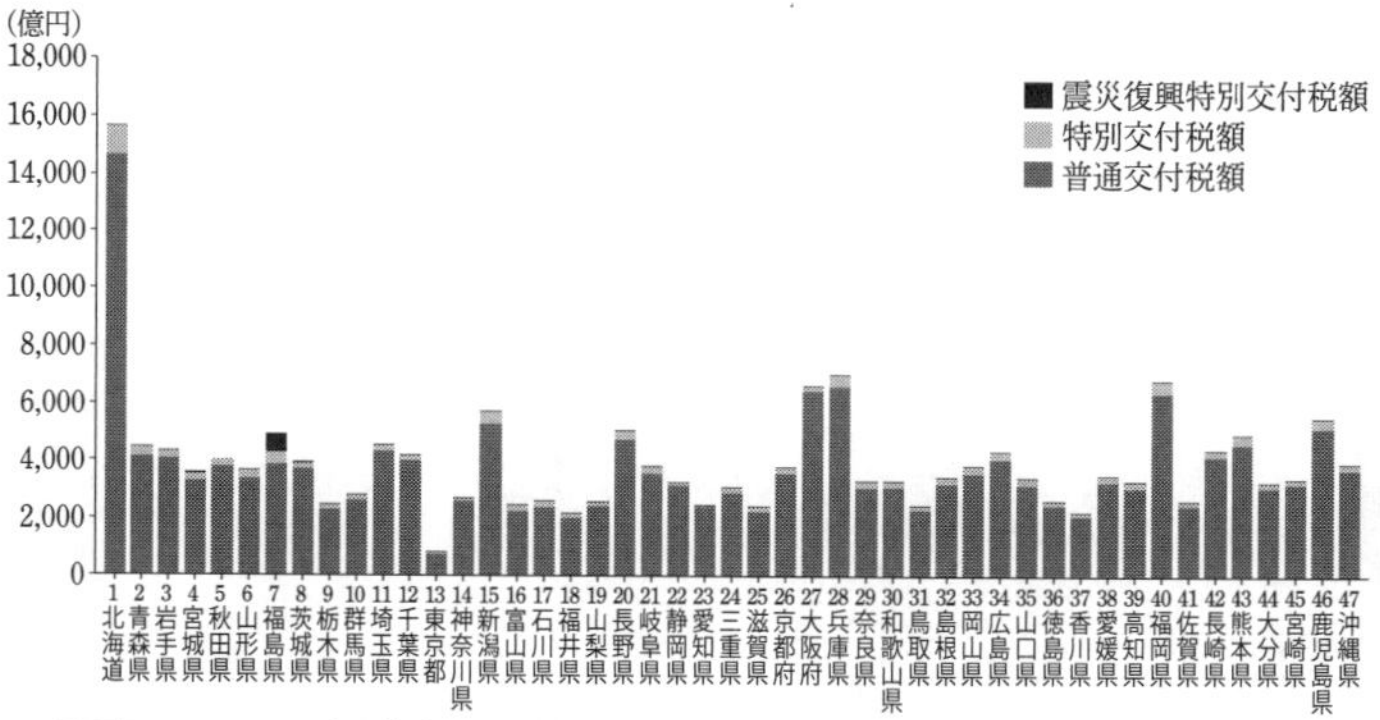

図表3-3-10　都道府県別地方交付税の内訳別交付実績（2022〈令和4〉年度）

(資料) 総務省『令和4年度地方財政統計年報』のデータを基に筆者作成
(注) 地方交付税額は、各都道府県分に、当該都道府県下の市町村分を加えた計数

さらにいえば、住民1人当たりではなく、各都道府県の合計値（傘下の市町村分を含む）として*12お示しすることにします。

次に、現在、配られている地方交付税が、実際には各自治体が抱える財政需要のどういう点を重視して配られているのかをまず分析し、把握しておきたいと思います。

地方自治体に求められる行財政需要をごく大雑把に考えれば、住民一人ひとりに対応するもの（例えば社会福祉や教育）と、各自治体が抱える社会資本の整備のためのもの（例えば

＊12　データは総務省『令和4（2022）年度地方財政統計年報』収録のデータを使用しました。東京都も地方交付税をもらっているではないかと思われるかもしれませんが、これは都下の自治体（多摩地域の一部の市町村など）が受け取っている地方交付税の合計額の分です。

道路や橋等の整備）に分けることができます。

都市部の自治体にとっては、面積が狭いから財政規模は小さくてもよいでしょうと言われてしまうと、住民一人ひとりに対する社会福祉や教育を十分に提供できなくなってしまいます。

他方、地方部の自治体にとっては、これだけ人口が減ってきたから財政規模は小さくてもよいでしょう、と言われてしまうと、人は減っていても、各町や集落をつなぐ道路は整備・維持しなければならないし、寒冷地であれば冬場には除雪費用もかさみます。こうした社会資本の整備需要のことを考えれば、人口が減ったからその分財政規模を落とせるはずだ、などというわけにはいかないことも理解できます。

このような例から考えれば、地方交付税を、〝人口〟にウエートを置いて配分すれば、都市部の行財政需要に手厚く対応することに、〝面積〟にウエートを置いて配分すれば、地方の行財政需要に手厚く対応することになることがわかります。

地方交付税とは先述のように、「基準財政需要額」と「基準財政収入額」の差額として算出されるものです。そこで本書では、この差額として各自治体に配られている地方交付税の金額ではなく、まずは「基準財政需要額」の方を対象に、現状では何を重視してこの「基準財政需要額」が配分されているのかを分析しました。

具体的には、現行制度上の各都道府県別の「基準財政需要額」の配分額と、その全国ベースでの合計額は不変、としたうえで、人口、面積について、①人口100％、②面積100％で各都道府県別に比例配分し直してみた結果を示したものが、**図表3－3－11**の【設定①】および【設定②】です。この2つのグラフとも、左側の濃く塗りつぶした棒グラフが現行制度上の配分額で、右側の薄い色の棒グラフが試算結果の配分額です。そして、この両者の差を折れ線で示しています。

例えば、【設定①】であれば、これは基準財政需要額を人口100％で配分し直した場合の試算結果で、東京都の場合は、現行よりももっと多くの基準財政需要額を配分してもらえることになりますが、実際にはそれよりも少ない金額しか配分されていないことがわかります。

また、【設定②】であれば、これは面積100％で配分し直した場合の試算結果で、北海道の場合は、現行の3倍以上の基準財政需要額を配分してもらえることになりますが、実際にはそれよりもずっと少ない金額しか配分されていないことがわかります。

この、人口と面積の比率を変えて試算してみると、現行の地方交付税制度の運営上の実態はどうも、人口：面積がほぼ2：1となる、「人口67％・面積33％」での配分結果に近いことがわかります（図表3－3－11の【設定③】）。

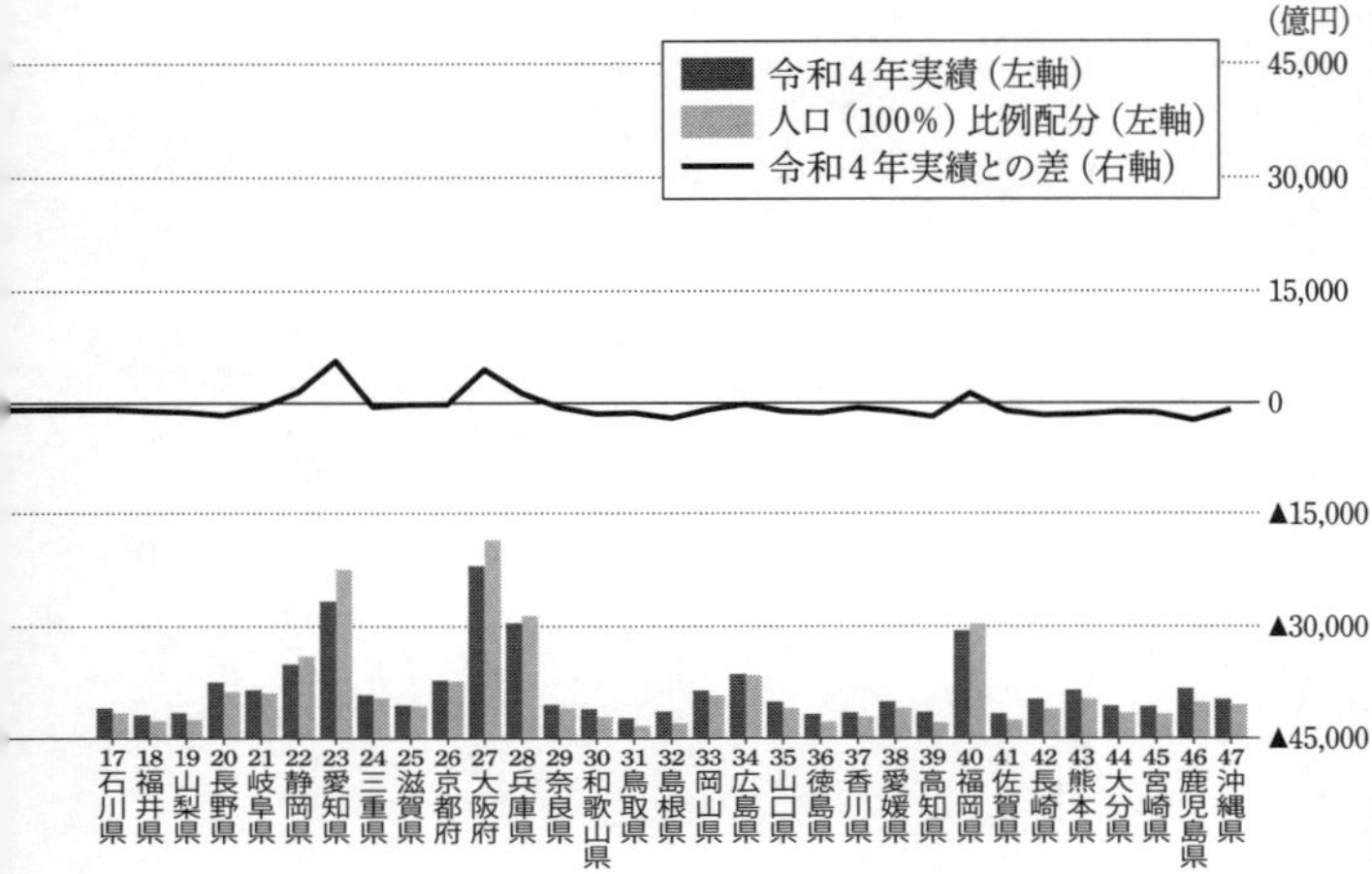
(億円)
令和4年実績（左軸）
人口（100%）比例配分（左軸）
令和4年実績との差（右軸）
45,000
30,000
15,000
0
▲15,000
▲30,000
▲45,000
17 石川県
18 福井県
19 山梨県
20 長野県
21 岐阜県
22 静岡県
23 愛知県
24 三重県
25 滋賀県
26 京都府
27 大阪府
28 兵庫県
29 奈良県
30 和歌山県
31 鳥取県
32 島根県
33 岡山県
34 広島県
35 山口県
36 徳島県
37 香川県
38 愛媛県
39 高知県
40 福岡県
41 佐賀県
42 長崎県
43 熊本県
44 大分県
45 宮崎県
46 鹿児島県
47 沖縄県

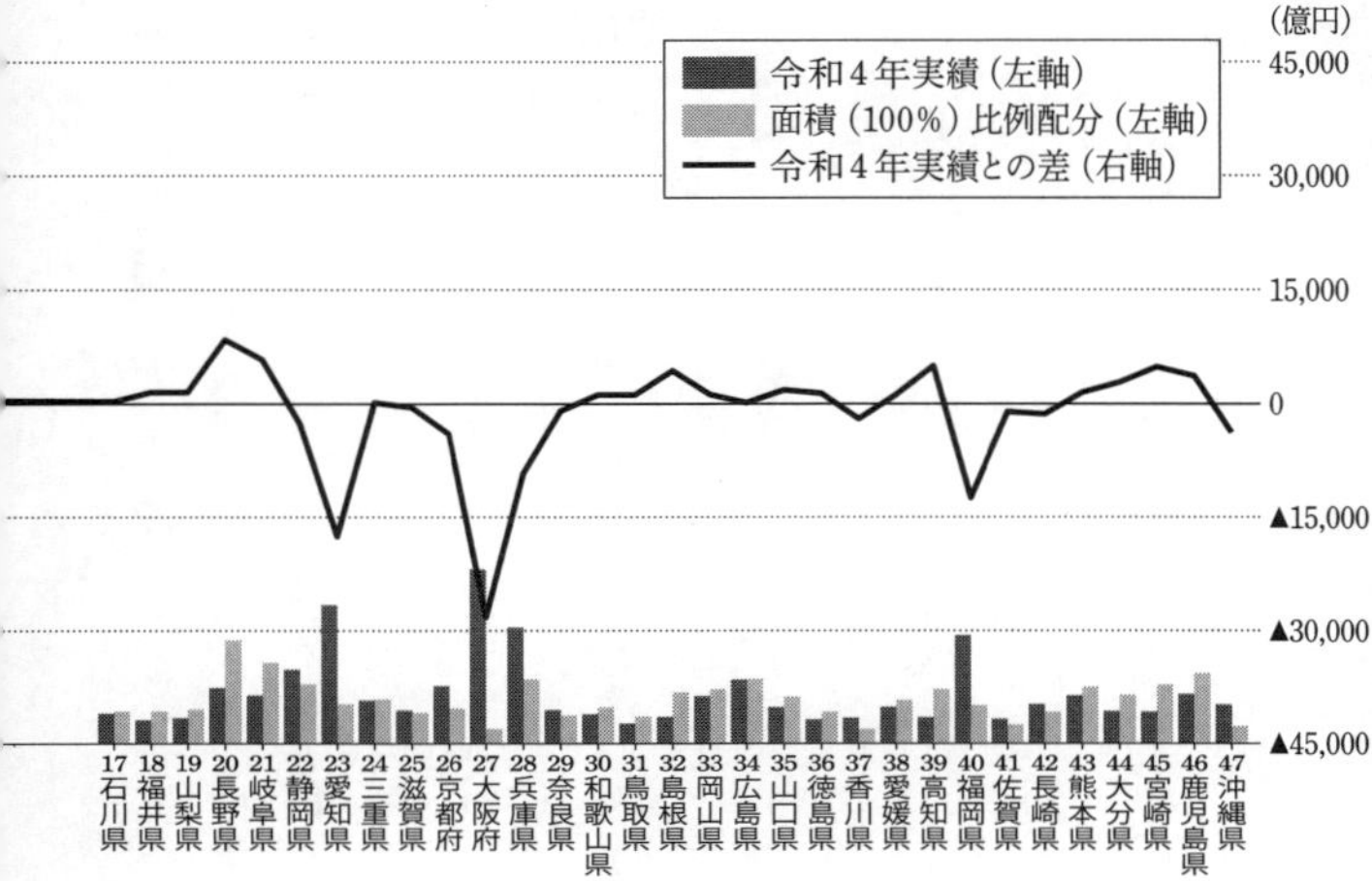
(億円)
令和4年実績（左軸）
面積（100%）比例配分（左軸）
令和4年実績との差（右軸）
45,000
30,000
15,000
0
▲15,000
▲30,000
▲45,000
17 石川県
18 福井県
19 山梨県
20 長野県
21 岐阜県
22 静岡県
23 愛知県
24 三重県
25 滋賀県
26 京都府
27 大阪府
28 兵庫県
29 奈良県
30 和歌山県
31 鳥取県
32 島根県
33 岡山県
34 広島県
35 山口県
36 徳島県
37 香川県
38 愛媛県
39 高知県
40 福岡県
41 佐賀県
42 長崎県
43 熊本県
44 大分県
45 宮崎県
46 鹿児島県
47 沖縄県

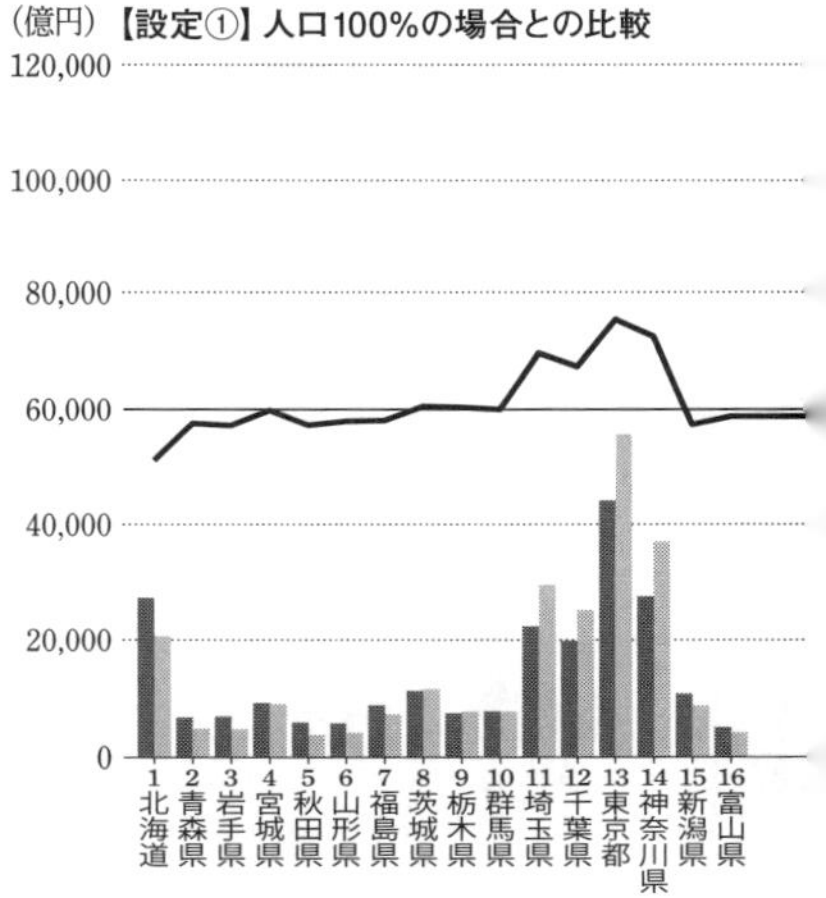

図表3-3-11
都道府県別基準財政需要額の配分方法変更試算結果
【設定①】人口100%比例配分の場合と2022年度実績値との比較

(資料) 総務省『令和4年度地方財政統計年報』のデータを基に筆者作成
(注) 基準財政需要額は、各都道府県分に、当該都道府県下の市町村分を加えた計数

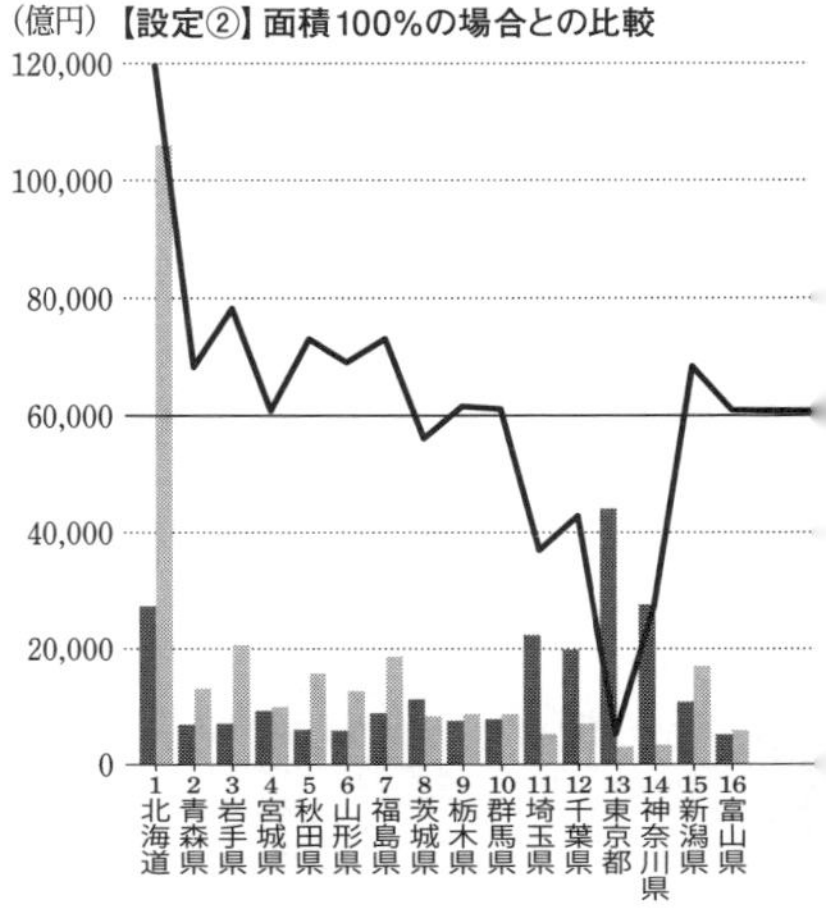

図表3-3-11
都道府県別基準財政需要額の配分方法変更試算結果
【設定②】面積100%比例配分配分の場合と2022年度実績値との比較

(資料) 総務省『令和4年度地方財政統計年報』のデータを基に筆者作成
(注) 基準財政需要額は、各都道府県分に、当該都道府県下の市町村分を加えた計数

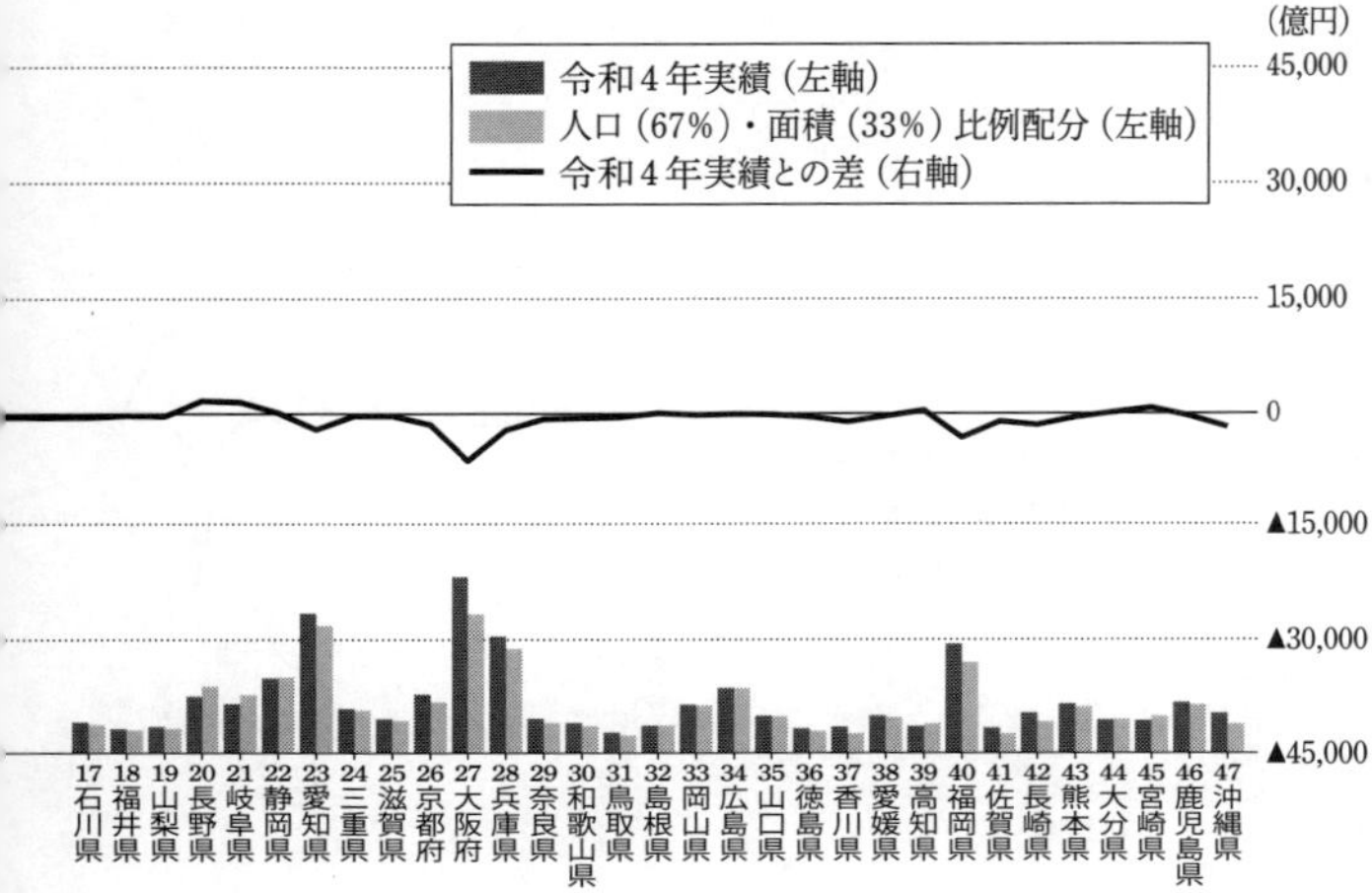

B.「基準財政需要額」を今後、どういうルールの下で減らしていくのが公平か

今後、国から支出される交付税は本来、人口減少に応じて減らしていかなければならないものです。現在の地方交付税制度が現実問題としてこのように運営されているのを理解したうえで、例えば現行の地方交付税額の約3割に相当する5兆円を全国ベースでカットしなければならなくなった場合、地方交付税を算出する基の1つである「基準財政需要額」を、現行の制度運営に最も近そうなルールの下で減らしていくのがよいか、それとも、別のルール（例えば人口・面積が半々）が公平といえるのか、そうした地方財政制度改革の具体的な選択肢を考えることこそが、政治の役割、

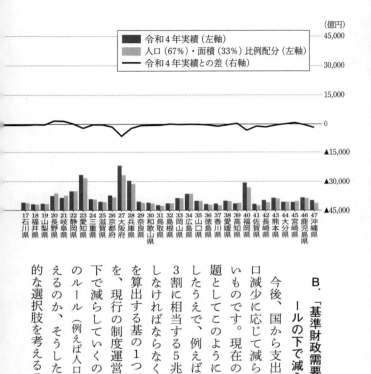

図表3-3-11
都道府県別基準財政需要額の配分方法変更試算結果
【設定③】人口67%・面積33%比例配分の場合と2022年度実績値との比較
（資料）総務省『令和4年度地方財政統計年報』のデータを基に筆者作成
（注）基準財政需要額は、各都道府県分に、当該都道府県下の市町村分を加えた計数

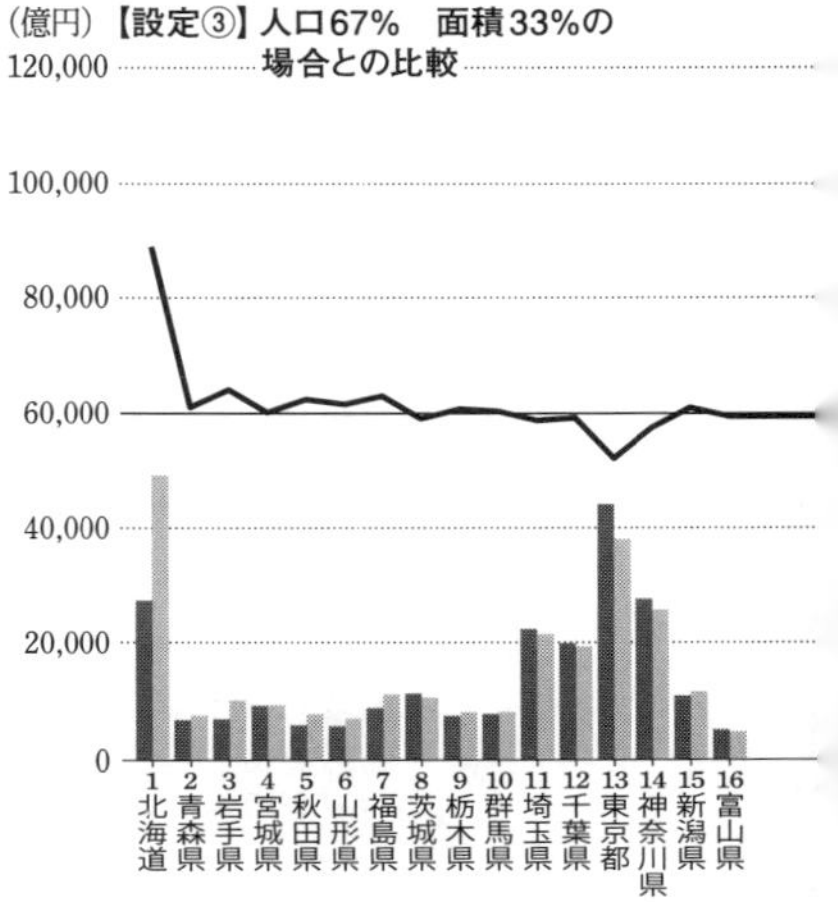

各政党の役割なのではないでしょうか。

その際、現行制度上設けられている様々な〝補正計数〟、例えば〝寒冷地補正〟について、いわゆる寒冷地の財政需要が冬場に膨らむのと同時に、西日本各地でも近年、豪雨災害等が頻発するようになり、平均気温も上昇している今日、本当に公平と言えるのかどうか、といったあたりについてもよく検討することこそが、政府や各政党に求められている役割だと考えます。

C. 〝東京都一人勝ち〟状態の解消による、地方税収の配分の公平化

国からの地方交付税の支出を減らすためには、もう一つの選択肢があります。地方交付税を算出する際のもう一つの基である、「基

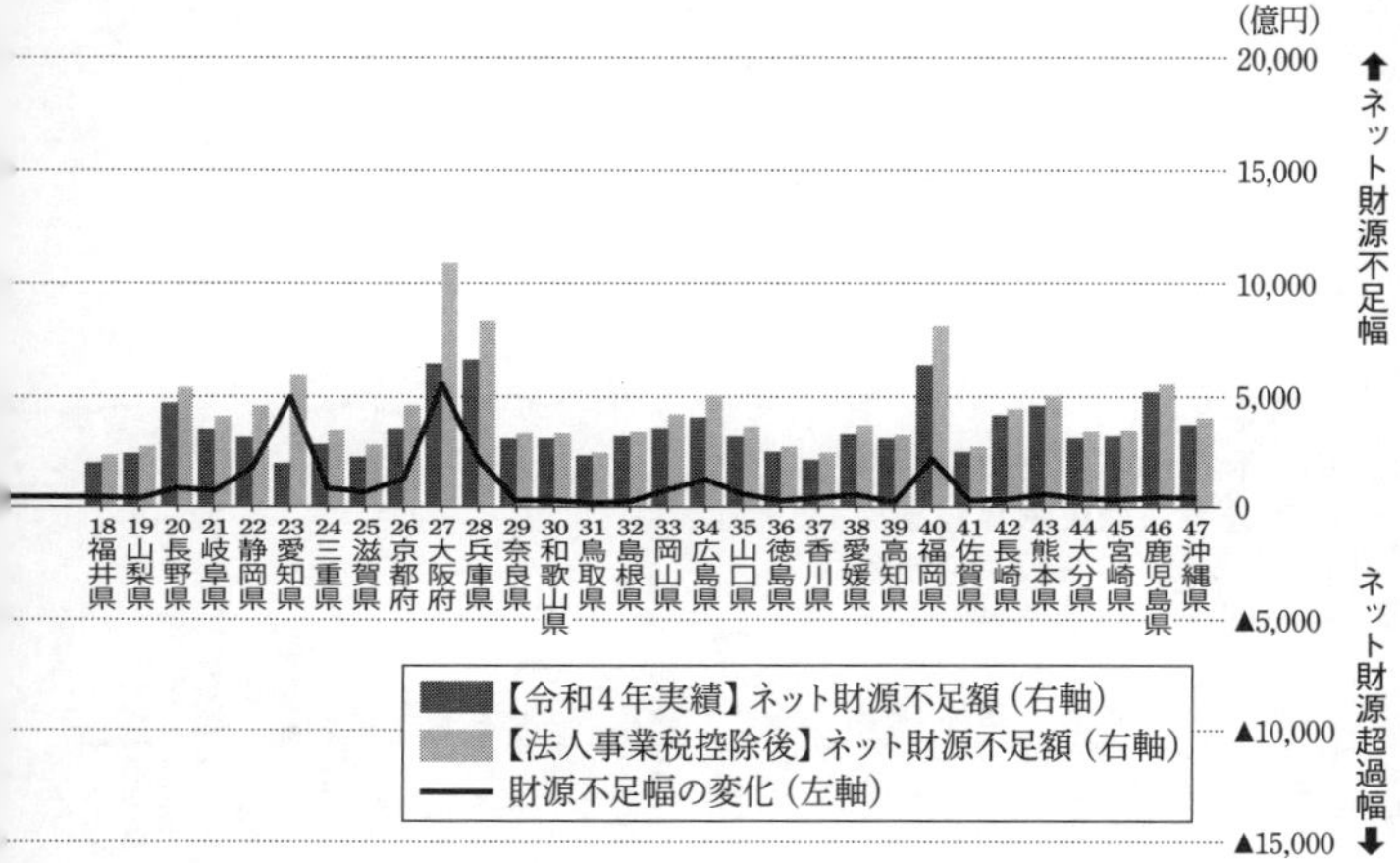

準財政収入額」、すなわち各自治体の地方税制度の改革です。

何をいまさら、各自治体の地方税収なんて、税率を引き上げない限りそんなに簡単には増やせないではないか、と思われるかもしれません。その通りですが、この国には、自らの「基準財政需要額」を大幅に上回る地方税収を手にして、他の自治体ではお金がなくてとても手を出せないような政策向けに、言い換えれば、国全体の物差しでみればそれほど優先度は高くない政策向けに、地方交付税制度の外で、いわば〝好き放題〟に使っている自治体があります。東京都です。その東京都が手にしている、あり余る税収を、国全体の地方交付税制度のなかに振り向ければ、国全体としての地方財政制度の運営は、追加的な負

図表3-3-12
法人事業税を地方税収から控除した場合の都道府県別ネット財源不足額（＝地方交付税額）の試算結果

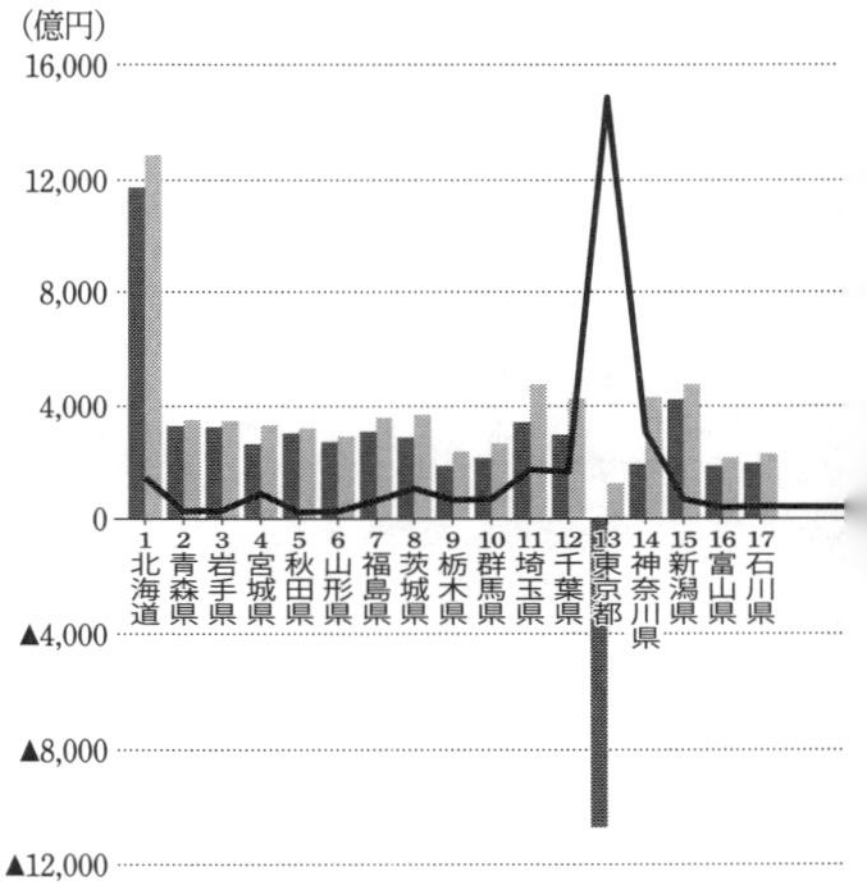

（資料）総務省『令和4年度地方財政統計年報』のデータを基に筆者作成
（注）ネット財源不足額は、各都道府県分に、当該都道府県下の市町村分を加えた計数で、財源不足団体の財源不足額から、財源超過団体の財源超過額を差し引いたネットの計数

担なく（ただし、東京都民にとっては〝好き放題〟にばらまいてもらえるお金が減りますが）、もっと楽になるものと思われます。

地方税のなかで現在、もっとも自治体ごとの格差が大きい（偏在性が高い）のは、図表3－3－5でみたように都道府県税である法人2税、とりわけ法人事業税です。ではこの法人事業税を、極めて粗い方法ですが、すべて国税に振り替えて地方交付税の財源に100％回すことにしたら、各都道府県の交付税額（「ネット財源不足額」＝「基準財政需要額」と「基準財政収入額」の差）はどのようになるのかをみたものが**図表3－3－12**です。どの都道府県も、現行の地方税収入から法人事業税分がなくなるわけですから、ネット財源不足額は膨らみます。ただし、現行制度上と比較したそ

こども・子育て関連	◎ 公立学校給食費の負担軽減 ○ 私立中学校および高校授業料無償化 ◎ 都立大学の授業料無償化	239億円 681億円 15億円
賃上げの促進	◎ 介護職員等の処遇改善 ◎ 障害福祉サービス職員の処遇改善	285億円 129億円
脱炭素化の推進	○ 省エネ性能の高い住宅（東京ゼロエミッション住宅を含む）の普及促進、省エネ家電への買い替え促進等	1,047億円
ファンドへの出資	◎ 官民連携インパクトグロースファンドへの出資	100億円
その他	○ プロジェクションマッピング運営事業等	20億円

図表3-3-13　東京都の2024年度当初予算における新規事業、および予算規模が大幅に拡大した事業の例

（出所）財務省財政制度等審議会財政制度分科会資料『成長、人口・地域等』2024年4月9日、p51を基に筆者作成
（原資料）東京都『令和6年度東京都予算案の概要』（2024年1月26日）等
（注）◎は新規事業。○は2023年度からの継続事業を含むが、大幅に予算が増加したもの

の差（図表3－3－12の折れ線グラフ）が最も大きくなるのは東京都です。何といっても、東京都は現行制度上は大幅なネット財源余剰だったものが、一転してネット財源不足に転落するからです。

こうなれば、東京都も他の道府県と同様、国から交付税を受ける交付団体となります。そうなれば、東京都は、現在やっているような、他の道府県にはとてもできないような大盤振る舞い（**図表3－3－13**）はできなくなるでしょう。

他方、国全体の交付税の配分に際しては、法人事業税が交付税の財源に加えられることから、企業側にとっても何ら増税されるわけでもなく、問題なく交付税の総額の財源の手当てはできることにな

ります。地方交付税制度の配分ルールをこのように改革したうえで、例えば先述のような5兆円規模の交付税のカットを実施していく場合、その負担は東京都も担わなければならなくなり、その分だけ、他の46道府県の負担が軽減されることになるのです。

これまで、財政的に極めて豊かな東京都が全国に先行して実施し、とりわけ隣接する自治体を中心に他の自治体も、財源の確保は容易ではないのに追随せざるを得なくなった政策は、子どもの医療費助成等、いくつもあるのが現実です。2024年度の東京都予算をみると、私立中学校の授業料無償化や、プロジェクションマッピングまで、国全体からみて必要性の高い政策といえるのでしょうか。こうした地方税収の格差、不均衡問題を長年、ほとんどほったらかしにしてきたことが[*13]、国全体としての財政拡張、放漫財政の温床の一つになってきたともいえるでしょう。

D. 国庫支出金のカット

国から地方向けの支出を抑制するためには、地方交付税制度の改革以外に、もう一つの

＊13 正確には、改革を何ら行ってこなかったわけでもなく、現在でも全国の法人事業税の金額の約3割が「特別法人事業譲与税」として分離されています。そうした改革を行ってもなお、図表3－3－5に示すほどの、自治体ごとの税収格差が生じてしまっているのです。

選択肢があります。図表3－3－4でみた国庫支出金のカットです。ただし、この部分にも手を付けるとなると、これまで、国が負担していた社会保障制度向けの支出がなくなれば、後期高齢者医療制度や介護保険、国民健康保険の自己負担分が跳ね上がることになるかもしれません。もしくは、義務教育費国庫負担金をカットするということになれば、全国の公立の小中学校の教員等の給与を大幅にカットせざるを得なくなるでしょう。

ちなみに、2006年に353億円の赤字を抱えて財政破綻した北海道の夕張市では、次のような財政緊縮を余儀なくされました。

「市職員の給与は年収ベースで平均4割カットされ、全国最低水準に抑えられてきた。破綻前は399人いた職員は100人に減少。55人いた管理職は10分の1に減った。図書館・公共施設は閉鎖。7校あった小学校、4校あった中学校はそれぞれ1校に統廃合された。市民病院も診療所に縮小され、171床あった病床は19床に減らされた。子育て支援や福祉サービス、各種補助金も次々に打ち切られた。住民サービスの容赦ない切り捨てに嫌気がさした若い世帯は夕張を離れ、街には高齢者の姿ばかりが目立つようになった」

（2017年7月刊行・講談社現代新書『縮小ニッポンの衝撃』〈NHKスペシャル取材班〉より引用）

我が国全体の財政運営が行き詰まれば、遠からず、我が国全体も夕張市が経験したような状態に追い込まれる可能性が高いのです。そのような事態に陥ってしまうまえに、どうやって地方財政運営を改革していくのがよいか、私たち一人ひとりの負担が公平なものになるのか、喫緊の課題といえるでしょう。

3-3-7 ふるさと納税は〝国が認めた課税逃れ〟

そして、いわば〝虎の子〟の貴重な地方税収を逸失させる結果につながっている制度があります。「ふるさと納税」です。

ふるさと納税は、他の地方自治体に居住する住民が、本来であれば様々な行政サービスを受ける代価として自分が居住する自治体に納めるべき住民税の一定部分を、他の地方公共団体が高級食材等の返礼品を〝出汁《だし》〟にして、事実上、横取りしていることを意味しています。

ふるさと納税といっても自腹を切るのはわずか２０００円に過ぎず、その納税額が所得税や個人住民税から控除される上限は、家族構成にもよりますが、年収５００万円で３万～6万円、７００万円で7万～11万円、１０００万円で15万～18万円程度にも達しています。返礼品がふるさと納税額の3割までに制限されているとはいえ、上述の控除額の3割相当は返礼品として「取り返す」ことができるわけで、これでは「国が旗を振っているカタログ・ショッピング」であるばかりでなく、まさに「国が認めた課税逃れ」に他なりま

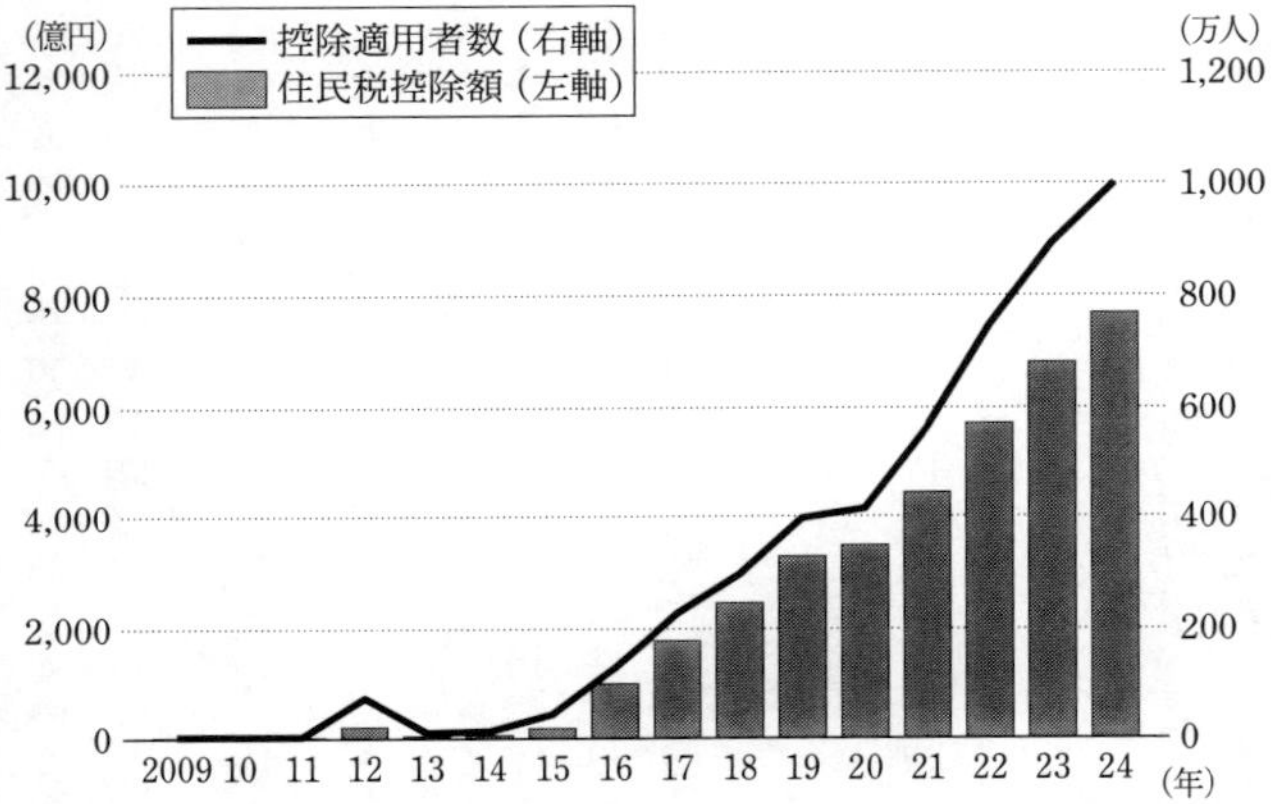

図表3-3-14　ふるさと納税にかかる住民税控除額と控除適用者数の推移　（出所）総務省自治税務局市町村税課『ふるさと納税に関する現況調査結果』2024年8月2日を基に筆者作成

せん。そして、このふるさと納税によって生じた住民税控除額と控除適用者数は増加の一途をたどっています（図表3-3-14）。

地方財政運営上のこのふるさと納税の最大の問題点は、この制度が地方財政全体の財源不足幅をさらに拡大する方向に作用している点でしょう。地元の住民に、他の自治体向けのふるさと納税をされてしまった自治体の立場からすれば、同納税の制度上控除することが認められた相当分の住民税を失うことになります。自前の税収が超潤沢ゆえ地方交付税の不交付団体である東京都やごく一部の市町村のようなケースでは、ふるさと納税による減収の影響は当該団体としての地方税収が目減りすることをもって完結します。

ところが、全国で大多数を占める地方交付税の交付団体の場合、話はそこで終わりません。ふるさと納税による減収分の75％は、地方交付税算定上の基準財政需要額に算入されることとなっています。要するに、国から支出しなければならない地方交付税の金額が、ふるさと納税で〝横取り〟された金額の4分の3相当、増えるのです。このような政策運営を続けているからこそ、人口減少がこれほど進んでいるこの国で、地方交付税をちっとも減らせずにいるわけです。

ちなみに、ふるさと納税の住民税控除の適用状況を都道府県別にみると、東京都、神奈川県、大阪府、愛知県といった大都市圏の自治体の控除額が多くなっています。とりわけ東京都は、適用控除者数の人口に対する比率も圧倒的に高く、10人に1人以上が利用していることがわかります（図表3－3－15）。こうした方々も、その自治体に居住し、道路、水道といった公共施設やライフラインの提供を受けて暮らしていながら、その代価としての住民税の〝課税逃れ〟を、これほど大規模にすることが許されたままで果たしてよいのでしょうか。[*14]

財政運営上、歳出カットは難しい、などとよく言われますが、よくみればこのように、ゆがんだ制度を正せば、あっという間に7000億円もの金額を、「国が旗を振っているカ

＊14　さらにいえば、「ふるさと納税サイト」への宣伝費として、5000億円近い公費（税収）が支出されているのです。

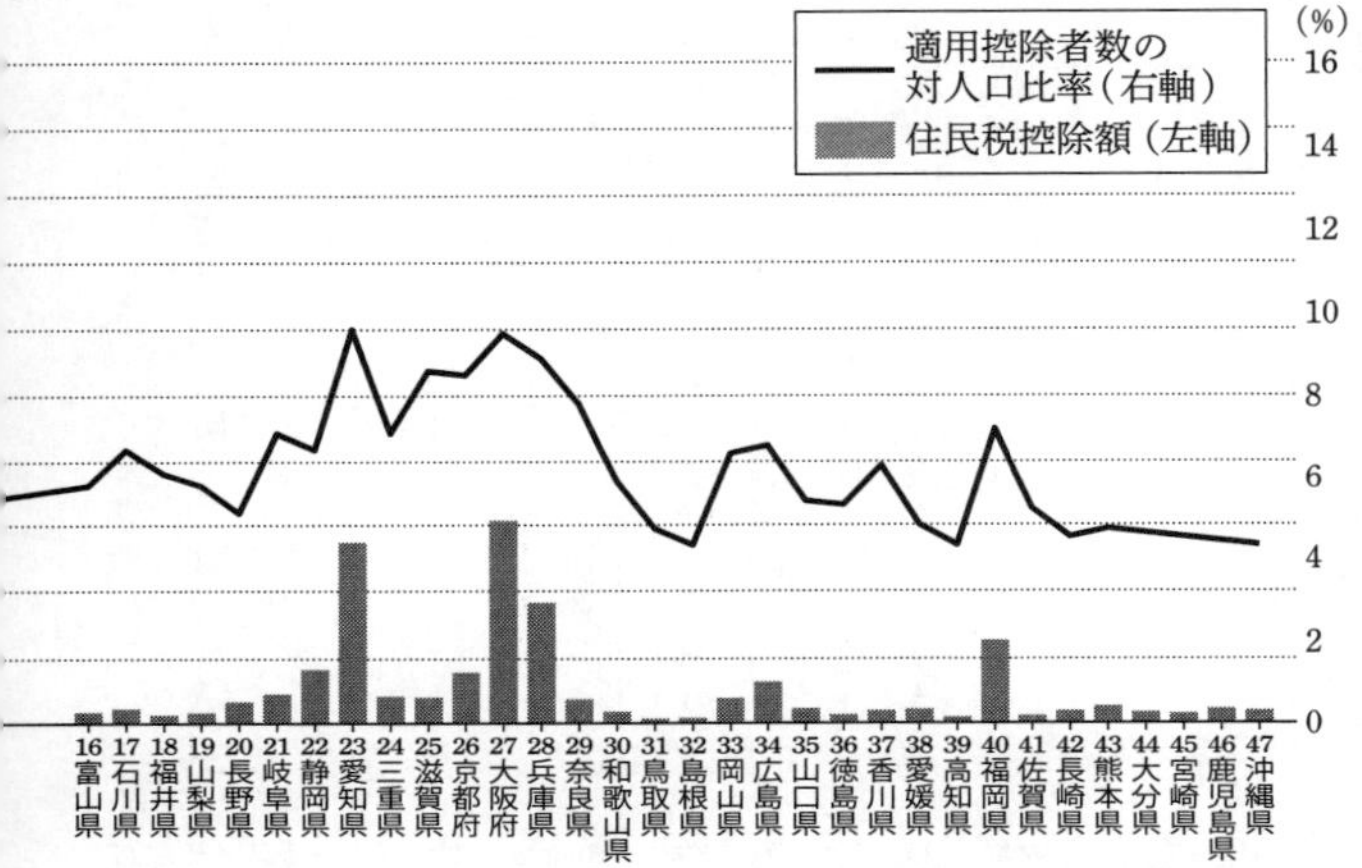

図表3-3-15　ふるさと納税の住民税控除適用状況

タログ・ショッピング」に使ってしまわず、本来の地方財政運営に充てる財源として復元させることができるのです。

本章ではこのように、地方財政の分野で、いかにすれば人口減少に見合った規模に効率化、スリム化していくことができるか、国全体の財政収支改善につなげられるのか、いくつかの選択肢をお示ししてきました。

なお、本書では具体的には言及していませんが、地方財政制度の究極的な改革の選択肢としては、現行の中央集権的な制度から完全に脱却して、中央政府の権能は安全保障、外交、通貨、金融といった最小限の分野にとどめ、他の大多数の政策分野に関しては、国の権限と財源を大幅に州政府に移す、〝連邦制〟ないし〝道州制〟に移行することも、十分にあり得る選択肢ではないかと考えます。現状よりはるかに厳しい財政制約に直面したとき、限られた歳出をどの分野により多く振り向けるのか。その優先順位は地方ごとに異なることが十分にあり得ます。国全体としての何らかの財政調整機能を設ける必要はありますが、そのうえで各州政府が健全な財政運営と成長志向の経済政策を競い合うようになれば、地方間でよい意味での競争が生まれ、地域活性化にも資するでしょう。

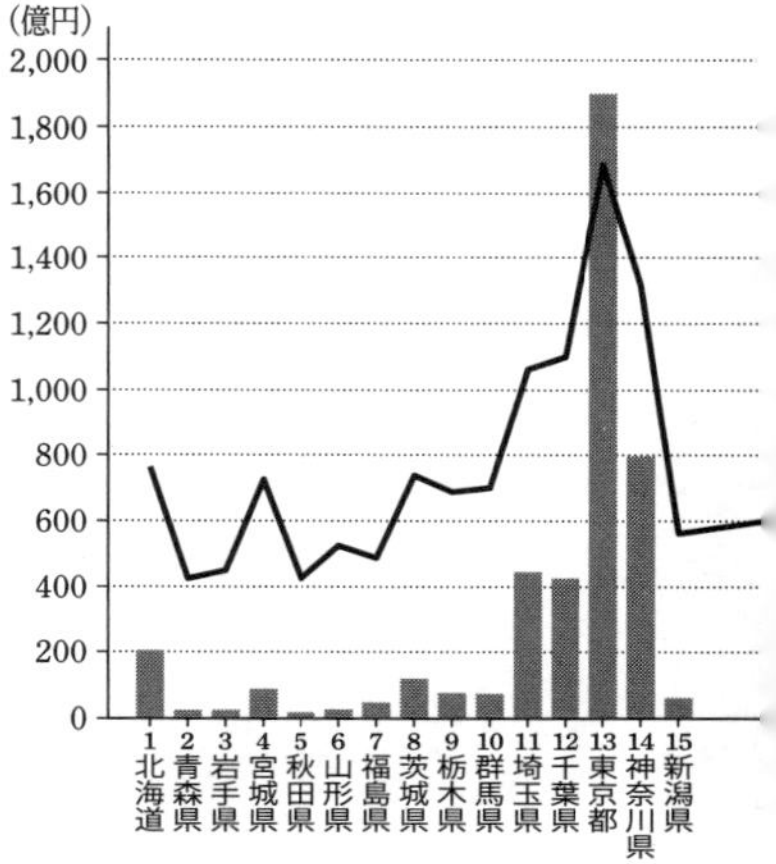

(出所) 総務省自治税務局市町村税課『ふるさと納税に関する現況調査結果』2024年8月2日を基に筆者作成

私たち一人ひとりがまず、国全体の財政運営の厳しさのみならず、地方財政運営の実情や現行制度の問題点や課題をよく理解することが必要です。ただし、私たち一人ひとりは、こうした問題を理解できたとしても、一人では何もすることはできません。厳しい現実を直視したうえで、いかなる方法で改革を進めていくか、それこそが政治の出番、各政党の役割です。

地方財政についても、本章でもいくつかの選択肢をお示ししたように、改革のアプローチの仕方はいろいろあり得ます。各政党はそれぞれの判断に基づく具体的なプランを選挙の際の公約として提示し、そのうちのどれが最も公平でよさそうか、私たち有権者一人ひとりが判断して投票し、今後の地方財政制度改革の方向性を決めていく。それこそが民主主義社会におけるあるべき財政運営の姿であり、持続可能な財政運営につながるのではないでしょうか。

第４部　公平・公正な税制と納得できる税負担を考える

4-1 日本の税制は公平・公正と言えるのか？

2024年度一般会計予算の歳入は112・6兆円です。税収が69・6兆円と全体の6割を占め、そのうち所得税、法人税、消費税の基幹3税が8割以上を占めます（図表4-1-1）。

国の基盤である租税制度に対して信頼を確保するためには公平・中立・簡素という租税3原則を守ることが必要です。租税3原則とは、①負担できる能力がある人には相応の負担をしてもらう（公平）、②税制によって個人や企業の経済活動の選択に歪みを与えない（中立）、③仕組みを簡素にして納税者に理解しやすいものとする（簡素）原則です。これは守られていると言えるでしょうか。

実はこの基幹3税にはさまざまな制度によって課税逃れが認められているのです。誰もが同じように公平に租税を負担しているわけではありません。みんなが公平に負担して課税逃れというバケツの穴からの水漏れをふせぐことができれば、租税制度に対する信頼が回復され、加えて国民の負担をかなり軽減することができるはずです。どのような課税逃れがあるのか、バケツの穴をふさぐことによってどれだけの増収が期待できるのかを見て

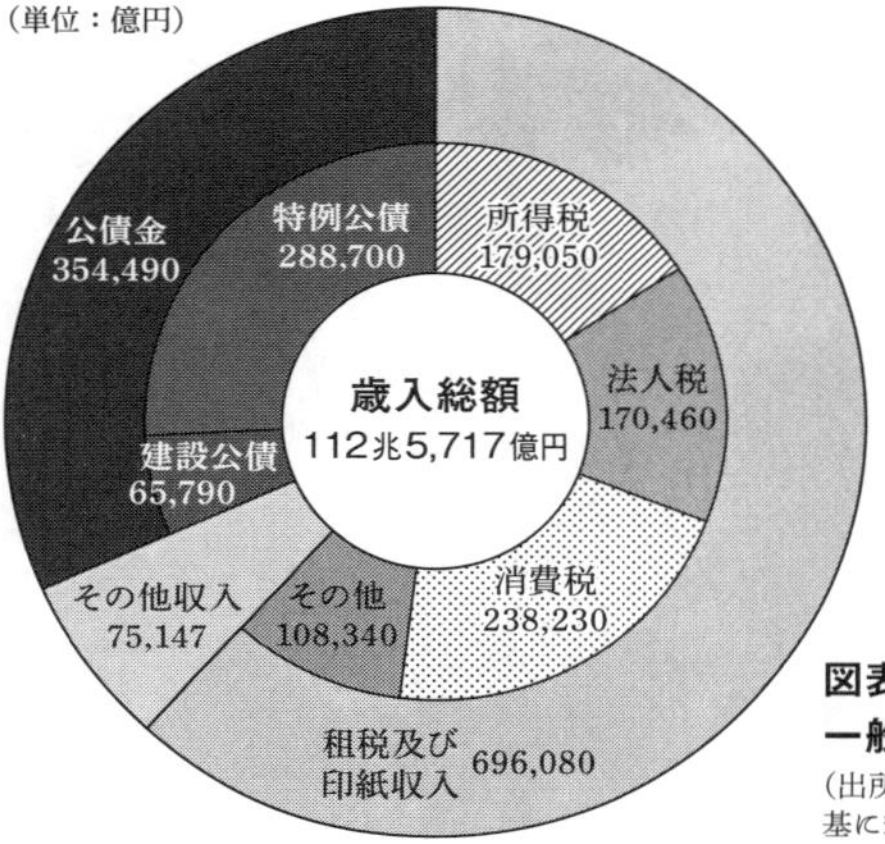

図表4-1-1　2024年度一般会計予算（歳入）
（出所）財務省『予算の説明』を基に筆者作成

いきます。

4-1-1　既得権益化する「租税特別措置」

一般にはほとんど知られていませんが、特定の企業や個人を税制で優遇する「租税特別措置」（租特）という制度があります。租特は何らかの政策目的を実現するために、特定の条件を満たした企業や個人の税負担を軽減する、あるいは加重する特別な措置です。研究開発や賃上げを行った企業の税負担を軽くすることなどが典型的な例です。

１９７０年代の石油危機で経済が冷え込み、財政状況が厳しくなったときに、予算編成に枠をはめるゼロシーリングが導入されました。歳出規模を抑えるためです。各省庁は知恵を働かせて、シーリングの対象とならない租特を使って財政支出を伴わない政策推進のための手段を確保してきたのです。

租特は政策手段として使い勝手がよいものです。補助金と比べるとよくわかります。補助金は個々人や企業ごとに申請、審査、承認などの手続きを行うので手間暇がかかります。租特は税務申告を利用するので手続きが簡便で、特定の条件を満たせば誰もが適用対象となるので投網をかけるように多くの個人や企業を政策目的に誘導できます。

一方で多くの問題が指摘されています。第一に租特は企業や個人に対してどれだけの税政優遇措置を講じているのかがはっきりしません。補助金は受け取る方から申請という手続きを行い、これを受けて国が手続きに基づいて交付するので、ある程度は資金の流れを明確にすることができます。補助金の規模や内容、手続きに問題があれば交付を取り消して補助金の返還を求めることができます。租特の場合には申告されれば課税前に税の減免を行うのでどれだけの税金の負担を免れたかがわかりません。

第二に租税3原則（公平・中立・簡素）の点で問題です。税を負担する能力が同じでも特定の条件に合うか否かで税制優遇を受けるかが決まるし、租特による減税は高所得者や大企業に偏りがちになります。税は社会経済活動に影響を及ぼさないこと（中立）が望ましいのに、租特は特定の経済活動を支援して企業行動を誘導することになります。適切な資源配分を歪めてしまいます。簡素という点でも租税特別措置法は所得税、法人税、地方法人税、相続税などの特例を数多く規定するので、実態がよくわからなくなり、租税体系を複雑にして実務上の負担が増えます。

第三に費用対効果の確認が困難です。例えば大手メーカーが二酸化炭素の排出を抑制する名目で研究開発税制の優遇を受けたとしても、減税された額に見合うだけ二酸化炭素の排出を抑制できたのか、温暖化対策にどれだけ寄与することができたのかはっきりしません。

第四は既得権益化しやすいことです。１９５７年に制定された租税特別措置法は第一条で「この法律は、当分の間、所得税、法人税、（中略）の特例を設けることについて規定する」と定めています。「当分の間」といいながら、何十年も前に創設された租特がいまだに適用されています。租特はいったん作られると大企業を始めとして、関係者の既得権益となってしまうので廃止や見直しが難しくなります。

政府が国会に提出した試算では、２０２２年度の租特による法人税関係の減収額は２兆３０１５億円に上ります。最大は企業の研究開発費の一部を法人税から控除する研究開発税制の７６３６億円です。次いで給与を増やした分を減税する賃上げ促進税制の５１５０億円です（**図表4－1－2**）。この2つだけで法人税の減収額の56％を占め、「メガ減税」といわれています。同年の法人税収は14兆９３９８億円なので、租特によって法人税の15・4％相当分が減税されたことになります。

（単位：億円程度）

		2017年度	2018年度	2019年度	2020年度	2021年度	2022年度
法人税関係	1. 研究開発投資の促進（研究開発税制）	▲6,660	▲6,216	▲5,574	▲5,053	▲6,527	▲7,636
	2. 設備投資等の事業用資産の取得の促進	▲2,817	▲2,208	▲2,192	▲2,154	▲1,725	▲1,612
	3. 中小企業の活性化	▲3,337	▲3,546	▲3,506	▲3,131	▲3,471	▲3,465
	4. 所得拡大・雇用の促進（賃上げ促進税制）	▲3,853	▲3,528	▲2,290	▲1,651	▲2,430	▲5,150
	5. その他（投資法人に係る課税の特例等）	▲3,592	▲3,731	▲4,243	▲3,819	▲4,796	▲5,152
小計		▲20,259	▲19,228	▲17,805	▲15,808	▲18,949	▲23,015
所得税関係（住宅ローンの特別控除等）		▲20,210	▲17,600	▲18,790	▲18,170	▲18,060	▲19,150
その他（石油化学製品の製造のため消費される揮発油の免税等、地価税の課税の停止等）		▲28,810	▲29,870	▲30,000	▲30,160	▲30,070	▲28,940
合計		▲69,279	▲66,698	▲66,595	▲64,138	▲67,079	▲71,105

図表4-1-2　租税特別措置による減収額試算

（出所）参議院予算委員会調査室編『財政関係資料集』等を基に筆者作成
（注）「その他」には、揮発油税及び地方揮発油税の税率の特例による税の加重分等も含む

租特による減収額が最大である研究開発税制の恩恵を享受するのは納税しているすべての法人１０９万社のうち１万社程度で、業種は適用額の80％が製造業（中でも輸送用機械、化学〈含、製薬〉、産業用電気機械）に集中し、サービス産業の適用は少なくなっています。

どの企業が適用されているかは明らかにされていなくて、租特についての情報公開は不十分です。租特が適用された適用額や件数は公表されますが、企業の減税規模についての公式発表はありません。財務省は「公表すれば、個別企業の競争上の不利益が生じる恐れがある」としています。各府省庁が作成する行政事業レビューシートを参照すれば補助金を受け

る主な企業は個別にはっきりわかるのに、租特の恩恵を受けている企業が不明瞭なのでさまざまな疑念を持たれます。

どの企業がどれだけの減税を受けているかが公表されれば、租特による減税が研究開発に寄与した貢献度や賃金引き上げに果たした役割を検証することができます。また政治献金の見返りに特定業種の企業が税制優遇を受けているなどの疑いを払拭するためにも、租特による減税額を公表すべきです。

朝日新聞の試算では研究開発減税の適用額が最大の企業はトヨタ自動車です。トヨタ自動車は2024年3月期の連結決算で5兆3529億円の営業利益を上げて過去最高を更新し、日本企業で初めて5兆円台の大台に乗せた我が国を代表する企業の一つです。朝日新聞は同社の2022年度の研究開発減税の額は900億円超と試算しています。[*1] トヨタ自動車の有価証券報告書によると2022年度は研究開発に1・2兆円を支出しているので7％程度の減税が行われたことになります。個別企業の減税額が明らかになれば、この減税がカーボンニュートラルや交通事故の抑制などの効果に見合うのかを検証することができるのです。

＊1 「法人税優遇 減収2・3兆円 22年度試算 適用企業は非公開 大企業偏重との分析も」『朝日新聞』1面（2024年4月19日）。

個人にも租特は適用されています。所得税では住宅ローン減税7700億円が実施され、住宅ローンを抱えている人は、抱えていない人、例えば賃貸住宅に住んでいる人よりも所得税が減税されています。また、年金給付の一定部分までは所得税を納めなくても済む公的年金控除の上乗せで1700億円の減税の恩恵などを受けています。

一方、揮発油税・地方揮発油税などに関しては租特で税率が引き上げられて1兆1000億円の増税になっています。租特のすべてが問題とはいえませんが、不透明で一部の大企業が優遇される現状は見直す余地がありそうです。例えば、毎年7兆円程度の租特による減税が必要かどうかの検証を行って仮に3分の1を見直せば、消費税1％に相当する2・5兆円規模の増収を生み出すことができます。

4-1-2 金持ちの金融所得の税率は庶民の給与所得の税率よりも低い

所得税は負担能力に応じて税を負担する応能課税が原則です。そのために累進課税制度を採って所得が増えるほど税負担を重くし、公平な税負担や富の再分配ができるようにしています。所得税の税率は所得が増えるにつれて5％から45％（最高税率）までの7段階で負担が重くなる超過累進税率です。しかし実際の税負担は、所得が1億円を超えると税の負担率が低下に転じます（図表4-1-3）。「1億円の壁」といわれる現象です。

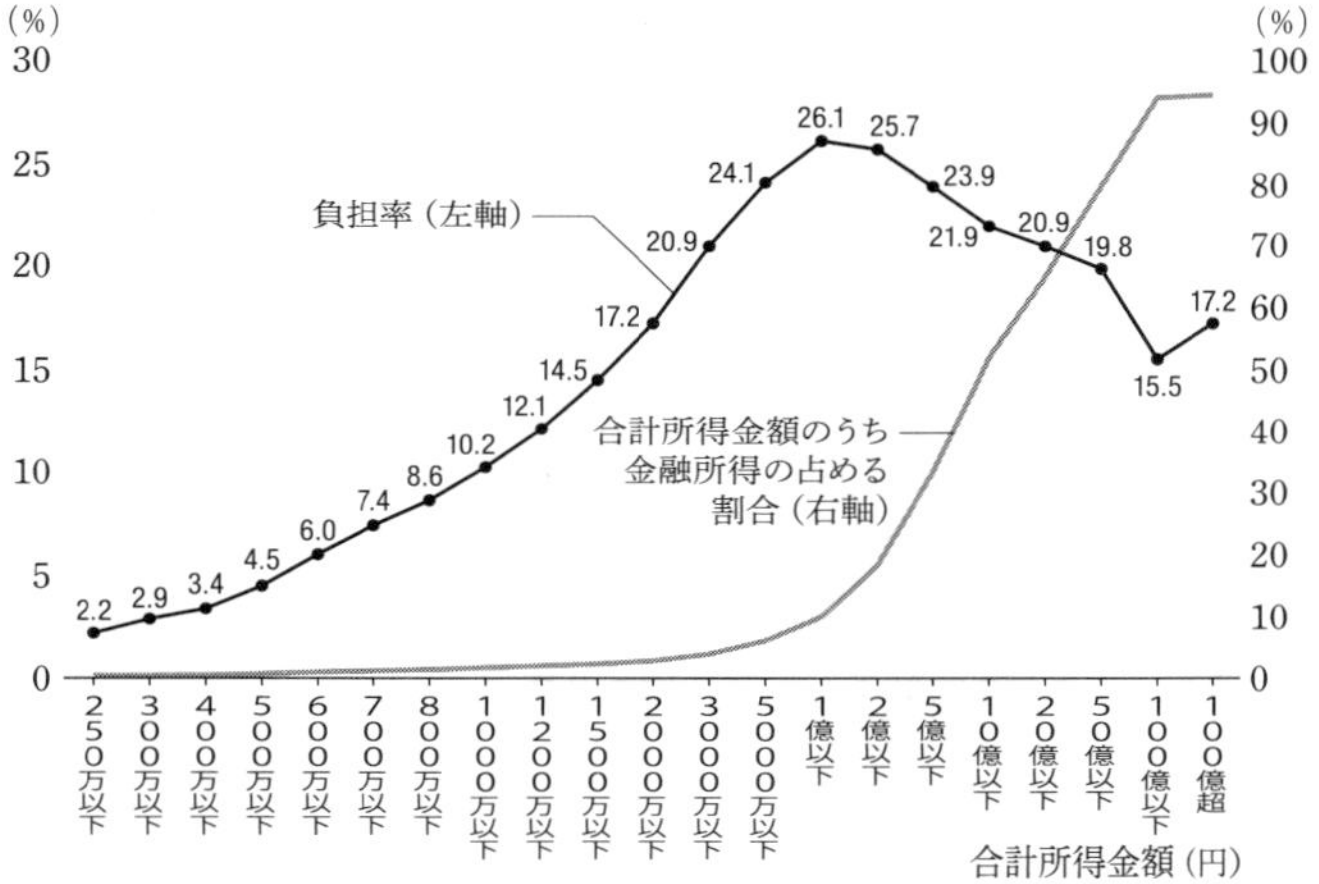

図表4-1-3　申告納税者の所得税負担率（2022年）

（出所）国税庁『令和4年分申告所得税標本調査−税務統計から見た申告所得税の実態−』第1表総括表、第2表所得種類別表を基に筆者作成

（注）金融所得は利子所得、配当所得等、株式等の譲渡所得等。負担率は算出税額／合計所得金額

こうした不可解なことが起きるのは、高所得者ほど金融所得からたくさんの所得を得ているからです。利子や配当、株式譲渡など金融資産からの所得である金融所得は、給与所得や事業所得などから切り離して別に定める税率で課税する方式（分離課税方式）を採用しています。

金融所得にかかる税率は一律20・315％（所得税15％、住民税5％、復興特別所得税0・315％）なので、所得税の最高税率45％などよりはるかに低い税率です（**図表4-1-4**）。つまり金融資産をたくさん保有すればするほど、税負担の割合が低下していくことになります。

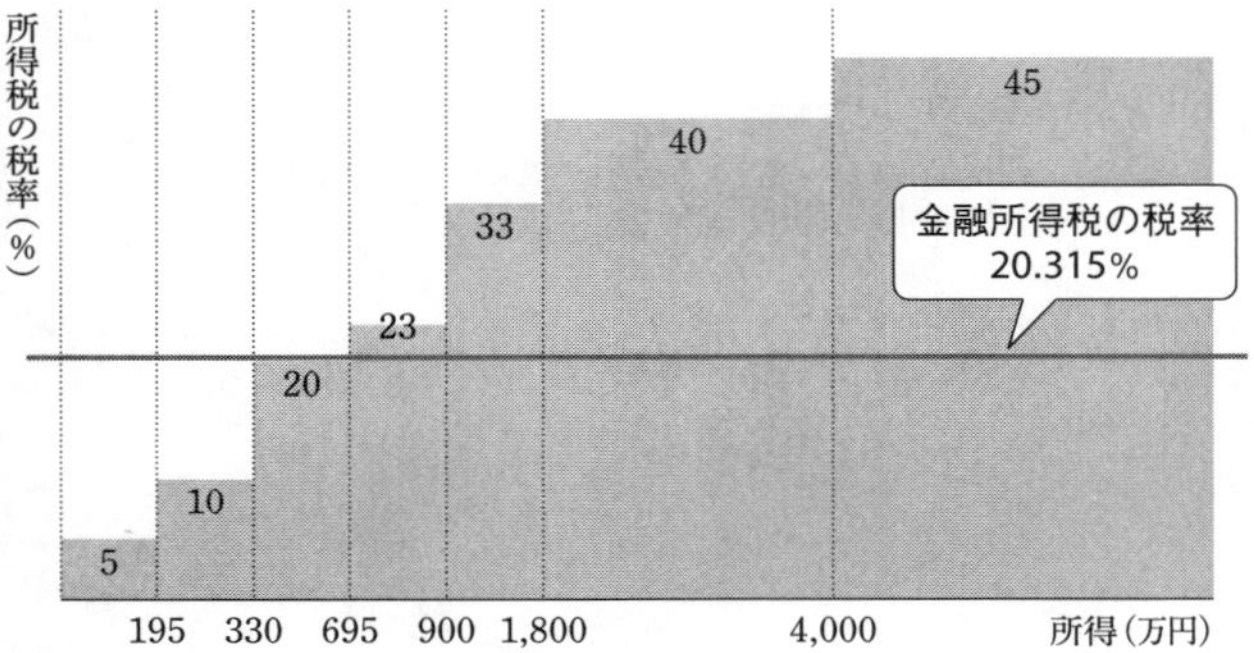

図表4-1-4　所得税・金融所得税の税率　（出所）国税庁資料を基に筆者作成
（注）所得税に加え復興特別所得税（所得税額の2.1％）が加算され、2023年度税制改正で1.1％に引き下げて１％分を防衛力強化に充当。住民税は前年分の課税所得に対して一律10％で課税

金融資産を多く持つ人の負担を試算してみます。給与収入９００万円のサラリーマンの場合、非消費支出である社会保険料１２７・３万円、所得税63・３万円、住民税53・５万円の計２４４万円を差し引くと手取りは約６５６万円になります。もちろんこれは一例であり、扶養家族の有無や住宅ローンの控除、生命保険料・医療費控除などが影響を及ぼします。

これに対して給与所得がなく金融資産10億円で配当収入３０００万円の資産家を想定すると、一律の税率20・３１５％を掛けて６０９万円の税負担になり手取りは２３９０万円です。税などの負担割合はサラリーマンが27％（＝２４４万円÷９００万円）、資産家が20・３１５％（＝６０９万円÷３０００万円）になります。労働で得る給与所得よりも、不労所得である金融所得に対する税率が低く、資産を持つ富裕層の方が優遇されています。

岸田前総理大臣は２０２１年９月の自民党総裁選に向けた政策パンフレットに「金融所得課税の見直しなど『１億円の壁』の打破」を掲げ、金融所得課税の見直しに取り組む姿勢を示しました。２０２１年12月10日の与党「令和４年度税制改正大綱」では「税負担の公平性を確保する観点から、金融所得に対する課税のあり方について検討する必要がある」と明記したものの、「一般投資家が投資しやすい環境を損なわないよう十分に配慮しつつ、諸外国の制度や市場への影響も踏まえ、総合的な検討を行う」と結論は先送りされました。政府の「令和４年度税制改正の大綱」（２０２１年12月24日閣議決定）でも金融所得課税の見直しについては触れられませんでした。

石破総理大臣も自民党総裁選直前の２０２４年９月２日のＢＳ日テレの番組で、総理に就任した場合には金融所得課税の強化について「実行したい」と述べました。しかし総理に就任した直後の10月７日の衆議院本会議での代表質問の答弁では「現時点で具体的に検討することは考えていない」と明言し、「貯蓄から投資への流れを引き続き推進することが重要だ」と主張しています。お金持ちが海外に資産を移すことを懸念したのかもしれません。

２０１７年12月の与党「平成30年度税制改正大綱」では「金融所得に対する課税のあり方については、家計の安定的な資産形成を支援するとともに税負担の垂直的な公平性等を確保する観点から……総合的に検討する」と明記されています。NISA（少額投資非課税制度）やiDeCo（個人型確定拠出年金）の拡充が図られ、家計資産が増加している今日では「家計の安定的な資産形成を支援する」条件は整いました。

経済力に応じた税負担という公平性を確保して「1億円の壁」を打破するために、金融所得の多い人には今まで以上に税を負担してもらうことが考えられます。現行の申告分離課税のままで金融所得にかかる税率を一律20・315％から10％ポイント引き上げて30・315％にすれば、すべての所得階級の人の負担が増しますが、金融所得税収は0・9兆円から1・4兆円に増やすことができます（図表4-1-5）。あるいは金融所得の税率はそのままでも、給与所得や不動産所得など他の所得と合わせ、所得全体に対して累進税率を適用すると応能原則の趣旨に適うことになり、税収も6・6兆円から10・7兆円へと4兆円の増収が見込まれます（図表4-1-6）。

4-1-3 税を払わないで済んでいるのは誰なのか

A. 法人税も住民税も固定資産税も非課税の宗教法人

安倍晋三元総理大臣の狙撃事件をきっかけに、問題のある宗教法人が税制上優遇されていることが疑問視されました。宗教法人を始めとして公益法人や学校法人などは事業の公

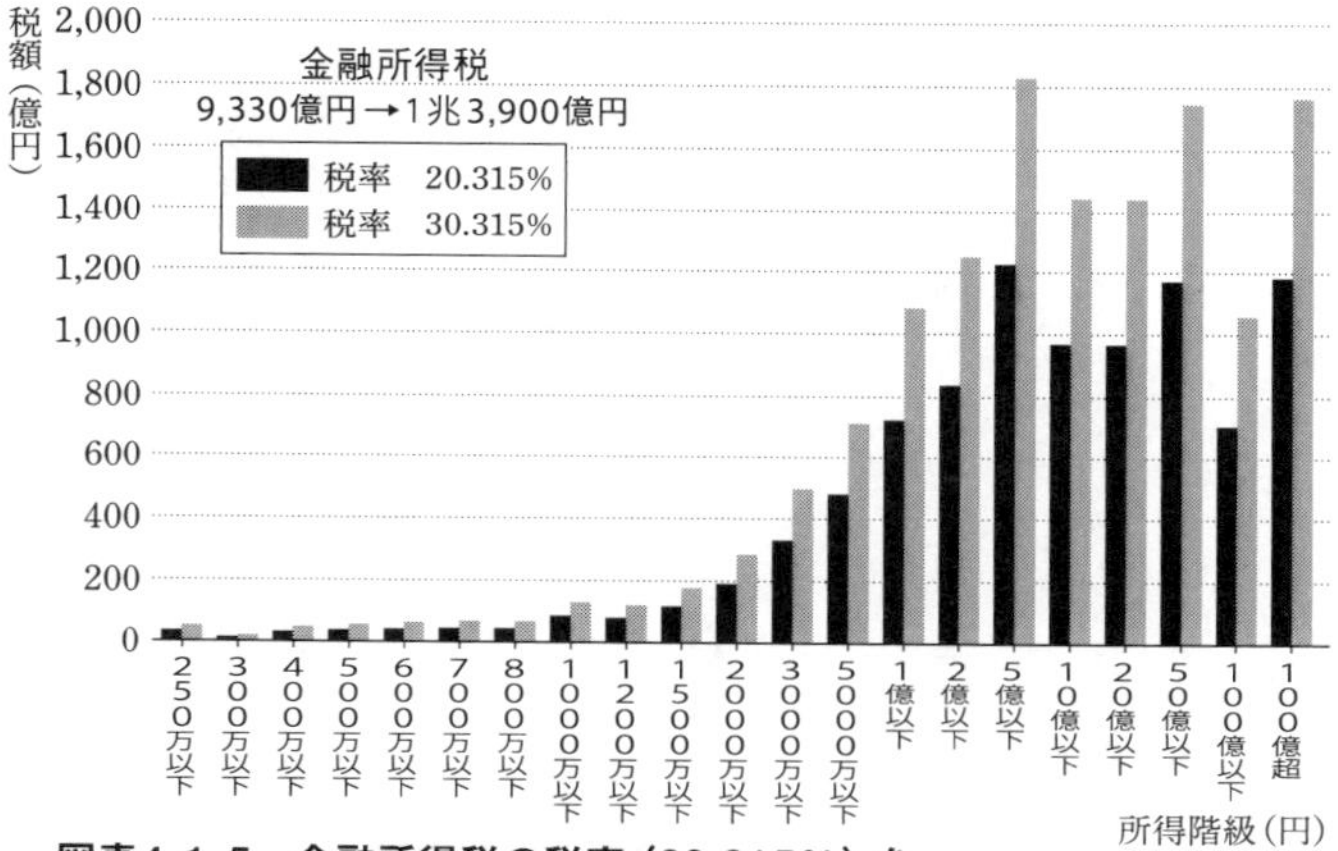

図表4-1-5　金融所得税の税率（20.315%）を30.315%へ引き上げた場合の試算

（出所）国税庁『令和4年分申告所得税標本調査－税務統計から見た申告所得税の実態－』第2表所得種類別表を基に筆者推計　（注）金融所得は利子所得、配当所得等、株式等の譲渡所得等

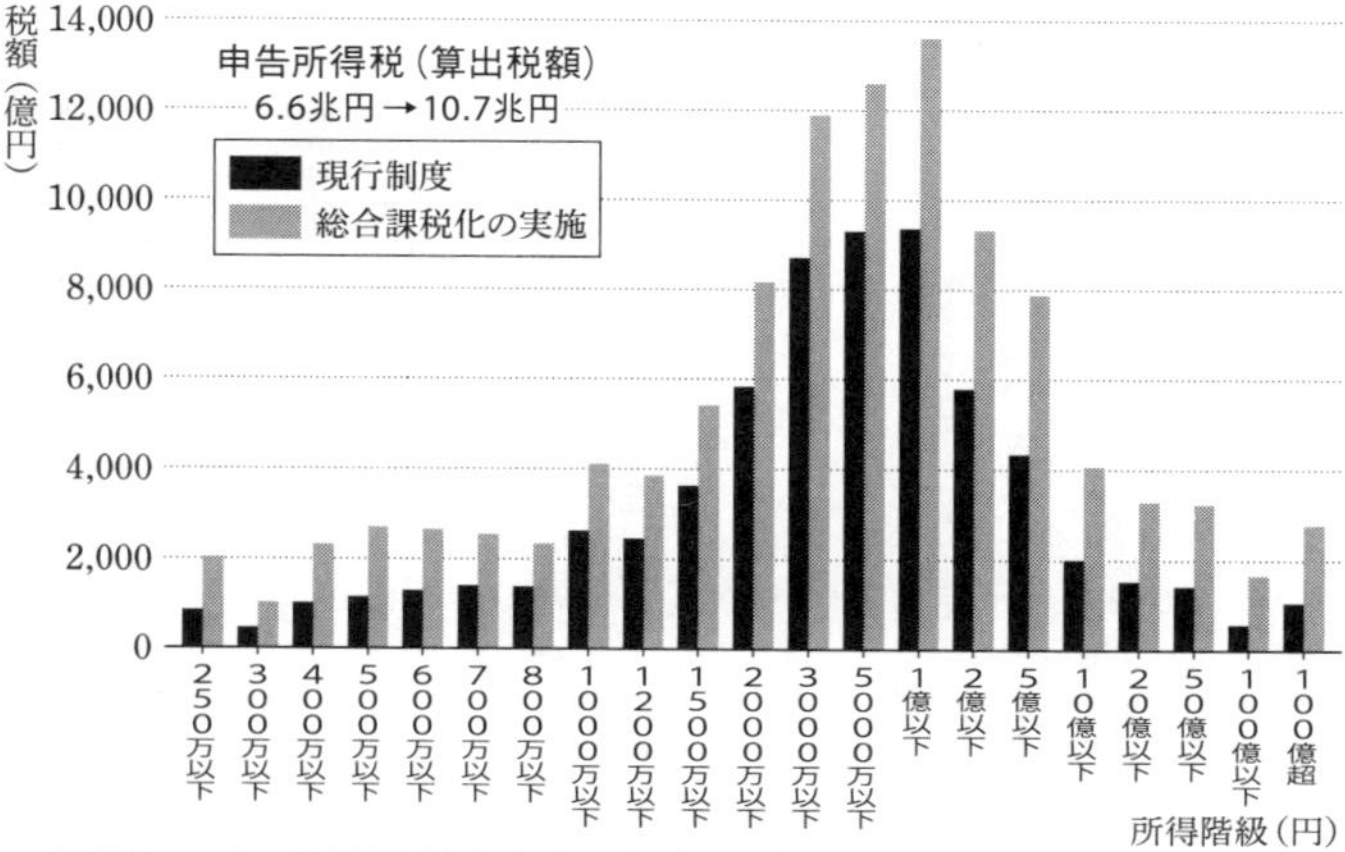

図表4-1-6　金融所得を含めて総合課税化した場合の推計

（出所）国税庁『令和４年分申告所得税標本調査－税務統計から見た申告所得税の実態－』第2表所得種類別表を基に筆者推計　（注）1.税額控除額等は考慮せず、算出税額ベースで作成　2.すべての所得を合算して現行の所得税の累進税率を適用して試算

益性から一部の所得だけが課税対象とされています。大阪国税局から2つの宗教法人が檀家からのお布施を私的に流用して1・5億円の所得を隠したと報道[*2]されるなど、非課税扱いを悪用した事例も指摘されます。

宗教法人は法人税法で「公益法人等」に分類され、「収益事業」を行う場合に限って法人税が課税されます。課税される収益事業は物品販売業や不動産販売業など34業種が定められ、宗教法人の活動の大半は非課税です。

お守りやお札、おみくじなどは実質的な喜捨金であり収益事業ではなくて非課税です。線香やろうそく、供花などももっぱら参詣用であれば収益事業に該当しません。しかし一般の業者が販売しているような絵はがきや写真帳、数珠、ペナント、キーホルダーなどを通常価格で販売するのは収益事業に該当します。法人住民税も同様に、収益事業を行っていなければ非課税です。

固定資産税についても地方税法の規定で、宗教活動に使う本殿や本堂、納骨堂などは非課税です。お寺や神社の土地、参拝者用の駐車場、墓地も非課税です。また不動産取得税や不動産などの登録免許税も宗教法人の活動のために使われる不動産に関しては非課税です。

宗教法人の税法上の優遇措置が悪用される例があります。活動実態がないのに宗教法人の法人格を持って優遇措置を受ける不活動宗教法人が存在します。その数は徐々に減少し

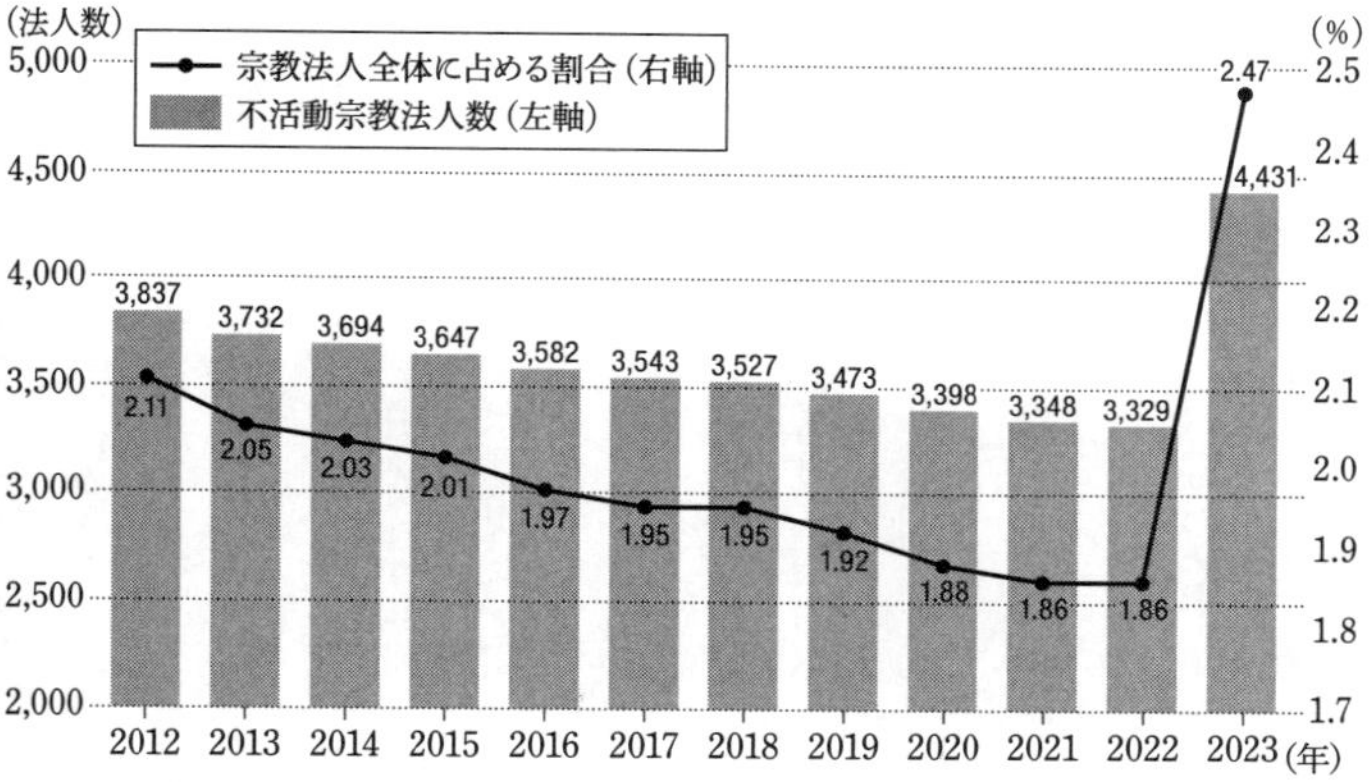

図表4-1-7　不活動宗教法人数の推移

（出所）文化庁『宗教年鑑』2022年版、同2023年版　第7表過去10年間における主要数値の推移、文化庁宗務課『不活動宗教法人対策の推進について』（都道府県宗教法人事務担当部課長会議2023年4月26日）等を基に筆者作成
（注）2023年の宗教法人数は2022年と同数と仮置き

てきましたが不活動宗教法人が問題視されたために、自治体が本格的に調べたことから2023年時点で4431が確認されています（**図表4-1-7**）。

「不活動」の状況もさまざまです。代表役員がいない、あるいは礼拝施設が滅失していて宗教活動が事実上行われていない場合もあれば、第三者が法人格を不当に取得して脱税やマネー・ロンダリングに悪用するおそれがある場合もあります。[*3]岡山県では県内の3628宗教法人の

＊2　「2宗教法人に計1・5億円の所得隠し指摘　国税『お布施を私的流用』」『朝日新聞』デジタル（2023年1月31日）。

＊3　「岡山128宗教法人が『不活動』　脱税など悪用の恐れ　県が実態把握」『山陽新聞』デジタル（2024年3月2日）。

うち128法人（全体の3・5％）が不活動宗教法人とされ、福岡県では6640法人のうち176法人（全体の2・7％）が不活動宗教法人でした。[*4] 文化庁は休眠状態の宗教法人の代表権を購入した企画会社の前社長がセミナー開催の所得27億円を隠した8億円の脱税事例や、不動産会社社長が賃貸ビルの転売に宗教法人を利用して4億円の所得隠しを行って法人税1億820万円を脱税した事例を明らかにしています。[*5] 岸田前総理大臣は不活動宗教法人は合併や解散などで整理されるべきだと国会答弁しました。[*6]

宗教法人に対する原則非課税は検討が必要です。多くの宗教法人は土地を所有していて、土地を所有する71・3万法人のうち宗教法人は11・4万法人と16％を占めています（**図表4-1-8**）。[*7] 宗教法人が所有する土地の総面積に全国の平均価格を掛け合わせて固定資産税を課す想定で試算すると5880億円の税収が生じます。

宗教法人に法人税や固定資産税を課税すると存続できなくなるとも言われます。敷地面積900㎡（＝30m×30m）の一般的な寺社を想定します。東京都内の固定資産税路線価40万円／㎡の寺社であれば年間504万円の固定資産税を免れ、政令指定都市にある17・5万円／㎡の寺社では220万円、地方都市にある3・2万円／㎡の寺社では40万円の税を納めないで済んでいるのです。たしかに収益を目的としない宗教法人にとってこれだけの税負担が発生すればかなりの負担になってしまいかねないと考えられます。しかし宗教法

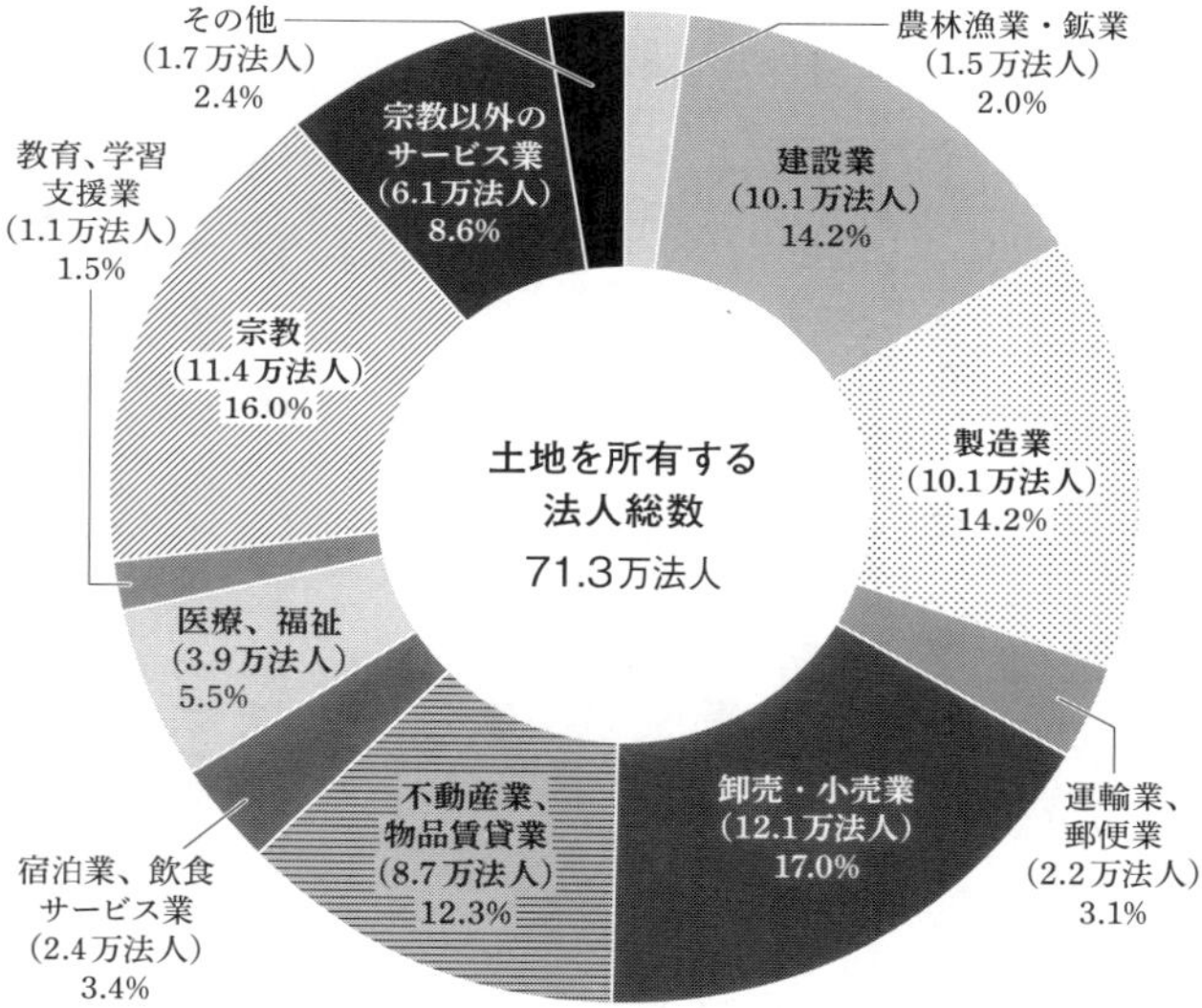

図表4-1-8　業種別土地所有法人の概況（2018年）

（出所）国土交通省『法人土地・建物基本調査』（2018年）を基に筆者作成　（注）その他には、電気・ガス・熱供給・水道業、情報通信業、金融業、保険業、複合サービス事業等を含む

人しか使えない不動産であれば時価は成立せず、評価額はほぼゼロとなるため、固定資産税もゼロとなって事実上の非課税になり、現実問題としての負担はかなり軽減されます。

宗教法人でも法人としての活

＊4　2023年12月7日の福岡県議会代表質問での知事答弁。

＊5　文化庁『都道府県宗教法人事務担当部課長会議』（2023年4月26日）。

＊6　第211回国会衆議院予算委員会議録第4号（2023年2月1日）20頁。

＊7　総務省『令和5年度固定資産の価格等の概要調書（土地　都道府県別表）』では一般住宅用地の単位当たり平均価格は1万8006円／㎡。

動実態がある以上は担税力に応じて納税し、利益の一部を社会に還元するという考え方もあり得るでしょう。法人税は利益が出なければ課税されませんし、黒字でも累進税率や軽減税率を工夫すれば、弱小規模の宗教法人にとって過剰な負担とならないように対応できます。法人税も住民税も固定資産税も非課税にされている宗教法人を、みなさんはどのように考えますか。

B. 税制も優遇されている開業医

社会生活を営む上で医師や歯科医師による医療サービスは欠かすことができません。医療サービスの安定的な供給を図るために、開業医など小規模な診療所の事務処理負担の軽減を目的として「社会保険診療報酬の所得の計算の特例」が定められています。

社会保険診療報酬とは医療機関に対して支払われる報酬です。医療機関の受け取る報酬が5000万円以下で、事業所得の総収入が7000万円以下の医師・歯科医師であれば、「必要経費」を実際の経費ではなくて概算経費（**図表4-1-9**）とすることができる特例です。

例えば年間の社会保険診療報酬4000万円で実際の経費（実際経費）が2000万円の場合で試算します。概算経費は2770万円（＝4000万円×62％＋290万円）です。実際

社会保険診療報酬 （医療機関が受け取る報酬）	概算経費率の速算式 （概算経費の額）
2,500万円以下の金額	社会保険診療報酬×72%
2,500万円超～3,000万円以下の金額	社会保険診療報酬×70%＋　50万円
3,000万円超～4,000万円以下の金額	社会保険診療報酬×62%＋290万円
4,000万円超～5,000万円以下の金額	社会保険診療報酬×57%＋490万円

図表4-1-9　概算経費の額

（出所）大蔵財務協会（2023）『令和5年版　図解　所得税』240頁、一般財団法人大蔵財務協会を一部加工

には２０００万円の経費なのに７７０万円も多く経費として落とすことができるのです。

実際経費と概算経費の場合では、税負担を比べると大きな差が出てきます。実際経費２０００万円の場合には課税所得が２０００万円（＝４０００万円－２０００万円）なので所得税・住民税は７２０万円です。概算経費２７７０万円で処理すると課税所得が１２３０万円（＝４０００万円－２７７０万円）なので所得税・住民税は３７５万円です。特例を使って概算経費で計算すれば、税金は３４５万円（＝７２０万円－３７５万円）も軽減されて税負担は半減します。２０１４年の厚生労働省資料では、医療法人の診療所の15%、個人の診療所の17%で計２・４万余りの医療機関が概算経費を用い、かなりの経費が免税[*8]されています。

実際経費の割合によっては、特例を使えば必ず税負担が軽くなるとは限りません。その場合に医師個人が、税負担が軽くな

＊8　津田塾大学の伊藤由希子教授は、２０１１年の会計検査院の標本調査を基に４５００億円相当が非課税と見込んでいます。

るように実際経費と概算経費の有利な方を選択することができます。そのためには実際経費と概算経費の両方を計算することになります。会計検査院によると、税制を優遇された者のうち86％が実際経費を計算していました。

でもこれは矛盾しています。両方を計算するのであれば、事務処理の負担は増えます。特例を作った目的は事務負担の軽減でした。小規模な医療機関のために便宜を図った制度が、今では開業医を優遇する既得権益となっています。第3部第1章の医療費削減の項で、病院の勤務医と比べた診療所の医師の給与の多さを取り上げました。給与の不公平だけでなく、税制でも開業医を優遇した措置が採られています。

医師・歯科医師は人の命に係わる重要な仕事です。だからといって殊更に税制面で優遇することが適切なのでしょうか。「事務処理負担の軽減」を目的としてこの特例が定められていますが、他の多くの小規模事業所でも事務処理負担は重くなっています。他の職業では「事務処理負担の軽減」のための税の優遇措置は認めなくて、なぜ医師・歯科医師という職業だけを優遇するのでしょう。

C．巨額な非課税の政治資金

2024年10月の衆議院議員総選挙では政治資金を巡る問題が大きく取り上げられまし

た。政治とお金の問題は昔から議論になってきました。どうして今回、あらためて国政の最大の争点になったのでしょう。根底には税に対する国民の不公平感があるからではないでしょうか。

政党には所属する国会議員の数などに応じて、国費から政党交付金が交付されます。2024年分は国民1人当たり250円に相当する315億円です。政党が国から受けた資金などを元手に所属議員に配る政策活動費にはこれまで使途を公開する義務がありませんでした。政治資金規正法が改正されて議員は政党に使途を報告し、各政党は収支報告書の作成に加えて使い道がわかる領収書等の公開が義務付けられました。ただし領収書の公開は10年後です。

すべての国会議員には国政の調査研究や広報などに使うために、国から別途、月額100万円（年間1200万円）の調査研究広報滞在費が支給されています。これは非課税です。税から支払われるのに、使途の公開や領収書添付の義務がなく、実態が不透明と言われます。

また政党や政党支部などの政治団体は活動が公益目的なので、政治活動のために寄附やパーティーで集めた政治資金は原則として非課税です。政治団体の代表者名義を変えたり、政治団体間で資金を移せば相続税や贈与税を払わないで引き継ぐことができます。事実上の「課税回避」との指摘もあります。

その他にも地元との往復のためのＪＲ・航空券のパスの支給や都心の超一等地にある議員宿舎への相場よりも安い家賃での入居、３人の公設秘書の人件費・社会保険料などの国費での負担など、国会議員には多くの「特権」があると思われています。

税の使い道や税制を決める政治に携わるからこそ、一般の国民よりも人一倍自らを律する必要があるのに、様々な問題を引き起こす議員がいるために、税に対する信頼を揺るがすのではないでしょうか。

２０２３年秋に国会議員の政治資金を集めるためのパーティー券収入のキックバックが問題になりました。パーティー券の売り上げ収入の一部を国会議員個人が受け取ったのに申告していなかったという問題です。所得は10種類に分類されます（図表4-1-10）。得られた所得をすべて総合し、納税者の担税力に応じて累進税率を適用する総合課税が基本です。キックバックが国会議員個人の雑所得になれば所得税を納めなければいけません。確定申告して納税しなければ所得税法違反の脱税です。

先ほど述べたように、議員が選挙活動のために集めた寄附や政治資金パーティーを開催して得られた収益は、公益目的のために非課税とされています。総務省のまとめでは２０２２年中に政治家個人や政治団体などが得た寄附収入は５９６億円に上っています。政治資金パーティーを開催して１８１億円の収入を得ながら実際にかかった経費は29億円で、

所得の種類	対象	計算方法	課税方式
①給与所得	俸給、給料、賃金、歳費、賞与など	収入金額－給与所得控除額	総合課税
②退職所得	退職手当、一時恩給、その他退職により一時に受ける給与など	$(収入金額－退職所得控除額)\times\frac{1}{2}$	分離課税
③利子所得	公社債や預貯金の利子、公募公社債等運用投資信託の収益の分配	収入金額＝所得金額	源泉分離課税
④配当所得	法人から受ける剰余金の配当、利益の配当、剰余金の分配など	収入金額－株式などを取得するための借入金の利子	申告不要、総合課税、申告分離課税
⑤譲渡所得	資産（土地や建物、株式など）の譲渡による所得	収入金額－取得費・譲渡費－特別控除額	総合課税
⑥事業所得	農業、漁業、製造業、卸売業、小売業、サービス業その他の事業から生ずる所得	収入金額－必要経費	
⑦不動産所得	不動産、船舶または航空機の貸し付けによる所得	収入金額－必要経費	
⑧山林所得	所有期間5年超の山林の伐採または譲渡による所得	収入金額－必要経費－特別控除額	分離課税
⑨一時所得	生命保険の一時金、クイズの賞金などの所得	収入金額－必要経費－特別控除額	総合課税
⑩雑所得	原稿料や講演料など他の所得に当てはまらない所得	収入金額－必要経費	

図表4-1-10　所得税の種類（10種類）

（出所）税制調査会『令和5年6月　わが国税制の現状と課題－令和時代の構造変化と税制のあり方－』資料2-Ⅰ-3を加工

（単位：億円）

	寄附				政治資金パーティー		
	個人	法人その他の団体	政治団体	計	収入	支出	収支
2018年	253	88	230	571	229	54	175
2019年	323	93	276	691	195	49	146
2020年	242	81	259	582	127	24	103
2021年	292	99	251	643	108	16	92
2022年	275	84	237	596	181	29	152

- 2022年に実効税率10.1％の場合、寄附で60億円の税収、政治資金パーティーで15億円の税収
- 寄附について各議員が18万円の税を負担、政治資金パーティーは国会議員を想定して210万円の税負担

図表4-1-11　非課税の政治資金

（出所）総務省『政治資金収支報告の概要（総務大臣届出分＋都道府県選管届出分）（各年分）』を基に筆者作成

（注）1. 実効税率10.1％は夫婦子2人（片働き）で給与収入1,000万円の計数（財務省）　2. 寄附：596億円÷32,438人＝180万円、政治資金パーティー：152億円÷713人＝2,100万円　3. 国会議員713人（衆議院議員465人、参議院議員248人）、地方議会議員31,725人（2022年12月31日現在）の計32,438人

152億円の収益を上げています（**図表4-1-11**）。これらは営利を目的とした収益事業に当たらないから非課税とされていますが、みなさんは納得できるでしょうか。仮にこの収入に実効税率10・1％の課税をすれば寄附で60億円の税収増、政治資金パーティーで15億円の税収増を見込むことができます。

国民に対して防衛費や少子化対策のために増税を求めるのであれば、税の使い方に厳格でなければならない政治に携わる者が相応の負担を負わないのは不公平とは思われませんか。

4-2 どう負担するのがよいか、どうやったら負担できるのか

第1部と第2部で見てきたように、2024年3月、日銀の異次元の金融緩和が終了しました。同年の8月からは日銀による国債買入額が減額されており、今後、金利は上昇方向に転じるといわれています。必然的にこれまで低額に抑えられてきた利払費も増加する見込みです。財務省の「国債整理基金の資金繰り状況等についての仮定計算」(2024年2月)では、9年後の2033年に利払費は、現在よりも約15兆円増えて24・8兆円になる見込みです。

増加する利払費を賄うためには、歳出を減らすか、税収を増やすしかありません。これから2050年にかけて高齢化が加速して社会保障費がさらに増加することを考えれば、一般会計の歳出削減を進めるにも限界があります。そうであれば残る方策は歳入の増加を考えていくしかありません。

第3部では、医療費、年金、地方交付税の見直し、第4部の第1章では、金融所得税の課税強化などの選択肢があることを示しましたが、これだけでは十分ではありません。どうしても手を付けなければならないのが、税収の8割以上を占める基幹3税といわれる所

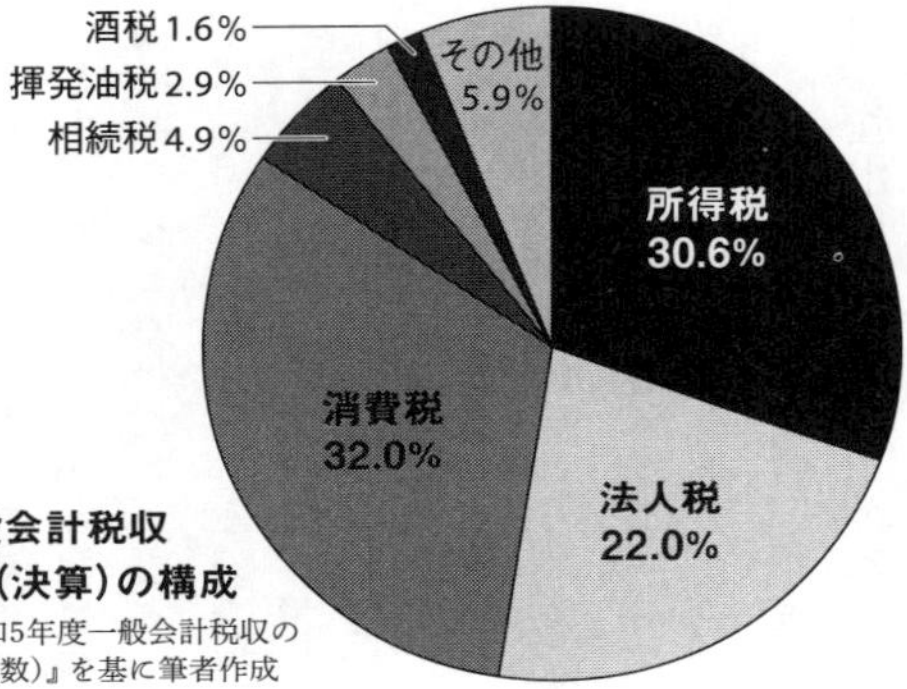

図表4-2-1
2023年度一般会計税収
72兆761億円（決算）の構成
（出所）財務省『令和5年度一般会計税収の予算額と決算額（概数）』を基に筆者作成

得税、消費税、法人税です（**図表4－2－1**）。所得税や消費税は痛税感が強く国民の多くが増税に反対していますが、持続可能な財政にするにはある程度の負担の増加は受け入れざるを得ないのではないでしょうか。

その一方で国民の中にはこれ以上の負担に耐えることができない低所得層もかなりの数が存在します。課税を強化するにあたっては、フローの所得が少ないために税負担を免れているものの、多額の資産を保有している高齢者の資産家など担税力のある人に焦点を当てて課税の強化を図る必要があります。同時に、第1章で取り上げた既得権益化した「租特」などの抜け穴をふさいで本来払うべき税を負担していない層からの徴税強化も進める必要があります。本章ではどうやって負担するのがよいか、どうやったら負担できるか、国民が納得できる「負担増」について考えます。

4-2-1　誰がどれだけ税を負担するのか――資本主義・市場経済国の鉄則

異次元の金融緩和以降、株価の上昇やマンション価格・地価の高騰が続き、富裕層が増えています。野村総合研究所が預貯金や株式、債券などの世帯として保有する金融資産の合計額から借入などの負債を差し引いた「純金融資産保有額」によって総世帯を5つに分類し、それぞれの世帯数と資産保有額を推計しています。純金融資産保有額が1億円から5億円未満の「富裕層」と5億円以上の「超富裕層」を合わせると148・5万世帯（富裕層139・5万世帯、超富裕層9・0万世帯）です（2021年）。総世帯の3％にすぎない富裕層・超富裕層が純金融資産の22％を保有しています。

富裕層・超富裕層の世帯数は、第2次安倍内閣の経済政策（アベノミクス）が始まってからずっと増加しています。富裕層・超富裕層の世帯数や純金融資産保有額が増加したのは株式などの資産価格が上昇したからであり、5000万円から1億円の準富裕層の一部が富裕層に、富裕層の一部が超富裕層に移行したからです。富裕層・超富裕層の世帯数はいずれも、2005年の時点より1・7倍に増えています**（図表4-2-2）**。一方、金融資産が3000万円未満のマス層や3000万円から5000万円のアッパーマス層の世帯数はほぼ横ばいです。

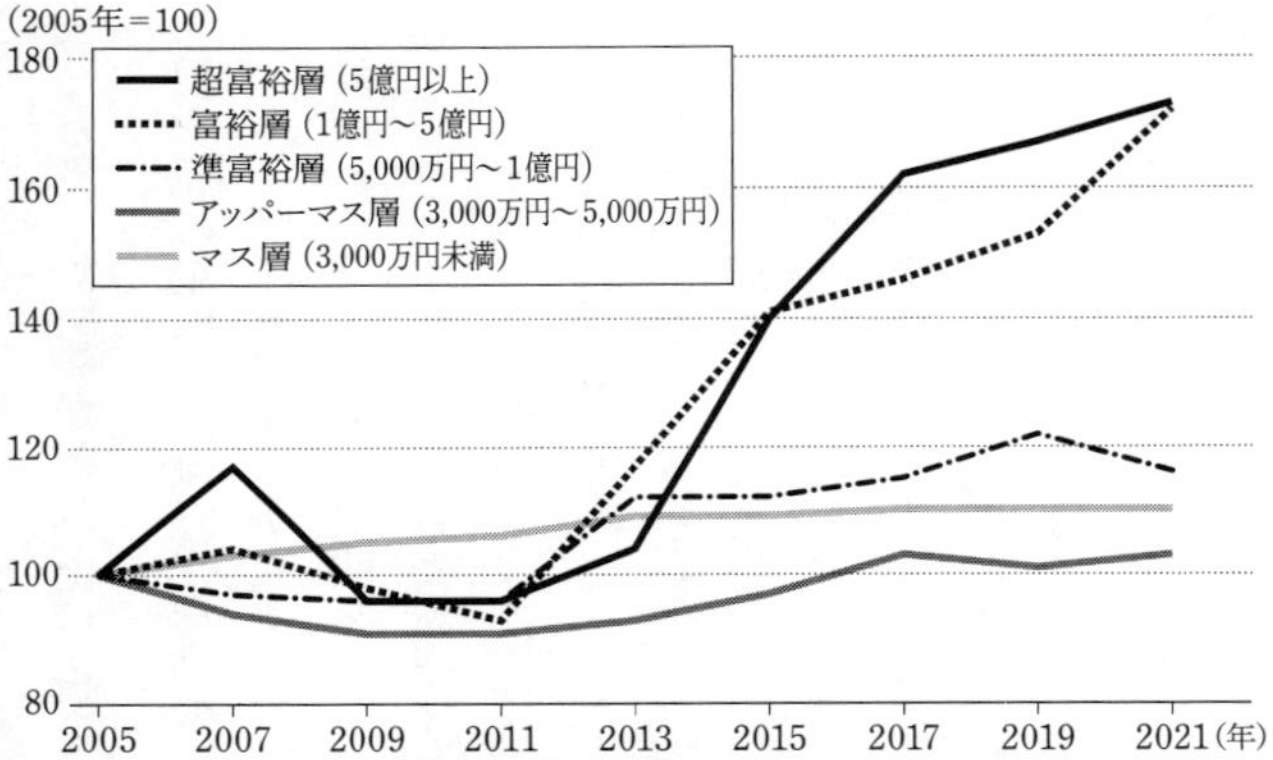

図表4-2-2　純金融資産保有額の階層別世帯数の推移(指数)
(出所)野村総合研究所『NRI富裕層アンケート調査』を基に筆者作成

金融資産の分布を世帯主の年齢階級別に見てみます。1999年には世帯主の年齢が50歳代、60歳代、70歳以上の階級でほぼ同程度の保有額でした。2019年には若い世代や中堅世代の世帯の金融資産保有額が減少し、高齢世帯の金融資産保有額が増えています(**図表4-2-3**)。

高齢者人口の増加も寄与していますが、結果として金融資産の保有が高齢者に偏ってきていることは明らかです。金融緩和政策によって資産価格が上昇したものの、持てる者と持たざる者との格差が拡大し、その恩恵はもっぱら高齢者に及んでいるのです。

資本主義・市場経済国では、税は「応益負担」「応能負担」が原則です。公平性を担保するためには、とりわけ負担できる能力に応

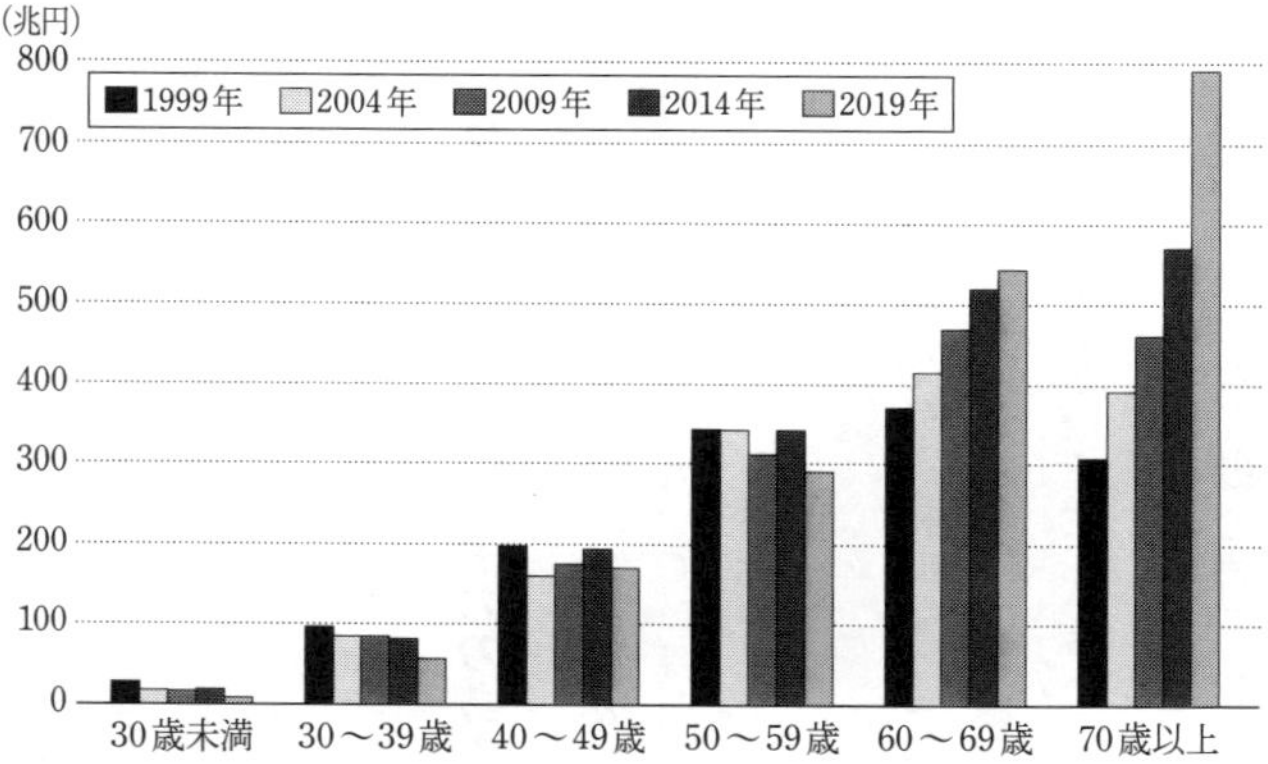

図表4-2-3　世帯主の年齢階級別金融資産の分布

（出所）日本銀行『資金循環統計』、総務省『全国家計構造調査（旧全国消費実態調査）』、厚生労働省『国民生活基礎調査』を基に推計し、筆者作成

じて負担する「応能負担」が重要です。我が国は社会主義経済の国ではありません。経済的に余裕のある層が、経済力に応じてより多くの税を負担するのが鉄則です。

負担できる層が負担しない。これを続けていけばどうなるのでしょう。国債に頼った財政運営を続ける限り早晩行き詰まり、財政は破綻するでしょう。事実上の財政破綻となった戦後の我が国の状況を思い起こしてください。民間銀行を守るために預金者の払い戻しには応じない「預金封鎖」を実施した上で、新円への切り替えを行い、使えるのは預金口座から引き出すことを許されたごく少数の新円だけにとどめ、政府が国民の預金を差し押さえたのです。資産が逃げないようにしたうえで、動産や不動産、現預金等を対象にして高率の「財産税」（税率は25～90％）を課税し、政府は民間企業等に負っている物品代金やサービス代金の支払いと同額の課税を行う「戦時補償特別税」を実施しました。相殺する形で国民への債務を踏み倒したのです。こうした国民生活への影響は所得税や消費税の負担増とは比べものになりません。みなさんは預金封鎖や財産税を受け入れられますか。財政再建のために負う増税などの負担の方がはるかに軽いとは思いませんか。

4-2-2 経済的な余力のある人や企業に負担してもらうにはどうしたらよいか

所得や資産など経済的に余力がある人や企業に相応の負担をしてもらうのが応能負担の原則です。課税に当たっての特別な扱いを見直して、一般的なルールを適用すれば能力に応じた徴税を行うことができます。いくつか見ていきましょう。

A．累進課税で法人税収は1・8倍に増える

我が国の上場企業の業績は好調です。株価は2024年7月11日、過去最高の4万2000円台で取引を終えました。バブル期の最高値3万8915円を3000円以上回る株高です。円安や生成AI（人工知能）関連のモノやサービスの需要拡大を背景に高利益を上げ、東証プライム上場企業は2024年3月期まで3年連続で最高益を更新しています。

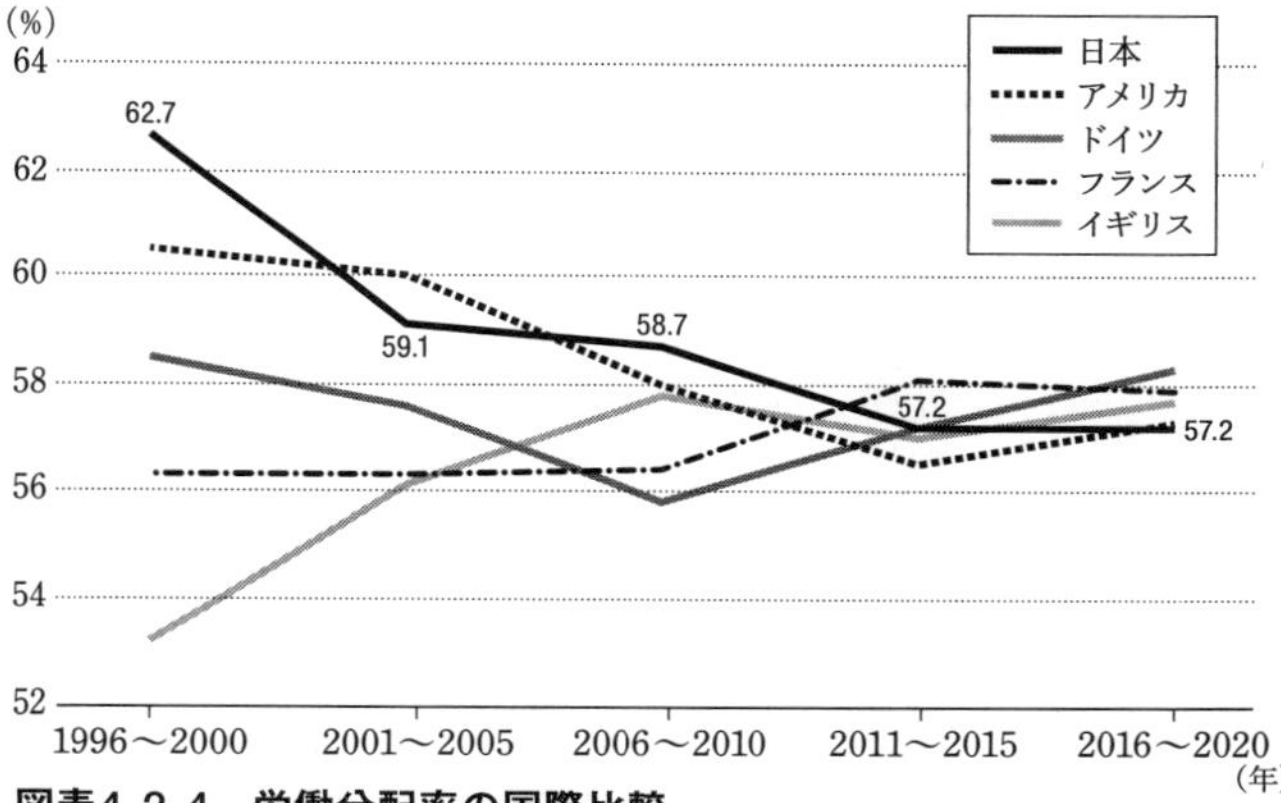

図表4-2-4　労働分配率の国際比較

(出所) 厚生労働省『令和5年版労働経済の分析』第2-(1)-9図
(注) 労働分配率は、1人当たり賃金（雇用者報酬を雇用者数で除したもの）を1人当たり労働生産性（GDPを就業者数で除したもの）で除することにより算出

企業は獲得した利益を内部に積み上げ、内部留保は2022年度に555兆円と過去最高を更新しました。一方、雇用者に対する還元は十分とはいえません。企業が生み出した付加価値に対する雇用者の人件費の割合である労働分配率は1990年代後半は世界トップクラスでしたが、それ以降30年近くにわたって低下し続けています（**図表4-2-4**）。法人企業統計調査によると2022年度の労働分配率は58・8％です。企業は雇用者に利益を還元して、もっと消費を喚起する手立てを考えるべきです。企業が利益を貯めこんでいることに対して、内部留保に課税すべきだとの意見が出るなど企業利益の放出が求められています。

また急激な円安を背景に輸出企業の中に

資本金階級	利益計上法人数（社）a	法人所得金額（億円）b	1社当たり平均所得（百万円）b/a	累進税率による1社当たり法人税額（万円）d	累進課税による法人税収（億円）e=d×a
100万円以下	228,181	25,819	11	90	2,047
100万円超	31,514	2,498	8	40	125
200万円超	402,892	38,879	10	65	2,609
500万円超	272,668	71,829	26	379	10,322
1,000万円超	70,148	30,953	44	823	5,774
2,000万円超	78,437	71,373	91	1,995	15,647
5,000万円超	29,144	85,373	293	7,043	20,527
1億円超	7,349	60,615	825	23,588	17,335
5億円超	1,106	16,173	1,462	50,522	5,588
10億円超	2,182	47,751	2,188	83,199	18,154
50億円超	532	27,065	5,087	213,650	11,366
100億円超	807	139,550	17,292	762,878	61,564
連結法人	563	34,243	6,082	258,419	14,549
通算法人	6,911	195,315	2,826	111,896	77,332
合計	1,132,434	847,433	−	−	262,939

図表4-2-5　法人税を累進課税とした場合の法人税収額の試算（2022年度分）

（出所）国税庁『会社標本調査（2022年度分）』の中の「第2表資本金、営業収入、申告所得」、同「第3表繰越欠損金」を基に筆者作成
（注）法人税率5％（所得800万円以下）、15％（同2,000万円以下）、25％（同5億円以下）、35％（同10億円以下）、45％（同10億円超）の5段階とし、累進税率を適用

はかつてない利益を上げている企業が多くあることから、税は負担できる能力に応じて課税するという応能課税の原則に基づいて法人税に累進課税を取り入れる考えもあり得ます。

所得税は所得に応じて課税され、相続税・贈与税は多くの資産を持っていることで担税力があるとみなされ、いずれも累進税率が適用されています。法人税も一律の税率の適用ではなく、所得税や相続税・贈与税と同じように利益に応じて税負担をするというものです。例えば法人税について所得に応じて5％、15％、25％、35％、45％

の5段階の累進税率を適用するケースを想定して試算すると、法人税収額は26兆2939億円になります（図表4-2-5）。

2022年度決算での法人税収14・9兆円より11・4兆円の増収となって、現行制度の法人税収の1・8倍に拡大します。企業規模別に見ると資本金1億円以下の企業は1割から6割の減税になる一方、1億円を超える企業は2割から9割の増税になります。

こんなに増税をすれば、企業はみんな海外に出て行ってしまうとの意見もあります。試算は機械的に行いましたが、実際には累進課税制度に移行しても税額控除などがあれば、これほどの増収にはなりません。これは一つの試算ですので、税率や適用される所得額の区分を工夫すればもっと政策として合理的な課税が実現できます。

B．所得税の累進税率引き上げで

応能課税原則は現行税制の多くで適用されています。負担できる人には相応の負担をしてもらうとの考えからです。所得税は年間所得によって適用される税率が異なります。現在は5％、10％、20％、23％、33％、40％、45％の7段階です。所得税の最高税率はかつて70％とかなり高かった時期もありましたが、サラリーマン世帯の負担を軽減するために引き下げられ、今は最高税率が45％です。税率の刻みも30年前の5段階から4段階に簡素

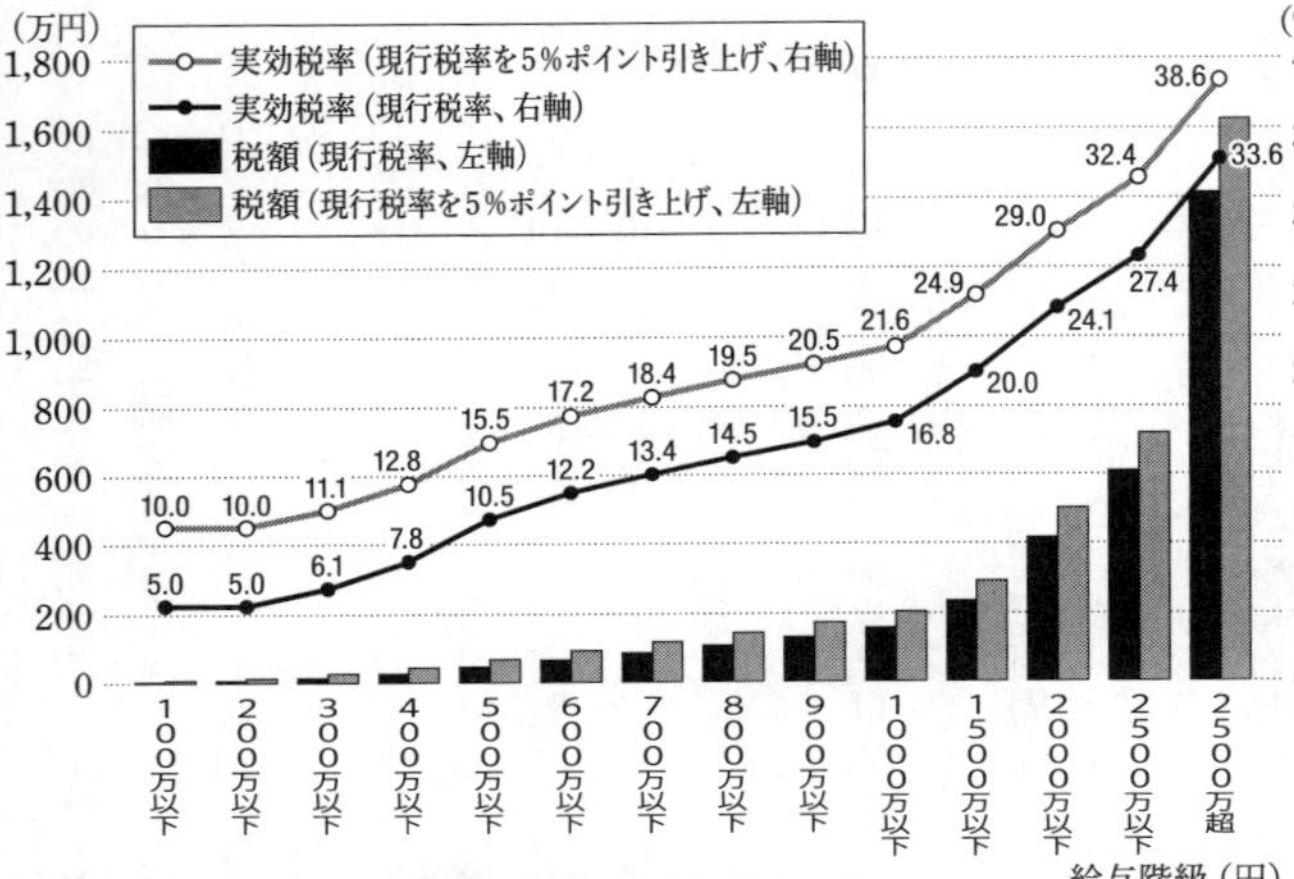

図表4-2-6　所得税負担の試算（給与階級別）

（出所）国税庁『民間給与実態統計調査（令和5年分調査）』全国計表第3表その1を基に筆者作成
（注）1年を通じて勤務した給与所得者の給与平均を基に試算

化され、２０１５年分から７段階という今の仕組みになって、よりきめ細かな課税が行われています。

すべての国民が税の負担を分かち合うという視点からは、累進税率の見直しも選択肢となります。それぞれの税率を５％ポイント引き上げて10％、15％、25％、28％、38％、45％、50％の７段階とすれば税負担はどうなるでしょう。最低税率10％、最高税率50％は１９９０年代に適用していた税率で、当時は10％、20％、30％、40％、50％の５段階の刻みでした。決して耐えきれない税率ではないと思います。

試算すると給与所得が５００万～６００万円の人で27万円の負担増（実効税率は

12・2%から17・2%へ上昇)、1000万〜1500万円の人で58万円の増(同20・0%から24・9%へ上昇)などです(**図表4-2-6**)。実効税率は各階級で約5%上昇するので、給与所得税額12兆円(2023年分)の場合、0・6兆円の増収が見込まれます。

C. 誰もが公平に負担する消費税

1989年4月に導入された消費税3%は今では10%まで引き上げられ、最大の税目になっています。低所得者に負担が重い逆進性が取りざたされますが、逆進性対策を講じれば国民が等しく負担して公平という税の特徴を活かすことができます。

まず消費税は買い物などの経済活動の大きさに応じて徴収されるので、景気がよくても悪くても比較的安定しています。税収を安定させる利点があります。また消費税は働く人の労働意欲を阻害しません。所得税であれば一生懸命に働いて所得を増やすほど税額が増えますし、加えて累進課税ですのでがんばるほど税率まで上がります。これでは働く意欲に水を差すことになります。これに比べると消費税は労働意欲に影響を与えません。

金持ちほど多く消費するので消費税はたくさん負担します。リタイアした方も勤労所得はなくても消費はするので消費税を負担します。少子高齢化で現役世代が少なくなることを考えれば、現役世代に負担が集中する所得税に頼るだけでなく、現在の所得は少なくても貯金のある高齢者にも負担してもらって、みんなが広く浅く負担する消費税には利点があります。

また所得税は収入や経費をごまかして税負担を逃げることが起きやすいのに対して、消費税は消費に対する税金なので脱税などの不正が働きにくい利点があります。自営業者は必要経費などでサラリーマンよりも優遇されていることが指摘されますが、消費税ですとみんなが同じように負担するので不公平感は小さいです。

我が国の消費税率は10％です。消費税率を１％引き上げれば約２・５兆円の増収になります。このうち国分の消費税率が７・８％、地方分の地方消費税率が２・２％ですので、国の税収は約２兆円増えます。一方、ＯＥＣＤ（経済協力開発機構）加盟国等51ヵ国の平均税率は17・７％です。欧州の国々では付加価値税率が20％を超えています。北欧のノルウェーやデンマークなどは25％、英国やフランスは20％、ドイツは19％と我が国の２倍の税率です。仮に我が国の消費税率を15％に引き上げてもＯＥＣＤ加盟国等の平均税率以下ですし、５％の引き上げで10兆円の国税の税収増を見込むことができます。財政破綻を避けるための負担として耐えられないほどの水準ではなさそうです。

D．一部を優遇する固定資産税の軽減は不公平

企業や家計は地元の地方自治体から社会インフラの整備や治安維持・防災などを始めとするさまざまな行政サービスを受けています。市町村が提供する道路や消防・警察、衛生などの行政サービスによって住みやすい場所、事業を行いやすい場所になれば資産価値が上昇します。その土地の所有者はよりよいサービスを享受し、受ける便益の対価として市町村に固定資産税を納めるので、固定資産税は応益性の原則にかなう税です。

固定資産税の税率は1・4%。2022年度の市町村税収23・3兆円のうち固定資産税収は9・6兆円、市町村税収の約4割を占める重要な財源です。固定資産税の特徴は公平で安定性があることです。同じ評価額の土地や建物を保有する人は同じ額の固定資産税を負担するので公平ですし、地方自治体は経常的な歳出が多いので税収が変動しないことは望ましいことです。

しかし固定資産税にもさまざまな優遇措置が適用されています。住宅政策の観点から特例措置が講じられ、新築住宅に対する固定資産税の額が軽減されています。一定期間内に新築された住宅や耐火建築を施した新築住宅は数年分に限って固定資産税額が半分に減額されるのです。これにより1000億円程度の税収減となっています。また長期にわたって良好な状態で使用される構造を備えた住宅も固定資産税額の3分の2または3分の1が減額され、税収減の規模は300億円程度です。その他、航空機・船舶に係る固定資産税

（単位：億円程度）

実績推計年度	2016年度	2017年度	2018年度	2019年度	2020年度	2021年度
個人住民税関係	▲5,918	▲6,055	▲6,210	▲6,632	▲6,328	▲7,326
地方法人２税関係	▲5,461	▲5,666	▲5,407	▲5,551	▲4,499	▲5,239
不動産取得税関係	▲4,021	▲4,105	▲4,181	▲3,970	▲3,733	▲4,076
固定資産税・都市計画税関係	▲2,634	▲2,487	▲2,309	▲4,667	▲2,186	▲2,227
自動車税環境性能割関係	▲1,587	▲1,005	▲211	▲298	-	▲66
軽油引取税関係	4,209	4,227	4,319	4,136	4,191	4,162
その他	▲66	▲17	▲10	7	75	62
計	▲15,479	▲15,108	▲14,009	▲16,975	▲12,480	▲14,710

図表4-2-7　税負担軽減措置等による増減収額試算（地方税）

（出所）総務省『国会提出資料』を基に筆者作成
（注）1.「租税特別措置の適用実態調査の結果に関する報告書」における法人税関係特別措置の適用実態調査結果に基づく実績推計　2. 地方税法及び租税特別措置法等（除.法人税関係）の規定による税負担軽減措置等について増減収額（平年度ベース）の試算

や鉄道に係る固定資産税、生産性向上に取り組む中小企業や再生可能エネルギー発電設備の課税標準の特例などの優遇が行われ、2021年度の実績推計で2227億円の固定資産税・都市計画税が軽減されています（**図表4-2-7**）。

固定資産税は市町村の税収の半分近くを占める重要な財源です。特例措置によって毎年2000億円超を納めてもらえなくなっているのです。減額される固定資産税の多くは住宅政策を推進するためとされていますが、固定資産税が軽くなるから新築住宅を作ろうとしますか。住宅を建て、あるいは長期に使える優良住宅を建設した結果、固定資産税を軽くしてもらえるのであればうれしいかもしれません。でも固定資産税の負担を軽くするためにわざわざこうした住宅を建設する人がどれだけいるのでしょう。一部の人の固定資産税を軽減することによって地方自治体の財政が厳しくなり、地元住民への十分な行政サービスを行えなくなっては本末転倒ではないでしょうか。

E. 相続税、贈与税の特例を見直して

我が国では格差が拡大しています。要因の一つは相続によって親から子へ多くの資産が引き継がれるからです。相続税は相続人に対して、無償で財産取得したことに担税力を見出して課税しています。累進税率を適用することで富の集中を抑制し、資源の再配分を行うことで格差の固定化を防止しています。はたしてこれが十分に機能しているのでしょうか。

相続税の課税対象は不動産や金融資産などすべての資産です。ただし実際には一定の課税最低限が設定されているので、それを上回る資産だけが課税対象となっています。遺産の課税価格から、法定相続人の数によって基礎控除〔3000万円+600万円×法定相続人数〕を差し引いて課税遺産総額を出します。これを法定相続分で按分して超過累進税率（10%、15%、20%、30%、40%、45%、50%、55%の8段階）を適用し、相続税の総額を出します。これを実際に相続した財産に応じて按分した金額を各相続人が負担します。

最高税率は1980年代までは75％、2002年までは70％であったのに、今では55％に引き下げられています。担税力のある人にもう少し負担してもらうために、今の制度のままで税率を5％ずつ引き上げるとどれだけの税収増が見込めるでしょう。

例えば被相続人の遺産2億円を、妻1億円、長男6000万円、長女（18歳）4000万円で相続して、債務・葬式費用など500万円を長男が負担した場合を考えます（死亡保険金3000万円と死亡退職金2500万円は妻が取得）。妻の税額は1818万円ですが、税額控除があるので税を納める必要はありません。長男の納付税額は800万円、長女は562万円です。相続税率を5％引き上げると納付税額は妻はゼロのままですが、長男は1015万円、長女は718万円に増えます。この家族では合わせて371万円の負担増になります。2022年に課税対象となった被相続人15万人に掛け合わせると5600億円の税収増が見込めます。同年の相続税収が2・8兆円ですので、税率5％の引き上げでかなりの税収増となります。

資産に対する課税として贈与税もあります。贈与税は贈与によって財産を取得した人に対して課すものです。生前贈与によって相続税が回避されることを防ぐ役割もあります。

贈与された財産価額から基礎控除額110万円を差し引いて、課税価額に応じて税率（10％、15％、20％、30％、40％、45％、50％、55％の8段階）を掛け、さらにそれぞれでの控除額を引いて税額が決まります。例えば父から現金150万円、祖父から土地250万円の贈与を受けた場合には贈与税額は33・5万円です。税率を5％引き上げ、その他は現行制度を適用すると税額は48万円になり、14・5万円の負担増です。2022年の課税対象となったのは43万人ですので機械的に計算すると630億円の税収増になります。2022年の贈与税収が2540億円ですので負担は重いかもしれません。

贈与税については特例措置が設けられています。2013年4月から親・祖父母が子・孫の金融機関口座に教育資金を一括して振り込んだ場合、現状では1500万円まで非課税にできる措置が採られています。少子高齢化で高齢者に金融資産の保有が偏っているため、早い段階でこの資産を若い世代に受け渡して経済を活性化させるための措置です。これに加えて2015年4月からは親・祖父母が子・孫の金融機関口座に結婚・子育て資金を一括して振り込んだ場合には1000万円まで非課税とする措置も行われています。

一連の措置は、若い世代の教育、結婚、出産、子育てを支援するためです。ただしあくまで、自分の家族の中で子や孫に限る形で若い世代を支援することになります。これは金持ちの親や祖父母を持つ若者と、持たない若者との経済的な格差をさらに広げてしまいかねません。他方、贈与の特例を認めないで、相続時に相続税として納めてもらえれば、自分の家族だけでなく、国全体、社会全体の若者を支援することができます。

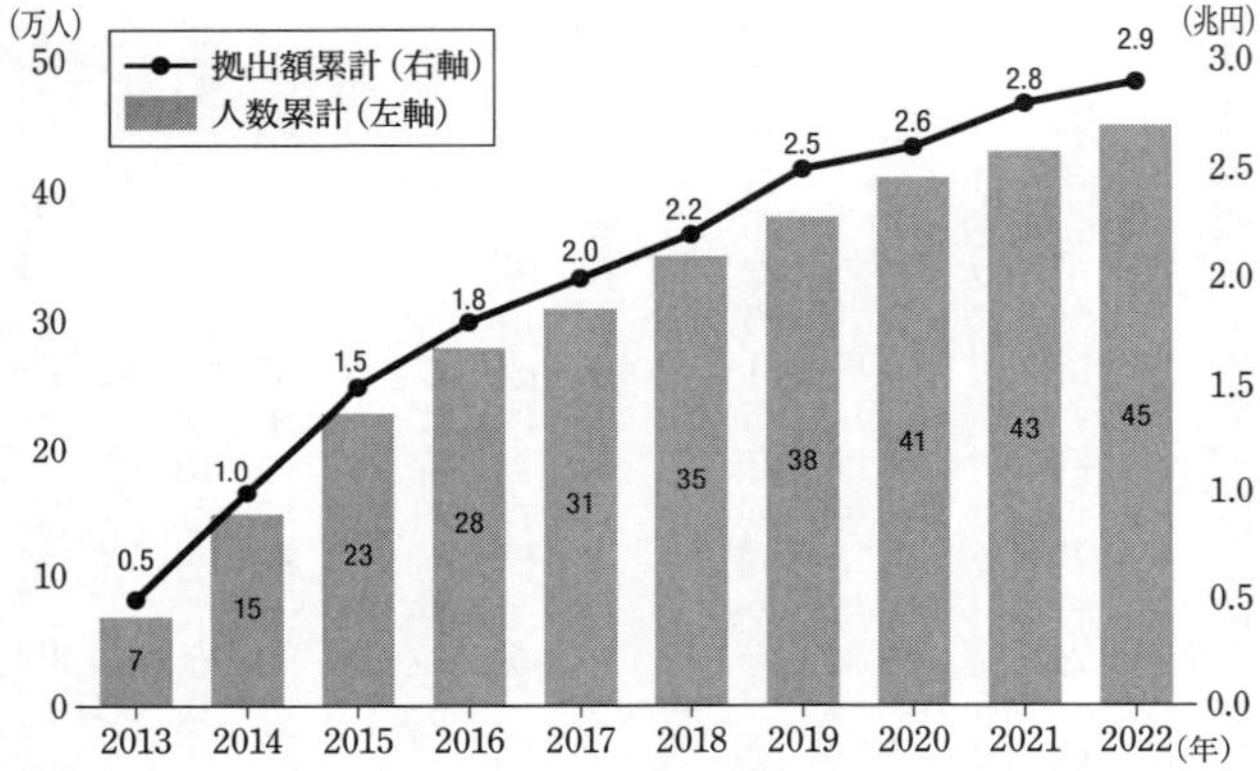

図表4-2-8　教育資金の一括贈与による非課税制度の活用状況

(出所) 国税庁『統計年報』6贈与税 (参考2) 教育資金の非課税制度の状況を基に筆者作成

これらの制度は開始以来、多くの人が利用しています。教育資金の一括贈与は2022年まで累計で45万人が利用して2・9兆円が非課税とされています(図表4-2-8)。

結婚・子育て資金の一括贈与は累計で9000人ほどが使って305億円を非課税で贈与しています(図表4-2-9)。もし教育資金の贈与や結婚・子育て資金の一括贈与の特例措置をやめたらどうなるでしょう。教育や結婚・子育てを目的とする資金であっても、他の資産と同じように課税すれば裕福な人の特別扱いはなくなり、公平な課税をすることができます。贈与税の税収増も期待できます。どのくらいの増収になるかを試算してみます。

2022年に教育資金の非課税制度を利用

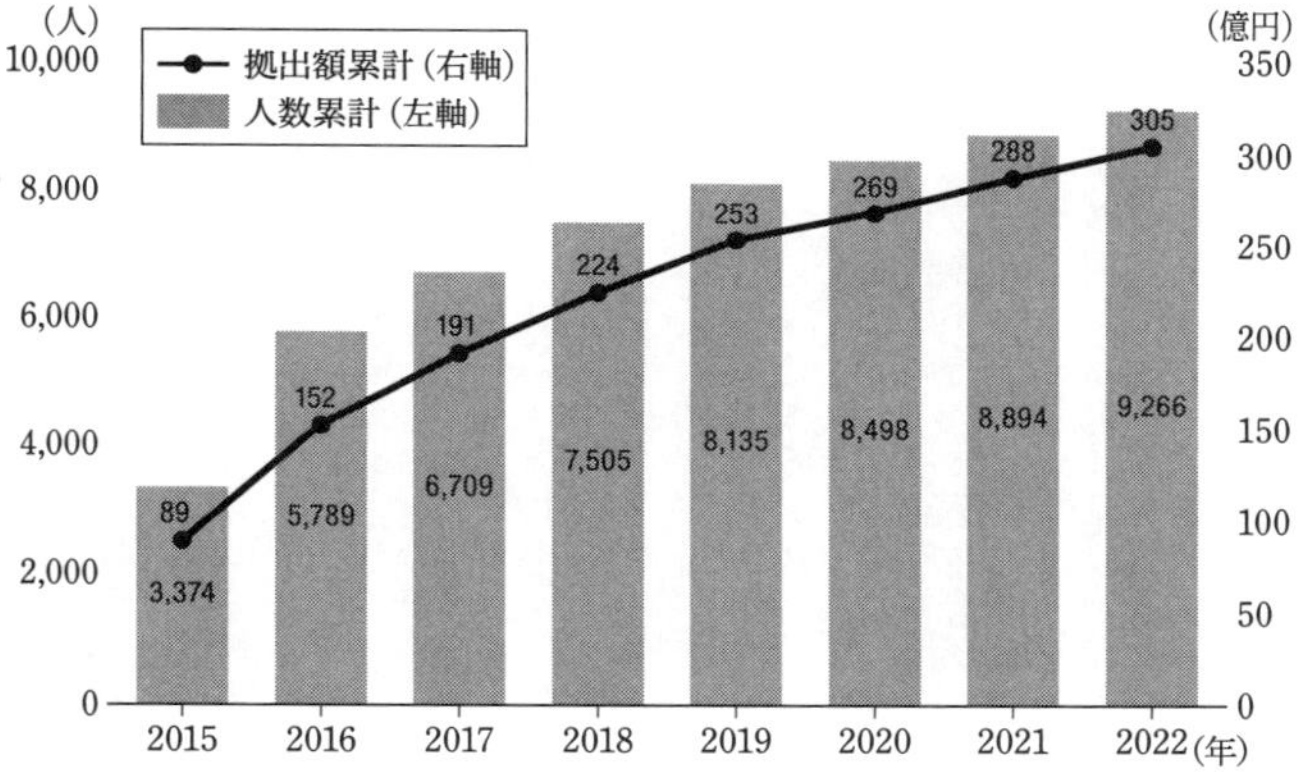

図表4-2-9

結婚・子育て資金の一括贈与による非課税制度の活用状況

（出所）国税庁『統計年報』6 贈与税（参考3）結婚・子育て資金の非課税制度の状況を基に筆者作成

した人は１万８３５７人、非課税拠出額は１２７８億円でした。１人当たり６９６万円の贈与が非課税とされました。非課税でなければ親や祖父母から贈与された場合に贈与税87万円を負担するので、制度の利用者数に乗じると１６０億円の税負担が生じます。また結婚・子育て資金の非課税制度の利用者は３７２人、非課税拠出額は17億円なので、１人当たり４５６万円です。この贈与に課税すると１人当たりの税負担が42万円生じるので、利用者数に乗じると１・６億円の税負担が発生します。贈与税を非課税とする特例措置をやめると、公平性を実現できて両者で１６２億円の増収が期待できます。

4-2-3　経済的な余力の乏しい人の負担増を抑えるにはどうしたらよいか

国民の負担増を考えるときに欠くことができない視点が、「経済的な余力の乏しい人への配慮」です。特に消費税はすべての人が消費に対して同じ割合の税を負担するので、所得全体に対する消費税の負担は低所得の人ほど重くなります。これは、税制は本来、所得の多い人にはより多くの税負担を求める応能負担が原則であるのに、逆ではないかという「逆進性」の問題として取り上げられます。

逆進性へ対応するすべはないのでしょうか。諸外国では給付付き税額控除制度を導入して、逆進性対策を行っています。給付付き税額控除は、所得税の納税者に対して税額控除を行い、控除しきれない分や課税最低限以下の人に対しては現金給付を行う制度です。

カナダの制度が参考になるのでここに紹介します。

カナダの給付付き税額控除は「消費税負担分を低所得者に還付する」制度です。GST税額控除（Goods and Service Tax Credit）と呼ばれます。低所得者について必要最小限の消費による消費税相当額を計算して、家族構成に応じて所得税額から税額控除して、控除しきれない分は給付（還付）するという仕組みです。

夫婦と子2人の世帯であれば最高1038カナダドル（10・9万円）の給付を受けること

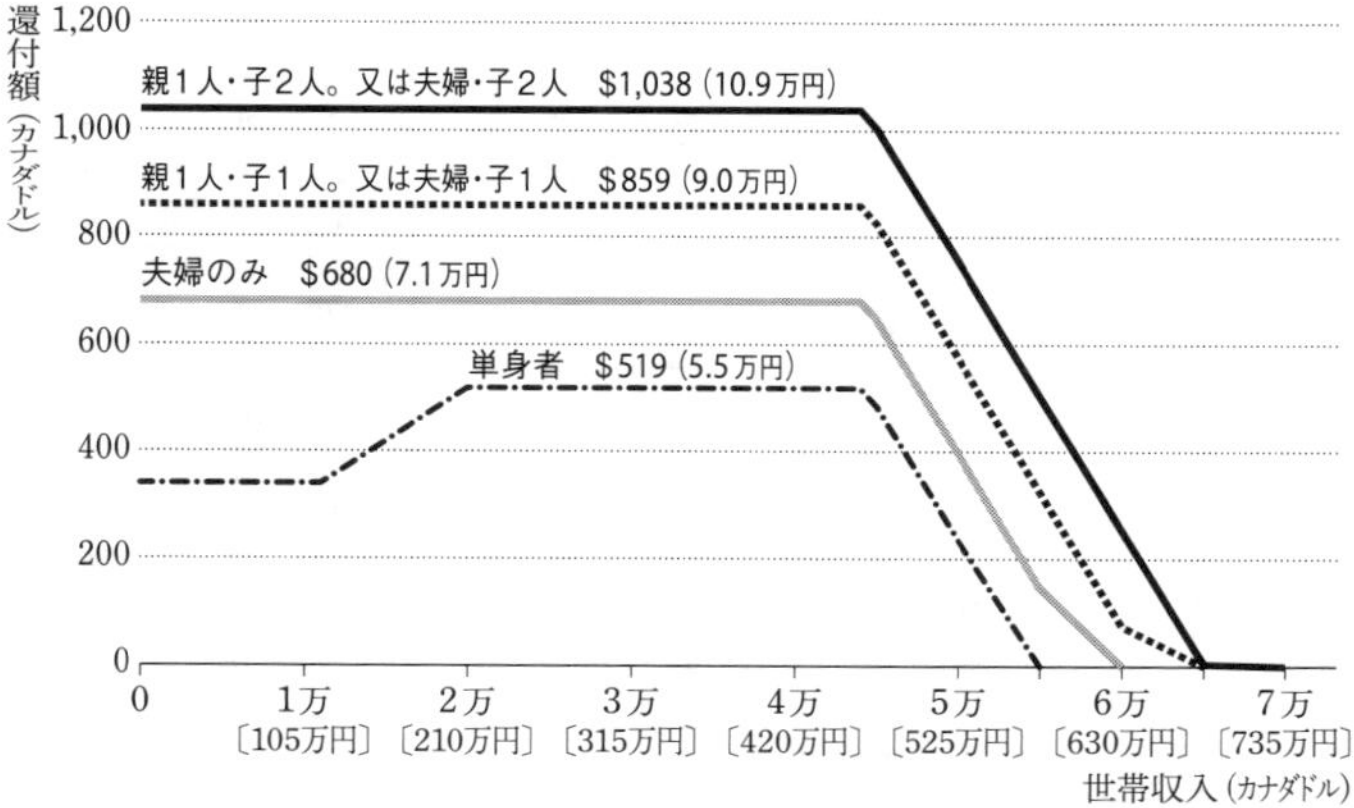

図表4-2-10　カナダの給付付き税額控除（2024年7月～2025年6月）

（出所）カナダ歳入庁ホームページ〈https://www.canada.ca/en/revenue-agency/services/child-family-benefits/goods-services-tax-harmonized-sales-tax-gst-hst-credit.html〉を基に筆者作成
（注）1カナダドル＝105円（2024年9月）で換算

ができ、所得が4万4324カナダドル（465万円）を超えると給付額は減っていきます（**図表4-2-10**）。給付の申告は所得税の申告と併せて行うことになっていて、給付金は年4回に分割されて1月、4月、7月、10月に小切手で支払われます。

我が国で給付付き税額控除を実施するに当たって、いくつか注意すべき点があります。第1は一定以下の勤労所得に応じた税額控除・給付を行う際に、子どもの数に応じて給付額を増加させることです。そして所得増加に応じて、また子どもの数の多さに応じて控除額・給付額を増やすことです。こうすることによって逆進性対策と勤労インセンティブの引き上げ・少子化対策をリンクさせることができます。

第2は不正受給を防ぐためにマイナンバーを活用し、所得の捕捉を十分に行うことです。勤労所得からの税額控除を行うので、個々人の正確な所得の捕捉が必要になります。

第3は給付額の財源確保です。具体的な制度設計に応じて必要な財源の規模も異なってきます。しかし、財源のめどもなく制度設計をすることはできません。給付付き税額控除を実施するにはどれだけの財源が必要なのか、その財源をどこに求めるのかに道筋をつけた上で我が国に導入すべきです。

4-2-4 公正な課税のためにはどうしたらよいか

国民の税に対する不信感は、所得の捕捉に差があることが根底にあります。「クロヨン」は所得を正確に捕捉できている割合がサラリーマンで9割、自営業者では6割、農家は4割にとどまっていることを揶揄したいい方です。あるいは捕捉率が10割、5割、3割で、「トーゴーサン」とも言われます。税制は国民の理解と信頼の上に成り立っています。担税力に応じて、あるいは受益に応じて税負担をしなければなりません。所得隠しやごまかしなどの脱税は許されません。公平な税負担を担ってもらい、公正な課税を行うためにはどうすればよいのでしょう。

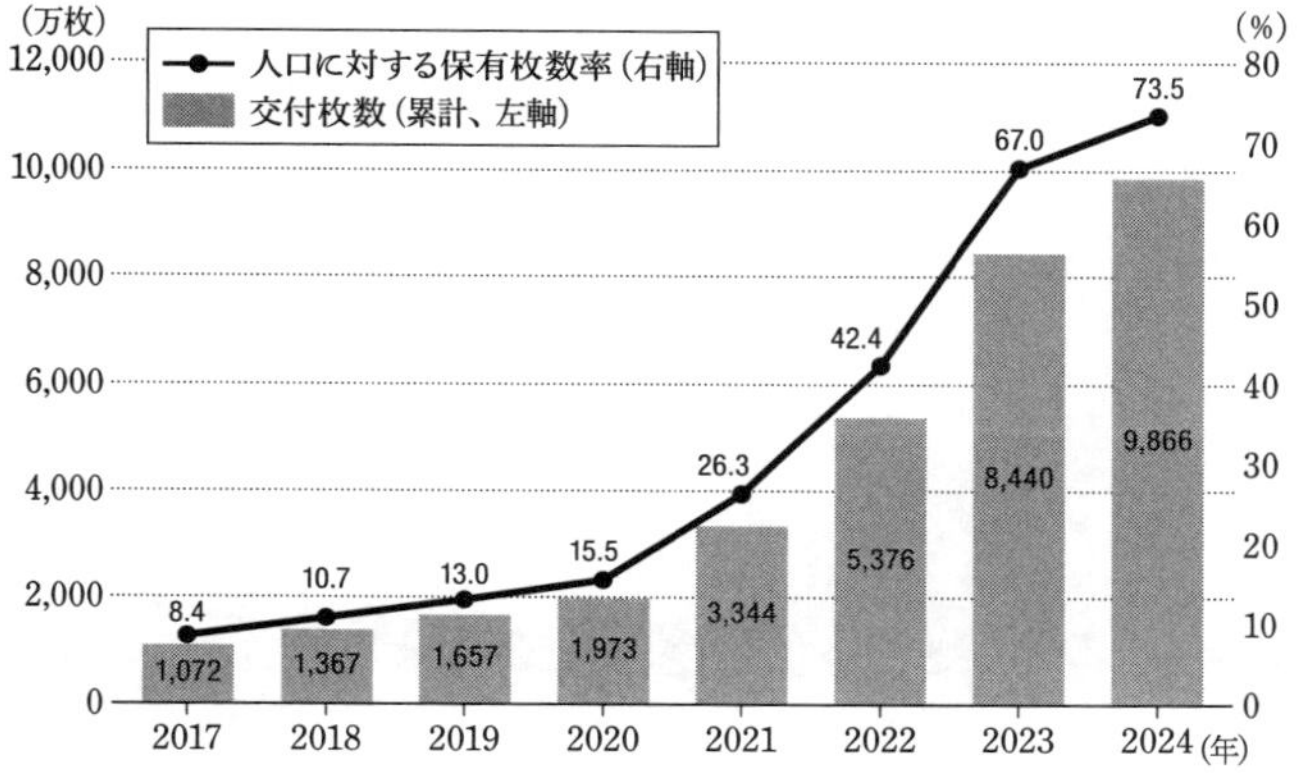

図表4-2-11　マイナンバーカードの交付状況の推移

（出所）総務省『マイナンバーカード交付状況』を基に筆者作成
（注）各年3月時点、ただし2019年は4月時点の計数

A.マイナンバー制度の強化

課税の基本は家計や企業の正確な所得を把握することです。そのためにはマイナンバーカードを活用して、個々人の所得や資産を始めとして世帯の資産などをもれなく紐づけて落ちがないようにすることが必要です。政府は2022年度末までにマイナンバーカードがほぼ全国民に行き渡ることを目指すとの閣議決定を行っています。しかし現時点では7割強の交付にとどまっています（**図表4-2-11**）。早急に100%をめざさないと課税の不公平感を拭い去るための施策につなげることはできません。

マイナンバーカードを取得してもらうために、出生届などの申請手続きが簡便になるこ

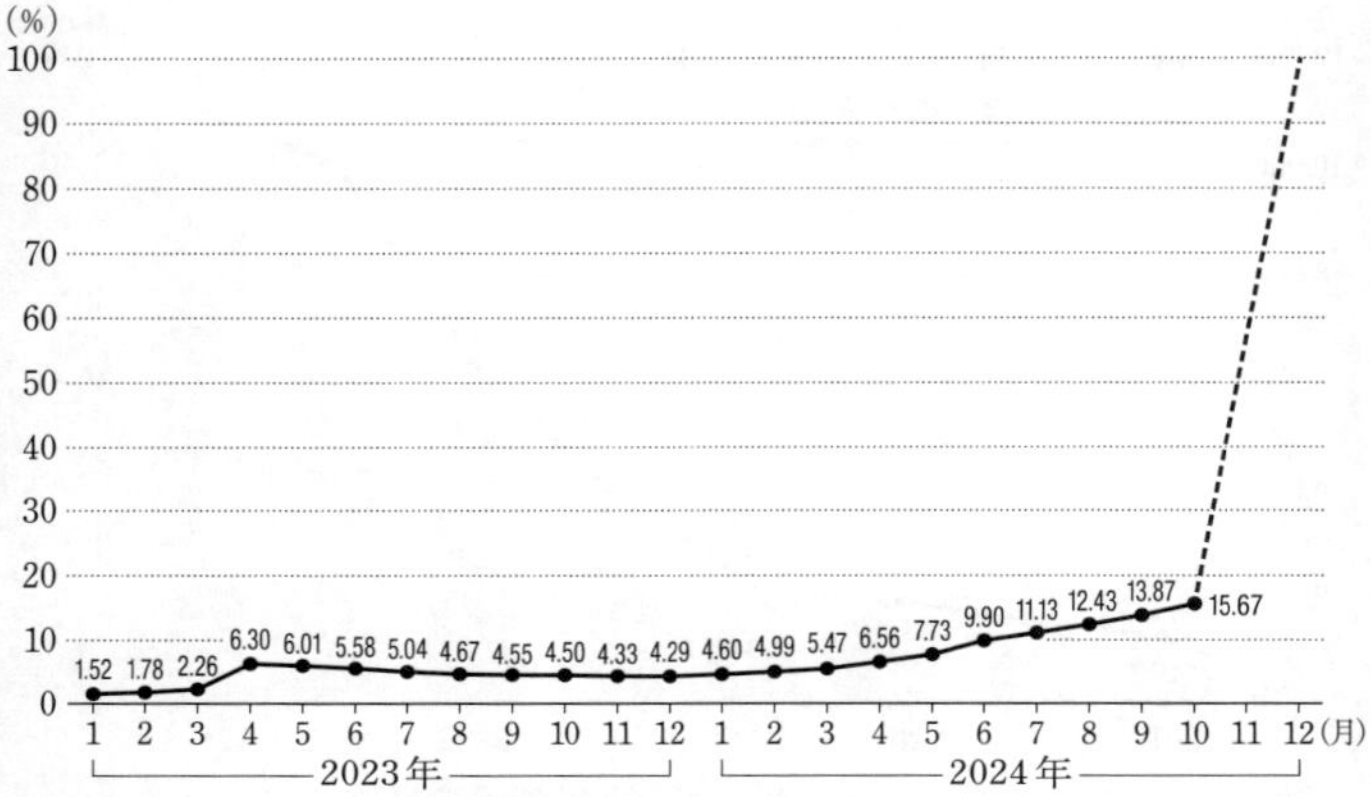

図表4-2-12　マイナ保険証の利用率

（出所）厚生労働省資料、各種報道を基に筆者作成

とや運転免許証・診察券・保険証と一体化すれば複数のカードを持ち歩く必要がなくなり、国民にとって利便性が増すことを強調しています。その一方で、所得の捕捉や課税強化の目的も含んでいるのにこちらはほとんど前面に出していません。どうしてでしょう。国民が「所得がばれる」ことを嫌がって協力しないと思っているのでしょうか。信頼できない政府の下であらゆることが紐づけられて、個人情報が政府に筒抜けになることを恐れているからかもしれません。

不信感や不安があるとマイナンバーカードが交付されても利用されません。現行の健康保険証の新規発行を２０２４年12月から取り止めて、マイナンバーカードと一体化したマイナ保険証に全面的に移行しますが、マイナ保険証の利用率は低迷しています（図表4－2－12）。このままではカードは保有しているのに健康保険証登録していないために、不利益を受ける人が出てきます。施設に入所している高齢者の中にはマイナンバーカードを取得していない人もいるでしょうし、健康保険証と一体化する手続きを自分で行うことができなくて、将来的に医療サービスを受けにくくなる人が出てくることも考えられます。

利便性ばかりを強調して耳触りの良いことばかりを広めるだけで、耳の痛いことや課題を知らせないままに政策を進めるのなら、せっかくの事業も反感を買って国民は疑心暗鬼になってしまいます。国民にとって生活が便利になる点と解決しなければならない課題を明らかにして、理解を求めてマイナンバー制度を充実・強化することが必要です。

B．税務調査の強化

所得税の基本は確定申告です。所得税を納める本人が1年間に得た所得から所得税額を計算して申告する制度です。中には税の申告漏れや期限内に確定申告をしない事例や、悪質な不正計算などで納税額をごまかそうとする事例もあります。税務署は個人や企業などの納税者が正しく確定申告しているかを調べる税務調査を行い、税額計算のミスや虚偽の申告を防ぎ、不正行為を防止しています。税務調査で調査が入って問題があると、加算税

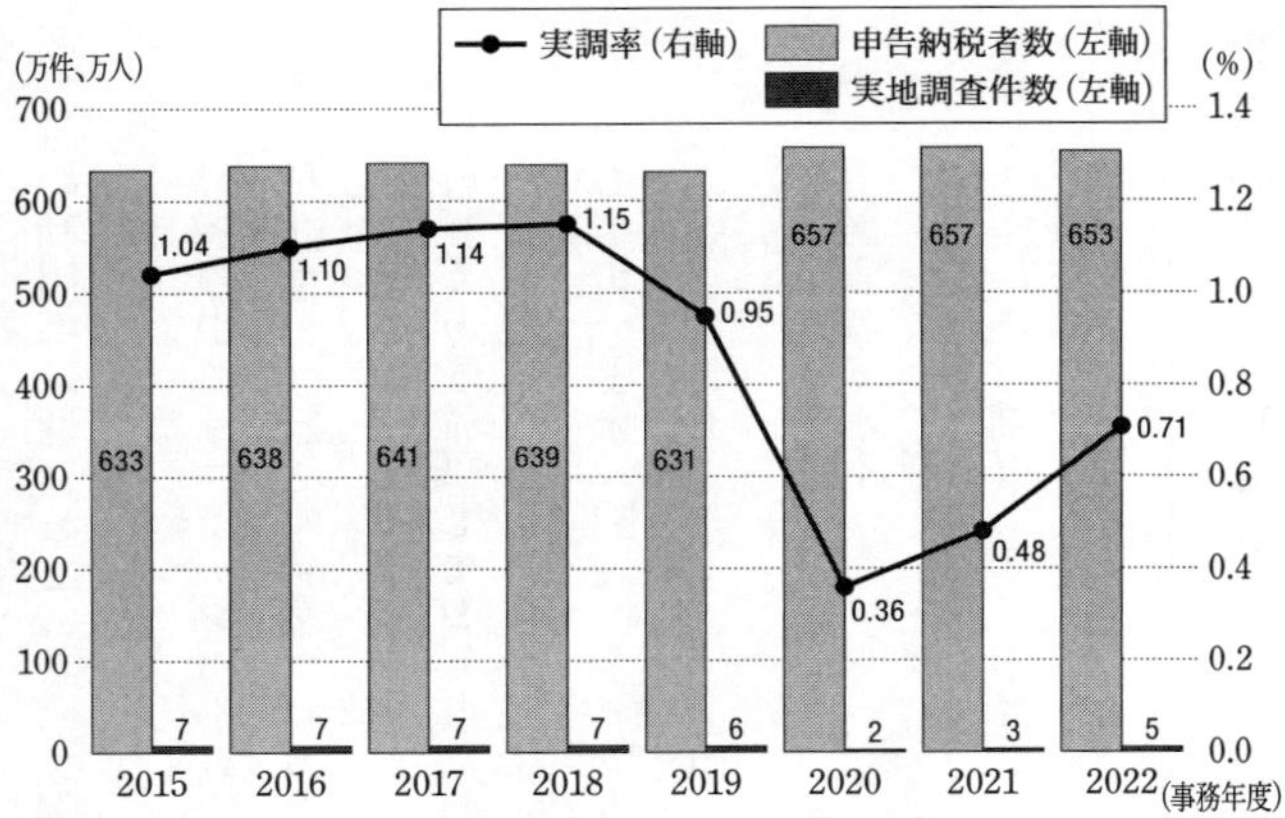

図表4-2-13　所得税（申告納税者）の実地調査件数等の推移

（出所）国税庁『申告所得税標本調査』、『各事務年度所得税及び消費税調査等の状況』、『2022年分の所得税等、消費税及び贈与税の確定申告状況等について』を基に筆者作成
（注）1. 事務年度は各年7月1日から翌年6月30日まで　2. 実調率＝実地調査件数／申告納税者数

や延滞税などのペナルティが課されることになります。

所得税の申告納税者数は毎年６５０万人程度がいますが、実際に調査に入って調べる件数（実調率）は１％程度にすぎません（**図表4-2-13**）。

実地調査は高額・悪質な不正計算が想定される人や調査を行う必要性の高い人を調査対象として選定して行われます。実地調査の結果、富裕層の申告漏れや追徴税額は規模が大きく、２０２２年度は富裕層に対する２９４３件の実地調査を行い、９８０億円の申告漏れが見つかり、追徴税額は１８３億円でした。１件あたりに平均すると申告漏れが３３３１万円、追徴税額６２３万円という大規模な申告

		富裕層に対する調査	海外投資等をした「富裕層」に対する調査
調査件数		2,943件	667件
申告漏れ所得金額		980億円	514億円
追徴税額		183億円	71億円
1件当たり	申告漏れ所得金額	3,331万円	7,706万円
	追徴税額	623万円	1,068万円

図表4-2-14　所得税についての実地調査（2022年度）

（出所）国税庁『令和４事務年度 所得税及び消費税調査等の状況』Ⅱトピックス（主な取組）を基に筆者作成

漏れが見つかりました。富裕層の中でも海外投資を行う特に裕福な層では1件当たり７７０６万円の申告漏れ、追徴税額は１０６８万円という巨額の申告漏れが見つかっています（**図表４－２－14**）。

実地調査は法人に対しても行われます。法人の実地調査の実調率は３％程度です（**図表４－２－15**）。税務調査を行う税務署の体制や人手不足、予算の制約があるうえに、悪質なものを選んで調査していることから実調率はそれほど上昇していません。実地調査件数を増加させて実調率を所得税について３％（現在の実調率は０・７１％）、法人税について10％（現在は１・９％）まで引き上げるとして単純計算すると、所得税で３０００億円、法人税で１・３兆円の追徴税額の上乗せが期待できます（**図表４－２－16**）。

これまでみてきたように、日本の税制には多く

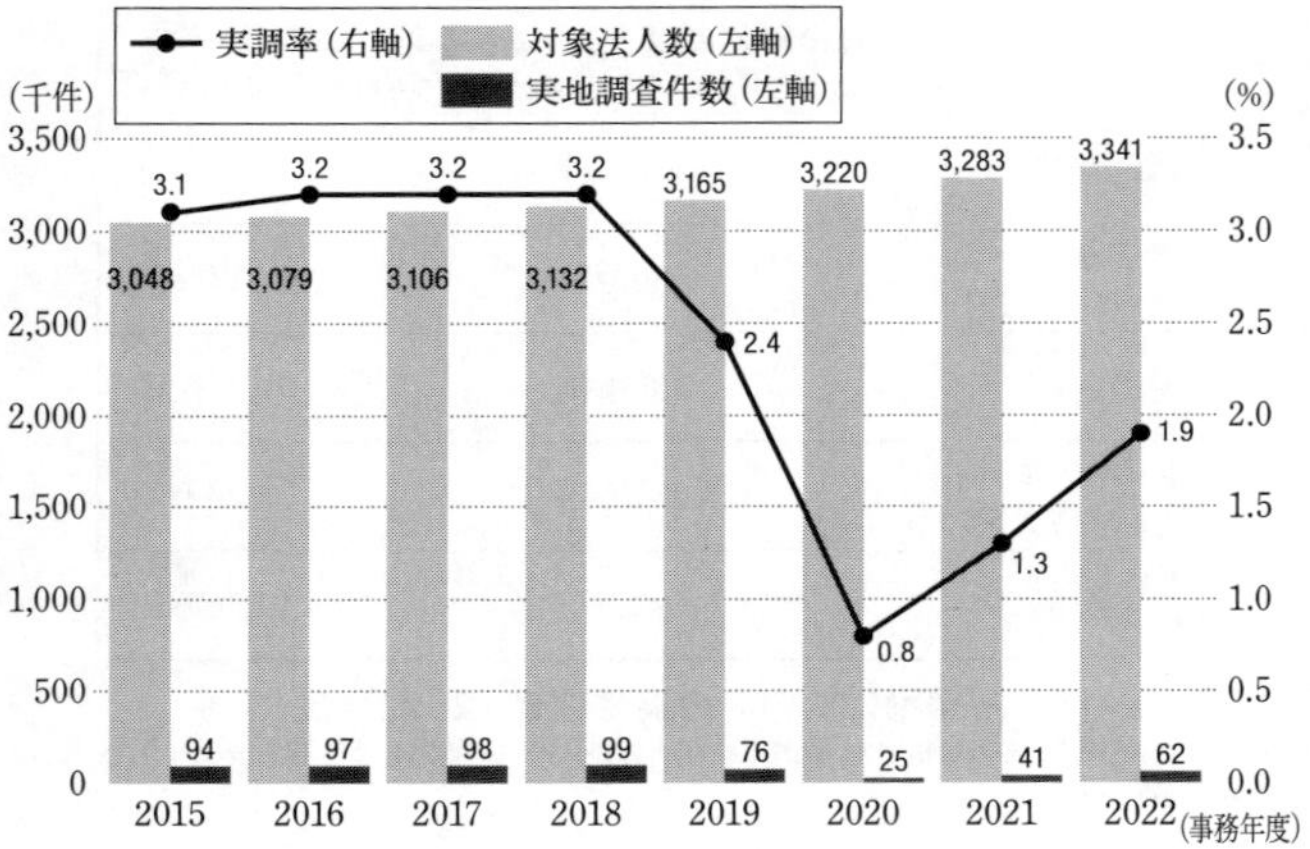

図表4-2-15　法人税等の実地調査件数等の推移

（出所）国税庁『各事務年度法人税等の調査事績の概要』、『各事務年度法人税等の申告（課税）事績の概要』を基に筆者作成
（注）1. 事務年度は各年7月1日から翌年6月30日まで　2. 実調率＝実地調査件数／対象法人数

（単位：億円）

事務年度		2016	2017	2018	2019	2020	2021	2022	2022（試算）
所得税	追徴税額 a	819	947	961	992	533	804	1,015	4,289
	実調率（%）	1.10	1.14	1.15	0.95	0.36	0.48	0.71	3.0
法人税	追徴税額 b	1,732	1,948	2,743	2,367	1,936	2,307	3,225	16,973
	実調率（%）	3.2	3.2	3.2	2.4	0.8	1.3	1.9	10.0
合計（a+b）		2,551	2,895	3,704	3,359	2,469	3,111	4,240	21,262

図表4-2-16　実調率を所得税3%、法人税10%とした場合の試算（2022事務年度）

（出所）国税庁『各事務年度法人税等の調査事績の概要』、『各事務年度法人税等の申告（課税）事績の概要』、『申告所得税標本調査』、『各事務年度所得税及び消費税調査等の状況』を基に筆者作成

の抜け道があります。公平・公正な税制になっているとは言い切れません。負担することができる、あるいは利益を享受している人や企業には、相応の税負担という形で社会に還元していただくことが必要と考えています。そのためには体制の整備も課題です。国民の信頼と納得の上に租税制度は成り立っているのです。

第５部

財政再建アラカルト
あなたは何を選びますか？

ここまでみてきたように、我が国の財政運営は、このままではこの先、何かのきっかけで、いつ何どき、行き詰まってもおかしくない状態にすでに陥っています。まさに「持続不可能」なのです。しかも、「これまでに国として積み上げてきてしまった借金、国債残高の大きさ」と、「厳しい人口減少傾向に象徴されるように国力が足許、疑いようのないほどに低下傾向をたどっていること」を合わせれば、ついに〝行き詰まった〟ときに起こる事態は、我が国自身が第二次世界大戦の敗戦直後に経験した苛烈な国内債務調整に匹敵するものにならざるを得ないことは容易に想像がつきます。

では、どうすればよいのでしょうか。どうすれば、私たちのこの国の財政運営を立て直せるのでしょうか。私たちの後に続く世代のことを考えれば、〝どうせ無理だから〟などと投げ出すことは決して許されません。本書を手に取ってくださったお一人おひとりに、ぜひともご一緒に考えていただきたいと思います。

「30兆円規模」を〝極端〟と切り捨てるのは〝思い上がり〟ではないのか

第2部では、我が国の財政運営を持続可能な姿に立て直していくためには、近年の実際の我が国の財政運営との対比でみて「30兆円規模」で財政収支を改善していくことが必要、と指摘しました。これはすなわち、基礎的財政収支ではなく、利払費をも含む「財政収支の均衡、ないし黒字化」を達成し、その状態を維持する、という意味です。言い換えれば、家計でいう「収入の範囲で生活する」のと同じく、「歳入（税収）の範囲で歳出を組む」ということにほかなりません。

「30兆円規模」ときくと、「なんて極端なことを」と一蹴し、取り合わずに済ませようとする声も実際に耳にします。しかし、財政収支の均衡というのは、第2部でも紹介したように、コロナ危機明け後まだ年数の浅い現時点においてすら、少なからぬ先進各国がすでに達成している目標でもあります。達成しているのは、リーマン・ショック後に財政破綻したり、その一歩手前までいったりして、財政運営を根本から立て直さなければならない立場に追い込まれている国ばかりでもありません。健全財政維持というコンセンサスが国民全体で共有・支持され、財政収支均衡や黒字状態を堅持している国もあるのです。

それを、なぜ、「極端だ」と言って済ませて平気なのでしょうか。どの家庭でも心がけている「収入の範囲で生活する」ということを、国レベルではなぜ、できないのでしょうか。現在、財政収支均衡や黒字化を達成しているアイルランドやポルトガル、キプロス、スイス、デンマーク、シンガポールとは日本は違うから、ということですか。「極端だ」と言ってすませようとするのは、私たちに〝甘え〟、〝おごり〟、もっと言えば〝思い上がり〟があるからなのではないでしょうか。

〝思い上がり〟の根拠は何でしょうか。戦後に高度成長を実現したからですか。〝ジャパン・アズ・ナンバーワン〟と言われていたからですか。どちらもすでに、今から40年も前、それよりもさらに前の話でしょう。その時代に戻れる、戻れるはずだというのでしょうか。私たちの国の現在の財政事情は、今から十数年前に実際に財政破綻したり、その一歩手前までいったりした欧州の重債務国よりもずっと悪いのです。日銀による〝力ずく〟かつ〝無理筋〟の金融政策運営で、金利を異常なまでの低水準に、異常なまでの長期間にわたって抑えつけてきたからこそ、これまで生きながらえてこられているのに過ぎません。全世界の国際金融市場の参加者から、「日本の財政運営はまっとうで、持続可能だ」などとお墨付きをもらえているわけでは決してないのです。

ちなみに、私たちの国に迫っている財政危機の本質は、欧州の重債務国とは違います。彼らは、「国内にお金がなくて、使ってしまった分の借金を返すお金が足りなくなって」財政危機に陥りました。私たちの国は違います。「国内にお金はあるのに」財政危機が迫っているのです。「国内にお金はあるのに、誰がどれくらいずつ税負担するのか、という合意がいつまでたっても形成できないから」「それにもかかわらず、すでに自分たちが税として納めた金額以上のお金を、政府が長年にわたって使い続け、国債残高を積み増し続けているから」財政危機が迫っているのです。第1部でみたように、「国内にお金があれば、財政

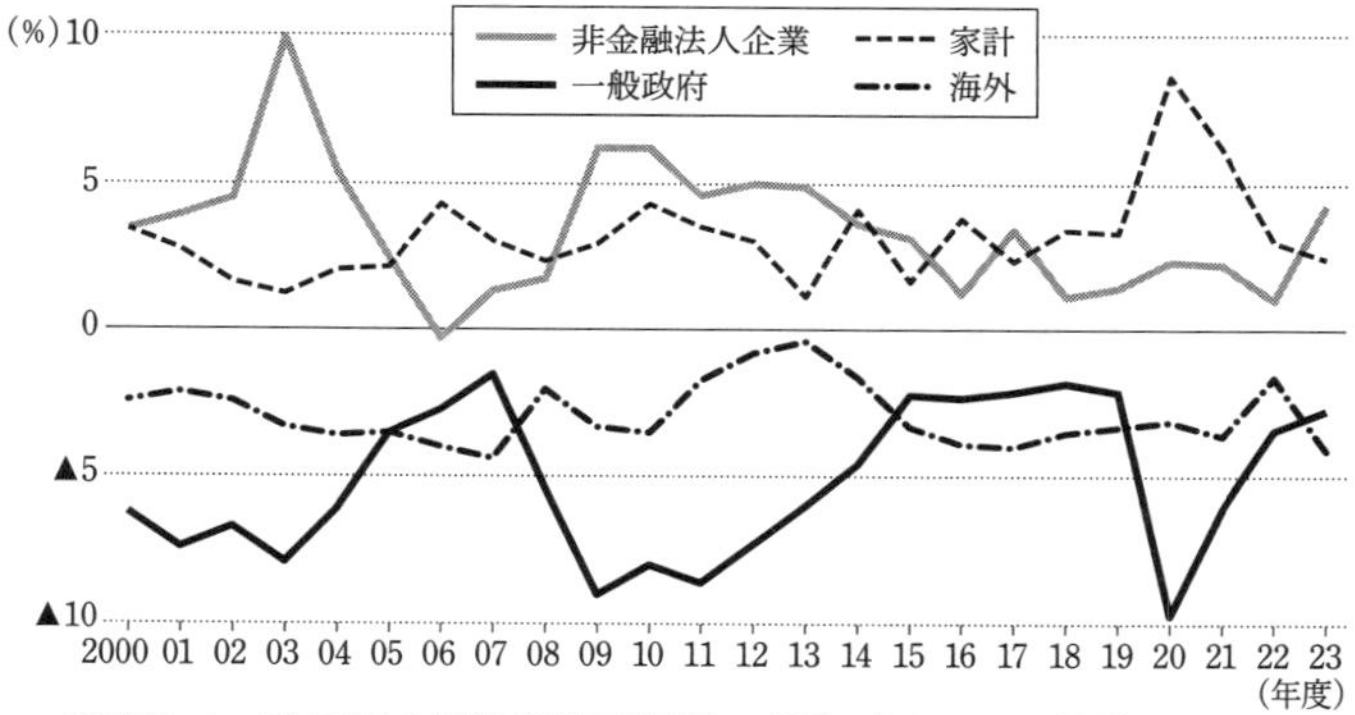

図表5-1　我が国の経済部門別貯蓄・投資バランスの推移（対名目GDP比）

（出所）日本銀行『資金循環統計』、内閣府経済社会総合研究所『国民経済計算』を基に筆者作成
（注）本図における「家計」は資金循環統計における「家計」と「対民間非営利団体」の合計

危機は来ない」ということは決してありません。これは、私たちの国自身が今から約80年前に、身をもって経験したことにほかなりません。

家計・企業部門が大幅な〝カネ余り〟を長年続け、政府部門に借金を積み上げてきた国

図表5-1は、私たちの国のなかで、どの部門のお金が足りなくて、どの部門のお金が余っているのかを示したものです。経済学の世界ではこのグラフを「貯蓄・投資バランス」と言いますが、要するに、お金をたくさんため込んでいて（＝「貯蓄」して）使わずに（＝「投資」もせずに）そのまま持っている部門の折れ線は図の真ん中の0％のラインよりも上に位置し、逆にお金を持っている以上に使いまく

っている（＝「投資」している）部門の折れ線は0％のラインよりも下に位置することになります。我が国では、「政府」の大幅な資金不足が長期化している半面、「家計」や「企業」部門の〝カネ余り〟状態が続いていることがわかります。

確かに「政府」が0％よりも下に位置するのは他の主要国でも多くみられます。政府には他の部門にはない「徴税能力」があり、一般的には信用力が高いと考えられていることからすれば、それ自体は悪いことでもなんでもありません。ただし、それが問題になるかどうかは程度にもよります。我が国の場合は「政府」の〝大幅な〟資金不足状態が〝長期化〟している点が大きな問題なのです。

加えて我が国に特徴的なのは、「家計」のみならず「企業」の〝大幅なカネ余り〟状態が長期化していることです。とりわけ「企業」に関しては、他の主要国ではこのグラフでプラスとマイナスの間を年ごとに行ったり来たりしている例が多くみられるのに対し、我が国の「企業」は一貫して〝大幅なカネ余り〟状態を続けています。要するに我が国では、過去を振り返れば、「家計」も「企業」も部門全体としてみればかなりの経済的な余裕はあったのに、それに見合う税負担をせずに済ませてきたために「政府」部門に世界最悪レベルの借金を積み上げさせてきた、という事実をこのグラフは物語っているといえるでしょう。

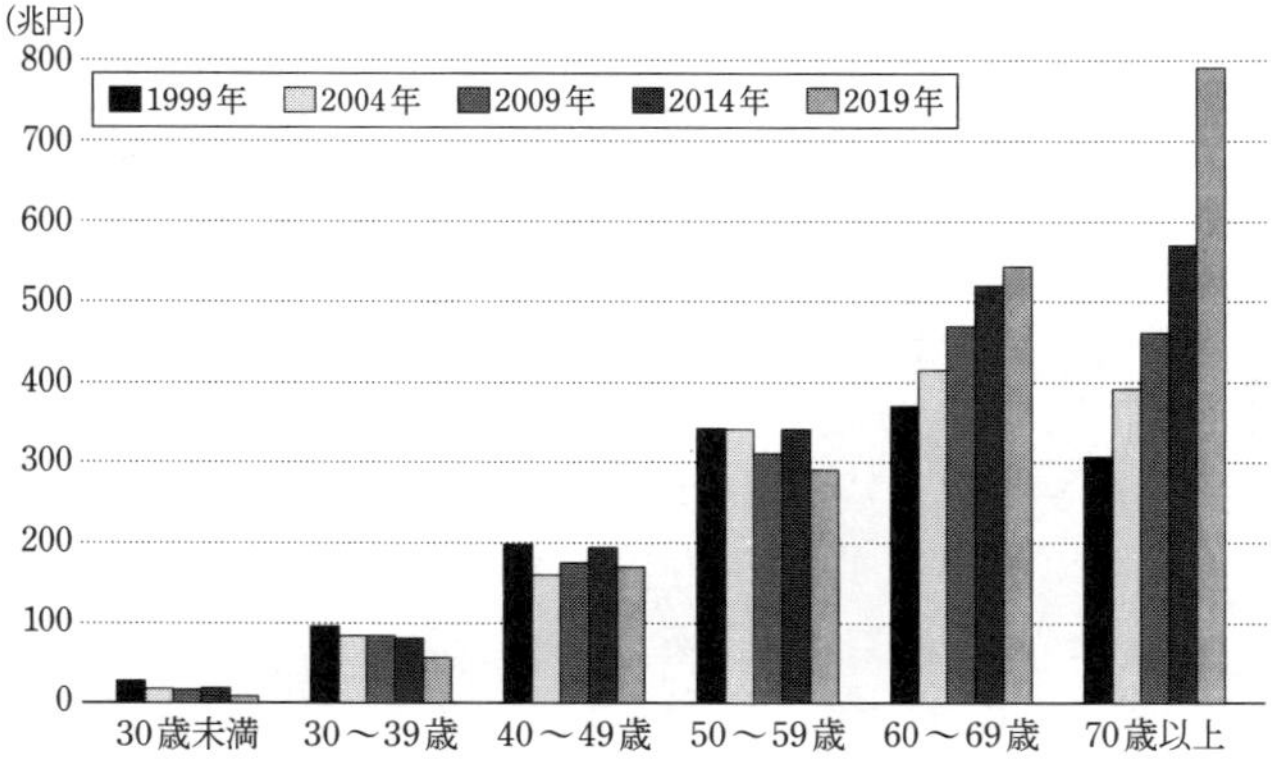

図表4-2-3　世帯主の年齢階級別金融資産の分布（再掲）

（出所）日本銀行『資金循環統計』、総務省『全国家計構造調査（旧全国消費実態調査）』、厚生労働省『国民生活基礎調査』より推計し、筆者作成

では、「家計」や「企業」のどこにそれだけのお金が余っているのでしょうか。若い世代や働き盛りの世代では、貯蓄どころではなく、貯蓄できてもごく限られる、というのが国全体としては事実でしょう。家計全体をみれば、お金が余っているのは高齢世代に集中しています（**図表4-2-3再掲**）。企業部門もまた然り、でしょう。中小・零細企業では経営が苦しい先も少なくない半面、大企業を中心に、多額の内部留保を抱えている企業が多く存在することはよく知られています。

財政をいかに立て直していくかを、各政党が選挙で問うべき

市場主義陣営に属する民主主義国家における税負担の原則は、「税はみんなで負担する。

生活に余裕がなければ少しでよいが、負担する。そして、経済的に余裕がある人は、応分の重い負担を負う」というものです。ところが、我が国では、この「経済的に余裕がある人は、応分の重い負担を負う」ということが、これまで十分にできていなかったのです。だからこそ、〝世界最悪〟の水準にまで国債残高が膨れ上がり、財政運営は〝崖っぷち〟に立たされているのです。

コロナ危機が過ぎ去り、物価が上がり、市場金利が上がり始めた今こそまさに、誰がどれだけ負担するのがよいか、どうやってこの国の財政運営を立て直していけばよいのか、私たち一人ひとりが真剣に考えるべきときが来ています。ただし、私たち国民は、一人では、何もできません。事態の深刻さを理解し認識すること、そこまでしかできないのです。国全体としてどうやってこの悲惨な財政を立て直していくのか、それこそまさに政治の仕事、責任です。各政党が責任を持って計画を考えて、選挙で問うべきです。

これまでの選挙の際にみられたように、明確な財源も示さずやれ「経済対策」だ、やれ「教育無償化」だ、やれ「消費税率の引き下げ」だ、やれ「消費税廃止」だ、やれ「〝103万円の壁〟の突破」だ、などというのは、もう、やめることにしませんか。財政運営はすでにもう、〝崖っぷち〟に立たされている状態です。各政党はまず何よりも、客観的・中立的な前提に基づく財政運営の厳しい現実から目をそらさず、責任を持って財政収支均衡への道筋に関する、数年単位の計画を立てることが最優先のはずです。こうした政策は、その道筋を確保するなかで、代替財源も十分に確保できて実現できる余地を作り出せる場合に限って示すべきなのではないでしょうか。

財政再建のための選択肢

図表5－2は、本書でここまでとり上げてきた内容を中心に、財政収支を改善するための具体的な選択肢をまとめたものです。「30兆円の緊縮なんて、とても無理」と思われるかもしれませんが、この図表5－2をご覧ください。確かにたいへんなのは間違いありませんが、様々な選択肢を組み合わせて実行できれば、達成することもできるのです。これだけの経済力がある国が、「収入の範囲で生活する」ことができないはずなどないのです。具体的な選択肢は、本書ではとり上げきれなかった分野に関してもたくさんあるはずです。

この先、必要不可欠な財政支出をまかなっていくために、そして、この山のように積み上がった借金を少しずつ返済していくために、誰がどれくらいずつ追加で負担していくのがよいのか、なくてもさして困らない受益を受けている人、いわば〝甘い汁を吸っている人〟は誰なのか、誰がどれくらいずつ、政府から受ける受益をあきらめるのがよいのか、どうするのが公平で公正なのか、私たち一人ひとりがよく考えることが、今まさに求められて

財政収支の改善幅の目安（注2）	負担増（受益減）となるのは誰か（【　】は受益増）
＋2.5兆円 ＋12.5兆円 ＋25.0兆円	全国民
▲3.2兆円	【低所得層】
＋2.3兆円	租特に該当する黒字企業（中小企業を含む）
＋0.7兆円	3分の1の租特に該当する黒字企業
＋11.4兆円弱	高収益企業
n.a.	宗教法人
＋0.8兆円	住宅ローン利用者
＋0.2兆円	年金受給者
＋0.5兆円	高所得層
＋0.6兆円（給与所得税額12兆円の場合）	すべての給与所得者
＋0.5兆円	すべての金融資産保有者
＋4兆円	高所得層
＋60億円 ＋15億円	政治家
＋450億円	開業医
＋0.6兆円	高額資産の相続人
＋0.2兆円	小規模宅地の相続人
＋630億円 ＋162億円	高所得層
＋0.2兆円	
［＋245億円	鉄道事業者等
＋146億円	船舶所有者
＋133億円	航空事業者等
＋1,357億円	新築住宅保有者等
＋346億円］	中小事業者等
＋0.6兆円	宗教法人

図表5-2　財政再建アラカルト【歳入】

（出所）筆者作成

税目	一般会計決算額（2023年度）(注1)	改革の内容
消費税	23.1兆円	・1％ポイント引き上げごとに ・5％ポイント引き上げで（消費税率10％→15％） ・10％ポイント引き上げで（消費税率10％→20％） ・給付付き税額控除導入（消費税率20％、食料の軽減税率10％の場合、年間収入5分位の階級Ⅰの世帯に対して消費税負担分を全額還付するのに必要な金額）
法人税	15.9兆円	・法人向けの租税特別措置（中小企業減税等を含む） （1）全廃の場合 （2）3分の1程度を廃止した場合 ・累進課税化 （所得に応じて5％〜45％の5段階税率とした場合） ・宗教法人の課税対象となる収益事業の判断基準の厳格化
所得税	22.1兆円	・個人向けの租税特別措置 （1）住宅ローン減税の租特を廃止 （2）年金控除の租特を廃止 （3）確定申告を要しない配当所得の租特を廃止
		・税率の累進度合いを強化（累進税率を各5％ポイント引き上げ）
		・金融所得課税 （1）税率を20.315％から30.315％へ10％ポイント引き上げ （2）金融所得を、給与所得や不動産所得などの所得と合わせて総合課税化
		・政治資金の課税対象化 （1）寄附 （2）政治資金パーティー
		・開業医の税制優遇の廃止（概算経費の廃止）
相続税・贈与税	3.6兆円	・相続税 （1）税率を5％ポイント引き上げ （2）小規模宅地の相続税についての租特を廃止
		・贈与税 （1）税率を5％ポイント引き上げ （2）教育資金、結婚・子育て資金の特例を廃止
固定資産税・都市計画税（地方税）(注3)	9.7兆円 （2022年度収入額ベース）	・租税特別措置の廃止 （1）鉄道関係 （2）船舶関係 （3）航空機関係 （4）新規住宅・長期優良住宅関係 （5）その他
		・宗教法人の固定資産への課税

(注1)「一般会計決算額（2023年度）は財務省『令和5年度租税及び印紙収入決算額調』（2024年7月31日）による

(注2) 財政収支の改善幅について、基準となる年（度）は必ずしも統一されていない

(注3) 固定資産税・都市計画税は、地方税（市町村税）ではあるが税収規模が大きく、国税にはない不動産に関する資産課税でもあり、同税収の増減は地方交付税制度を通じて国の一般会計の側の交付税負担にも影響を及ぼすため、本表でもとり上げることとした

カットした場合の影響	負担増（受益減） となるのは誰か
・保険料引き上げだけで賄おうとすると （１）後期高齢者医療制度以外は 自己負担３割→４割 （２）後期高齢者制度は 自己負担１割→2.7割負担 ・保険料を維持したままでは、医療従事者の離職、医療機関の経営破綻	全国民
・医療費の削減	診療所の院長
・薬剤の効率的使用	—
・介護保険料は1.3倍に ・2021年度では （１）第１号保険料：6,014円→7,818円 （２）第２号保険料：6,216円→8,081円 ・2040年度には （１）第１号保険料：9,200円→11,960円 （２）第２号保険料：8,900円→11,570円	40歳以上の者
・年金給付額（月額）の削減 （１）国民年金：68,000円→47,600円 （２）厚生年金：115,242円→94,842円 ・年金保険料（月額）の引き上げ（年金給付額は維持） （１）国民年金：17,000円→22,100円 （２）厚生年金：54,900円→71,370円	全国民
東京都以外の各道府県における 行政サービスの低下 東京都が不交付団体から交付団体に （他の道府県には無理なバラマキは不可能に）	東京都以外の道府県 東京都
公立小中学校の教員の給与カット、社会保障給付（医療、介護、障害者、生活保護等）のカット	全住民、障害者、生活保護受給者、公立小中学校の教員等
＋7,000億円の税収回復	ふるさと納税の利用者

図表5-2　財政再建アラカルト【歳出】

（出所）筆者作成

項目	一般会計計上額（2024年度当初ベース）	改革の内容
医療	13.7兆円	・医療費全体の公費投入額13.7兆円： ▲３割カット＝▲4.1兆円 ・後期高齢者制度以外の公費投入額5.0兆円： ▲３割カット＝▲1.5兆円 ・後期高齢者制度の公費投入額8.6兆円： ▲３割カット＝▲2.6兆円
		・診療所の院長の給与を▲１割カット （3,000万円→2,700万円）＝▲3,000億円
		・残薬の削減、廃棄薬剤の見直しで▲１兆円
介護	5.1兆円	・公費投入額5.1兆円：▲３割カット＝▲1.5兆円
年金	13.4兆円	・公費投入額13.4兆円：▲３割カット＝▲4.0兆円
地方財政	地方交付税 17.8兆円（注4）	・交付税総額17.8兆円：▲３割カット＝▲5.3兆円 地方交付税制度の改革 〈「基準財政需要額」の減額〉 現行の配分通りであれば、ほぼ「人口：面積＝2：1」の加重平均見合いで、各都道府県ごとに減額 〈「基準財政収入額」の改革〉 法人事業税を全額、地方税から外して国税化し、全額を地方交付税の財源に充当
	国庫補助金 24.5兆円（注5）	・国庫補助金24.5兆円：▲３割カット＝▲7.3兆円
		・ふるさと納税の住民税控除を廃止

(注4) 本表における地方交付税は、各都道府県分にそれぞれの市町村分を含める形で想定している

(注5) 本表における国庫補助金は、社会保障、教育等の他分野の計上額と重複する形で計上されていることに注意

	カットした場合の影響
	子育て世帯の経済的負担増（ただし、そもそも、本事業が国全体の出生率の押し上げにつながるのかについては疑問視する見方もあり、カットされた場合に出生率の押し下げにつながるかは不明）
	防衛能力の低下
	自然災害時の被害拡大、復旧の遅れ等
	教育の質の低下、および教育の機会の縮小
	食料の安定的な供給の確保が困難
	安定したエネルギー確保が困難
	日本外交の影響力の低下

図表5-2　財政再建アラカルト
【参考：上記以外の一般会計歳出の主なもの】

いるのです。

２０２４年秋の総選挙で、与党側が過半数割れとなるなか、「手取りを増やす」「〝１０３万円の壁〟の突破」を掲げた国民民主党が若い世代を中心に支持を伸ばし、その後の税財政政策運営をめぐって注目を集め、現実問題として政局の鍵を握ることになったのは記憶に新しいところです。しかしながら、今回の総選挙における同党のこの提案は、明確な代替財源が確保されたものではありませんでした。また、所得税の控除といっても、実際には**図表5-3**に示すように、「基礎控除」や「給与所得控

項目	一般会計計上額（2024年度当初ベース）	主な歳出内容
こども・子育て	3.6兆円	児童手当等交付金、子どものための教育・保育給付、子育てのための施設等利用給付、子ども・子育て支援交付金、仕事・子育て両立支援事業
防衛関係	7.9兆円	航空機整備費、武器車両等整備費、自衛官給与費ほか
公共事業関係	6兆円	社会資本総合整備事業費、道路整備事業費、住宅都市環境整備事業費、農林水産基盤整備事業費ほか
文教・科学振興	5.5兆円	義務教育費国庫負担金（公立小中学校等の教職員給与）、国立大学運営費、私立学校振興費ほか
食料安定供給関係	1.3兆円	食料安全保障確立対策費（米の備蓄、豚熱・鳥インフルエンザ対応）、担い手育成・確保等対策費（農業の担い手確保）、農地集積・集約化等対策費（高収益作物への転換）
エネルギー対策	0.8兆円	エネルギー対策特別会計への繰り入れ（石油、天然ガスの安定的な確保、発電用施設の設置）
経済協力（ODA）	0.5兆円	無償資金協力（開発途上国への資金の贈与）、技術協力（独立行政法人国際協力機構が実施）、国際分担金・拠出金、円借款等（独立行政法人国際協力機構が実施する有償資金協力の原資の一部）

（出所）筆者作成
（注6）「参考：上記以外の一般会計の歳出の主なもの」における歳出内容は、財務省主計局理財局『令和6年度予算及び財政投融資計画の説明 第213回国会（未定稿）』2024年1月を基に記述

除」以外にも様々な控除があります。加えて、こうした控除によって、国民の側としては所得税の負担を相当な金額で軽減できている、言い換えれば、国の側からすれば、所得税による歳入の相当な部分を失っていることになるのです。それぞれの控除について、所得税の負担が軽減されている金額は総額でどの程度なのか、どの程度の人数の国民がその恩恵を受けているのか、といった点について、私たちが具体的な数字を目にする機会はまずありませんが、実は私たち国民の代表である国会や各国会議員に対して、関係省庁からデータ

	控除額		本人の所得要件
	所得税	個人住民税	
	最高 48万円	最高 43万円	合計所得金額2,500万円以下 （2,400万円超から控除額が逓減）
			合計所得金額1,000万円以下 （900万円超から控除額が逓減）
	最高 38万円	最高 33万円	
	最高 48万円	最高 38万円	
	最高 38万円	最高 33万円	合計所得金額1,000万円以下 （900万円超から控除額が逓減）
			―
	最高 38万円	最高 33万円	―
	最高 63万円	最高 45万円	―
	最高 48万円	最高 38万円	―
	+10万円	+7万円	―
	最高 27万円	最高 26万円	―
	最高 40万円	最高 30万円	―
	最高 75万円	最高 53万円	―
	最高 27万円	最高 26万円	合計所得金額500万円以下
	最高 35万円	最高 30万円	合計所得金額500万円以下
	最高 27万円	最高 26万円	合計所得金額75万円以下かつ 給与所得等以外が10万円以下

図表5-3　所得税・個人住民税の人的控除の概要

	創設年（所得税）	対象者	
基礎控除	1947（昭和22）	・本人	
配偶者控除	1961（昭和36）	・生計を一にし、かつ、合計所得金額が48万円以下である配偶者（控除対象配偶者）を有する者	
一般の控除対象配偶者	1961（昭和36）	・年齢が70歳未満の控除対象配偶者を有する者	
老人控除対象配偶者	1977（昭和52）	・年齢が70歳以上の控除対象配偶者を有する者	
配偶者特別控除	1987（昭和62）	・生計を一にし、かつ、合計所得金額が48万円を超え133万円以下である配偶者を有する者	
扶養控除	1950（昭和25）	・生計を一にし、かつ、合計所得金額が48万円以下である親族等（扶養親族）を有する者	
一般の扶養親族	1950（昭和25）	・年齢が16歳以上19歳未満または23歳以上70歳未満の扶養親族を有する者	
特定扶養親族	1989（平成元）	・年齢が19歳以上23歳未満の扶養親族を有する者	
老人扶養親族	1972（昭和47）	・年齢が70歳以上の扶養親族を有する者	
（同居老親等加算）	1979（昭和54）	・直系尊属である老人扶養親族と同居を常況としている者	
障害者控除	1950（昭和25）	・障害者である者　・障害者である同一生計配偶者または扶養親族を有する者	
（特別障害者控除）	1968（昭和43）	・特別障害者である者　・特別障害者である同一生計配偶者または扶養親族を有する者	
（同居特別障害者控除）	1982（昭和57）	・特別障害者である同一生計配偶者または扶養親族と同居を常況としている者	
寡婦控除	1951（昭和26）	①夫と離婚したもので、かつ、扶養親族を有する者 ②夫と死別した後婚姻をしていない者 ※ひとり親に該当する者は除く　※住民票の続柄に「夫（未届）」「妻（未届）」の記載がある者は対象外	
ひとり親控除	2020（令和2）	・現に婚姻をしていないもので、かつ、生計を一にする子（総所得金額等が48万円以下）を有する者 ※住民票の続柄に「夫（未届）」「妻（未届）」の記載がある者は対象外	
勤労学生控除	1951（昭和26）	・本人が学校教育法に規定する学校の学生、生徒等である者	

（出所）河本光博（編著）『図説　日本の税制（令和5年度版）』財経詳報社、2024年6月、p111

老人扶養控除等	障害者控除	寡婦控除	ひとり親控除	勤労学生控除	給与所得控除	公的年金等控除	社会保険料控除
0.2	0.1	0.0	0.0	0.0	7.5	1.6	4.4
203 20	152 38	33 20	82 4	13 –			
					63	25	36

0.1	0.1	0.0	0.0	0.0	6.3	1.2	3.5
2	2	0	1	0	52	13	58
1.1	0.6	0.1	0.2	0.0	62.6	15.2	34.7

図表5-4　各種控除による所得税の減収見込み額等および個人住民税の減収額等

が提供されているのです（図表5－4）。本来は、こうした基礎的なデータを基に、こういう控除制度全体や、関連する社会保険制度を含めた問題の全体像を、国民全体がよく理解したうえで、どのように改革していくのがよいのかを国会で、そして国全体で議論したうえで、みんなが納得できる形で決めていくべきなのではないでしょうか。

　財政再建に向けての選択肢の組み合わせには、様々なアプローチがあり得ます。各政党が、自分たちの考え方や価値観に基づいて、単なる〝構想〟〝アイディア〟レベルではなく、具体的な計数に裏付けされた財政再建計画を立て、そのなかのどれがよいか、全ての

区分	人的控除					
	基礎控除	配偶者控除	配偶者特別控除	扶養控除	一般の扶養控除	特定扶養控除
【所得税】 減収見込額（兆円程度） （2023年度予算ベース）	2.6	0.4	0.1	0.6	0.2	0.3
対象人員（万人程度） （2021年分）給与所得者 申告所得者	4,692 633	943 135	128 26	1,070 107	626 57	240 30
参考：控除額（兆円程度）						
【個人住民税】 減収見込額（兆円） （2022年度分）	2.6	0.4	0.1		0.2	0.1
適用人員（百万人） （2022年度分）	60	11	3		4	2
参考：控除額（兆円）	25.6	3.6	0.8		1.6	1.2

（出所）財務省『参議院予算委員会要求資料（令和6年度予算）』2024年2月、総務省『参議院予算委員会要求資料（令和6年度総予算に関する資料要求）』2024年2月7日を基に筆者作成
（原資料注）所得税の社会保険料控除の控除額は、源泉所得税と申告所得税の単純合計

有権者に選挙で問う必要があります。そして、国民の最も多数から支持された財政再建計画を、みんなで協力して粛々と実行していけばよいのです。それこそが、市場主義経済圏に属する民主主義国家における財政運営のあるべき姿でしょう。

どうやって財政再建をしていくか。考える際のポイントはいくつもあります。この先の、すでに明らかになっている厳しい人口減少トレンドに、財政運営上、どうやって対処していくのか。国民の頭数が減っていくなかで、〝ない袖は振れなく〟なるのです。少子高齢化がさらに進むとみられるなかで、第

3部で示したように、医療や介護、年金といった分野での国民への大幅な給付のカットが行われてはとても耐えられない、そんなむごいことをしなければならなくなるくらいだったら、余裕のある層がもっと増税に応じればよいではないか、という考え方もあり得るかもしれません。

他方、同じ社会保障の分野でも、少子化対策に関しては当初から、「そもそもお金で打開できる問題なのか。それよりも、男女共同参画社会等の構築をもっと推進して、誰もがもっと生きやすい社会、自分らしい人生を送りやすい社会にしていく方が、少子化トレンドを打開していくうえでもよほど大きな効果があるのではないか」といった疑問の声が根強くあるのも事実です。「医療や介護で高齢層に財政資金をかなり投入するのだから、若年層にも政府から相応のバラマキを」とでも言わんばかりの政策運営を安易に展開するのはもうやめにして、これだけ財政事情が厳しい以上、虎の子のように貴重な財源は、医療や介護、年金の分野で、ひとの命を支えるために必要最小限に絞って投入し、少子化対策は主として、財政コストはかからない社会的な政策運営を強化して事態の打開を図る、という考え方もあり得るかもしれません。

〝市場主義経済国の税負担はみんなで〟、という考え方に立脚すれば、財政収支の赤字幅を縮小させるためには、消費税率の引き上げで主として対応すればよい、という考え方もあり得ます。実際、図表5－2で示したように、消費税率を20％にまで引き上げることができれば、ごく単純に計算すればという話ながら、30兆円という所要緊縮幅のうち25兆円相当分はこれでまかなえてしまうことになります。しかしながら、低所得層対策を何もせずにそのような乱暴な増税をすれば、たちまち、国中のあちこちで悲鳴が上がることになるでしょう。「給付付き税額控除」等の低所得者対策を講じれば、その分だけ、消費税収は目減りすることになりますが、それでも、かなりの歳入を安定的に得られることは間違いありません。

図表5－2においては、現在に至るまでの国内の社会情勢の変化を鑑みれば、公平さ、公正さの観点から果たして今もなお妥当と言えるかどうかが検討の対象になり得る、財政収支の改善策もいくつかとりあげました。それらの多くは、改善策を実行したとしても財政収支を改善させられる幅は限られます。それを「どうせ、たいして財政収支を改善させられないのだから、このままにしておけばよい」と考えるか、「金額の問題ではなく、税負担の公平さ、公正さを貫徹するための改革なのだから、断行すべきだ」と考えるかは、人によって、もしくは政党によって、違いが出てくる可能性もありそうです。

他方、この国がすでにこれほどまでに積み上げてしまった借金の裏で、財政支出の恩恵を受けてきたのはいったい、どの世代なのか、この借金を少しずつ返済していくうえで、責任を負うべきは国民のうちの誰なのか、どの世代なのか、という点も重要なポイントになるでしょう。さらには、ここ10年間ほどの間に華々しく展開されていた〝アベノミクス〟や日銀の〝異次元緩和〟の恩恵をひとえに受けた高所得者層や大企業が、さらに重い税負担を負って然るべき、という考え方もあり得るでしょう。そうであれば、金融所得課税の強化や所得税・法人税の強化、相続税・贈与税の強化、といったあたりが選択肢となりそうです。

市場主義経済とは、各人が、努力し工夫して富を築くことが許容される世界です。もっとも、実際には巡り合わせの〝運〟も大きいのでしょう。ただし、私たちが肝に銘じるべきは、その〝稼ぐ自由〟には、〝民主主義国家を維持するうえで必要な応分の負担を富める者が負う〟という責任が伴っているということです。

そうした〝公と私〟のせめぎ合いにいかに折り合いをつけるのかは、相続税・贈与税の制度設計の部分に最も端的に表れるようです。市場主義経済のなかで富を築いた人も、亡くなったときはその財産の一定部分を社会にお返ししよう、国全体のために役立ててもらおう、という「利他的な価値観」に基づくのが相続税の考えだといえそうです。ところが、我が国では現在もなお、富裕層がこの相続税の負担から少しでも逃れようと、贈与税の特例が幅を利かせているようです。これは、相続時の財産を、社会や国全体のために役立てる分を減らして、自らの子や孫にだけ譲る、という「利己的な価値観」が背景にあるといえそうです。国全体の財政運営がこれだけ厳しいなかで、こうした「利己的な価値観」に基づく税制を、この先、どこまで維持していくのかも問われることになるでしょう。

なお、国の歳入としては税収だけではなく、税外収入もあることは事実です。しかしながら現在、税外収入の大部分は日銀の国庫納付金（2023年度決算ベースでは2兆円強）で、これも、日銀が利上げ局面に入った今、この先はまさに〝風前の灯火〟です。今後の外国為替市場での円安の進展度合いや我が国の物価動向の展開次第では、日銀は国庫納付をできるどころか、債務超過に陥ることになるかもしれません。そうなったときの国際金融市場からの評価次第では、要するに、円の信認が崩れて大幅な円安が進むようであれば、これまでとは逆に国の一般会計から、日銀の債務超過の穴を埋めるための補塡をしなければならなくなる可能性すらあるのです。今後の財政運営を考えていくうえで、日銀の国庫納付金など、全く当てにはできないことを、私たちは肝に銘じておく必要があると言えるでしょう。

海外への資本逃避は起きるか

世間では、日銀の債務超過転落懸念を指摘したり、我が国の財政事情の悪さを根拠に、

「手持ちの資産をすぐにでも全部ドルに替えるべきだ」などと促すような論調をみかけることもあります。また、「法人税率を引き上げれば企業が国内から逃げ出してしまうから、法人税率は上げるべきではない」という見方もあるようです。確かに、そういう動きはこれまでの財政破綻国の場合にも実際によくみられたものです。この先我が国でもそうした動きが本格化すれば、海外への資金流出と円安がさらに加速し、我が国もついに、国外への資金流出を厳格に規制する「資本移動規制」を発動せざるを得ないことになるでしょう。資本移動規制の発動は、財政破綻国がたどる典型的なパターンです。そうなれば、国内企業のグローバルなビジネスには重い足かせをはめられることになり、ひいては国内で私たちの雇用も失われることになってしまいます。しかしながら、そうでもしなければ、財政運営上開いてしまった大きなバケツの穴をふさぐことができない事態に立ち至ってしまった、というのが〝財政破綻〟の実態なのです。

この際、我が国が厳しい財政再建策を進めていこう、ということになったとしても、その際に、富裕層や大企業の海外流出が止められなくなるようであれば、所詮は、その程度の国民、企業しかいない国だったということでしょう。これだけ放漫な財政運営や無謀な金融政策運営を長年にわたって展開して来ながら、そのつけを、国内に残らざるを得ない経済的・社会的な弱者や後の世代に押し付けて、自分たちだけ負担から逃れようとする国民や企業しかいなかった、自分の懐だけが大事な輩しかいなかったということでしょう。

問われる〝国全体の覚悟〟と〝日本人の良心〟とは

資本移動規制発動のような事態を招くことなしに、財政運営の深刻な実情を受け止めて、自分たちの力で粛々と、重くなる負担を分かち合いつつ、財政再建を達成していくことができるかどうか。日本人全体、日本企業全体、国全体の覚悟が問われているのです。

数年前、中部地方のある県の経済団体にお招きいただいたときのことです。我が国の財政運営と日銀の金融政策運営の問題点に関する話をお聴きくださった後に、挙手して次のような発言をしてくださった方がありました。

「なぜ、このままの財政運営や金融政策運営を続けては、いずれ日銀が債務超過になるのか、よくわかりました。これまで本当は自分たちが負担すべきだった国債の利払費の負担を子や孫の世代に押し付けるなんて、日本人はそんな国民ではありません。自分は必要な税をきちんと負担したいと思います。どうやったら財政再建できるのか、どうしたらよいのか、教えてほしいです」

これこそ、〝日本人の良心〟なのではないでしょうか。本書では、今までわかりにくかった財政制度をできる限り説明し、財政再建の具体的な選択肢をできる限り示したつもりです。もちろん、筆者二人の力には限りがあり、選択肢はこれ以外にもたくさんあるでしょう。当局が保有する、より詳細なデータを用いるなどすれば、もっと精緻な制度設計や試算ができるものも多々あると思います。他方、我が国には財源を確定せず歳出の計画だけ先に決めてしまっている防衛費のような問題があるのも事実です。これらの選択肢のなかから、どれを選び、組み合わせて、どうやって進めたら、この国の財政運営を続けていかれるのか、この本を手に取ってくださったお一人おひとりに、そして各政党に、ぜひ考えていただきたいと思います。

あとがき

バブル景気のピークに向かう昭和末期から平成、令和の3つの時代にわたって国会の現場に身を置きながら財政政策を見てきました。今の時代ほど、現実の危機が差し迫っているにもかかわらず、なんとかしなければいけないという切迫した思いが政府にも国民の間にも欠けている時期はなかったように感じます。

この40年間、我が国の財政政策は大きな変化の中に置かれてきました。消費税の導入からバブル崩壊後の相次ぐ経済対策、いっこうに景気が回復しない中で発生した阪神・淡路大震災、そして財政再建への取り組みを初めて法律で規定した財政構造改革法の成立と停止。失われた10年、失われた20年といわれる中でのリーマン・ショックや東日本大震災の発災への対応などです。近年では新型コロナウイルスの感染拡大によって人流も物流も止まって世界中の経済が打撃を受け、未曽有の財政支出の拡大が行われました。

2022年2月に始まるロシアによるウクライナ侵攻や2023年10月のハマスによるイスラエル攻撃などを契機に、我が国を含めた主要国において安全保障のための軍事費を拡張する圧力が高まっています。

こうした中、２０２４年の秋、第50回衆議院議員総選挙が行われました。我が国が直面している超少子高齢社会や緊迫する国際情勢の中で、誰に舵取りをゆだねるのか、どの政党に政権運営を任せるのかを選ぶ重要な国政選挙でした。我が国はこのままで大丈夫なのか、医療や年金などの社会保障は持続できるのか、赤字国債に依存しない持続可能な財政への道筋はどうするのだろうか。国民の大多数が抱く心配や不安に対する解決の糸口を探ってほしい、真摯に議論して国民の生活を守ってほしいというのが選挙戦を見守る有権者の思いだったと思います。各候補者が真っ向から意見を戦わせ、この国をどのように持っていくのかを国民の前に示す絶好の機会だったはずです。

結果はどうだったでしょう。衆議院議員選挙を通して、これらの国民の問いに答える議論が行われたのでしょうか。残念ながら、切実な国民の問いかけに対する議論は深まらなかったように思います。破綻が危惧されている財政問題を選挙の争点として取り上げる政党や候補者はほとんどおらず、国民の関心も薄かったようです。各候補者からは、消費税率を引き下げる、年金を増やす、子どもの医療費を無償化する、世帯に現金を配るなど響きの良い言葉ばかりが並び、むしろ本当に実現できるのか、そんなことをやっていても大丈夫なのかと思われる主張も繰り広げられました。

困っている人や企業を支援し、疲弊した地方経済を立て直す。とても大切な視点です。

でも多くの国民は、これらの公約が実現されると確信をもって一票を投じたのでしょうか。公約実現のための財源には触れないで「甘い汁」だけを示されても、財源の裏付けがない政策では無理な話だと諦めていたところもあるのではないでしょうか。

みんながいい思いだけを続けられるというまい話はありません。その裏には必ず相応の負担を伴うものです。「受益」と「負担」はコインの裏と表です。

バブル経済崩壊後の我が国はかつての成功体験にとらわれ、いずれは力強く経済再生を果たし、世界トップクラスの経済大国に返り咲くという淡い夢を抱いてきました。そのために一時的な借金は悪いことではないとの考えで多額の国債を発行してきました。この考えは否定しません。景気が回復すれば借金を返せばよいのです。しかし景気がよくなって税収が増加すれば借金を返すのではなく、財政支出の拡大に充ててきたのがこれまでの我が国の財政政策でした。さらに問題は、増収に見合う規模の歳出を拡大しただけではなくて、これに便乗して国債の発行を行い、借金で財源を調達して不要不急と思われる事業の拡大を図ってきたことです。お金が足りない時には借金して財源を調達し、お金が余れば借金したお金と合わせて支出を拡大する。これでは借金が増加し続けるのは当然です。

財政の健全化を図る取り組みはこれまでも繰り返し行われてきていて、古くは１９６０年代から予算のシーリングによる歳出抑制の試みが始まりました。１９９７年には初めて財政再建を法律で規定した財政構造改革法を施行しています（同法はほぼ同時期に発生したアジア通貨危機の影響を受けて翌年に凍結され、現在に至っています）。１９９９年からは費用対効果を考えて有効な支出に資金を振り分ける政策コスト分析を導入し、２０１０年代後半にはＥＢＰＭ（証拠に基づく政策立案）が活用されるようになりました。会計検査院の検査や財務省の予算執行調査による無駄な予算の見直しも行われています。

国会も衆議院決算行政監視委員会、参議院決算委員会での審議や会計検査院への検査要求を通して、財政資金の使い方を検討してきました。２０１０年10月には当時の野党・自民党が、廃案にはなったものの財政健全化責任法案（当時の谷垣禎一総裁は「バラマキ阻止法案」と呼んでいました）を国会に提出したこともあります。

しかし２０１２年6月に民主党・自民党・公明党が消費税率引き上げを柱として財政再建に取り組む三党合意をまとめて以降は、本格的な動きはなくなり、財政の健全化は進みませんでした。以後、財政運営のタガは緩み続けてきました。

これに拍車をかけ、完全にタガを外したのが新型コロナウイルス感染症の拡大によるコロナ禍です。財政法の要件を逸脱したような内容を盛り込んだ巨額の補正予算が編成され、財政規模は異常なほどに拡大しました。コロナ禍が過ぎ去った後も、財政規模が「平時」に戻る様子はありません。

防衛関係費や少子化対策予算の拡大の方針も示されました。財源は歳出削減や既定経費の活用、将来の増税などです。いずれも曖昧な財源の確保策です。中には具体策を先送りしたものもあります。

必要な歳出であれば拡大するのはやむを得ません。しかし歳出を拡大するのであれば、同時に財源の手当ても必要です。誰だって喜んで追加の「負担」を負うわけではありません。今よりも厳しい状況に置かれるのであれば、理解と納得がなければ不満と不公平感だけが残ります。「税金が増える。生活が厳しくなる。でもみんなも同じように苦労しているし、ここでがんばらないともっと厳しいことになる」という思いを共有することが大切です。そのためには政治が率先して国民に説明し、理解を求めなければならないと思います。

福祉先進国として知られるスウェーデンは、１９８０年代終わりから90年代前半にかけて１９３０年代の世界恐慌以来の危機的な経済状況に直面しました。世界的な不況とバブル経済の崩壊、そして福祉国家としての構造的な要因によるものです。１９９１年から93年にかけて実質成長率が3年連続してマイナス成長となり、失業率は90年の１・７％から93年に8・２％に上昇。財政収支は91年を境に赤字に転じ、財政赤字の対ＧＤＰ比は93年に11・９％にまで拡大しました。政府債務残高の対ＧＤＰ比も１９９０年の42・７％から93年には73・７％へ急増しています。94年には長期金利が急上昇して、スウェーデン国債にはデフォルトの危機が迫りました。

国家的危機ともいう状況の中で、スウェーデンでは与野党が超党派で議論を行い、政治の強いリーダーシップによって国民と危機意識を共有し、1990年代に税制や福祉制度、予算制度、年金制度において国民に痛みを強いる抜本的改革を行ったのです。その結果、98年には財政収支の黒字化を達成し、2000年代の経済成長の基礎を築きました。

スウェーデンは当時、人口900万人足らずの小国だから危機感を共有しやすかったとの意見もあります。しかし、人口1億人を超える我が国でも社会に危機感が広がり、与野党が政策協議を行って成功を収めた例があります。バブル崩壊で金融機関が抱えた不良債権問題が表面化して日本長期信用銀行や日本債券信用銀行が経営破綻の危機に直面しました。直前の参議院議員通常選挙で自民党が敗れ、参議院で与党が少数という「ねじれ国会」の状況下で、問題意識を共有した与野党が政府案と野党案を合わせる修正協議をまとめ、1998年10月、経営破綻した金融機関の処理を規定した「金融再生関連法」を成立させました。

また少子高齢化による社会保障費の急増に対応するために、政権与党であった民主党が参議院で過半数を持たない「ねじれ国会」の下で、先ほど述べた民主党・自民党・公明党の三党合意に基づいて「社会保障と税の一体改革関連法案」の修正協議を行って合意し、

2012年8月に同法が成立しました。

2024年秋の衆議院議員総選挙の結果、衆議院で与党が過半数を割り込みました。政策遂行に対して与党だけでなく野党も責任を持つことになり、重要な政策課題に与野党の政策協議が求められる土壌が整いました。しかし残念ながら、財政規律を取り戻すための取り組みは全くといっていいほど見られません。むしろ、野党側で、さらなる歳入減少を伴う提案がなされており、さらなる収支悪化が進む可能性すら指摘されています。

「これまで大丈夫だったから、これからも大丈夫だろう」という心の安定を保つメカニズムを「正常性バイアス」といいます。危険な状況になっても、ちょっとした変化なら日常的なこととして処理してしまう心理のことです。建物の非常ベルが鳴っても「誤報だから大丈夫だろう」と思い込んだり、津波警報が出ても「海から離れているからたいした被害はないだろう」と自分で納得してしまう心理状態です。正常性バイアスによって、災害から逃げ遅れたり、防ぐことができたはずの被害に遭ってしまうことを、私たちは数多く経験してきました。

財政破綻やハイパーインフレなどによる経済社会の混乱は、実際に生じてきた現実です。歴史の教訓に学び、いまは何が問題なのか、問題を解決するためにはどうすればよいのかを国民一人ひとりが考え、政治は最悪の状況を避けるように努め、財政破綻を瀬戸際で回避するために、いま何ができるかをみんなで考える時期に来ていると思います。

本書をお読みいただいた読者のみなさまが、自分が受けている受益と負担は相応なのだろうか、ツケを次の世代に回していないだろうか、今どうすればよいのだろうかをお考えいただき、この国に住む私たちすべてが将来にわたって安全で安心した生活が送れる政策が実現することを願ってやみません。

本書をまとめるにあたって、企画の段階から講談社学芸第一出版部の髙月順一氏には深くかかわっていただきました。原稿を書き進める途中段階の節目、節目において多くの示唆と助言を受け、行き詰まった時や方向性を見失いそうになった時には適切な提案をしていただいてきました。髙月氏がいらっしゃらなければ、本書を仕上げることはできませんでした。この場をお借りして、こうした貴重な機会をいただいたこととご協力に対する謝意を心から表します。

藤井亮二

N.D.C. 338　286p　18cm
ISBN978-4-06-538468-8

講談社現代新書　2762

持続《じぞく》不可能《ふかのう》な財政《ざいせい》　再建《さいけん》のための選択肢《せんたくし》

二〇二五年一月二〇日第一刷発行

著者　河村小百合《かわむらさゆり》　藤井亮二《ふじいりょうじ》

発行者　篠木和久

発行所　株式会社講談社
東京都文京区音羽二丁目一二―二一　郵便番号一一二―八〇〇一

電話　〇三―五三九五―三五二一　編集（現代新書）
〇三―五三九五―五八一七　販売
〇三―五三九五―三六一五　業務

装幀者　中島英樹／中島デザイン

印刷所　株式会社ＫＰＳプロダクツ

製本所　株式会社国宝社

定価はカバーに表示してあります　Printed in Japan

「講談社現代新書」の刊行にあたって

教養は万人が身をもって養い創造すべきものであって、一部の専門家の占有物として、ただ一方的に人々の手もとに配布され伝達されうるものではありません。

しかし、不幸にしてわが国の現状では、教養の重要な養いとなるべき書物は、ほとんど講壇からの天下りや単なる解説に終始し、知識技術を真剣に希求する青少年・学生・一般民衆の根本的な疑問や興味は、けっして十分に答えられ、解きほぐされ、手引きされることがありません。万人の内奥から発した真正の教養への芽ばえが、こうして放置され、むなしく滅びさる運命にゆだねられているのです。

このことは、中・高校だけで教育をおわる人々の成長をはばんでいるだけでなく、大学に進んだり、インテリと目されたりする人々の精神力の健康さえもむしばみ、わが国の文化の実質をまことに脆弱なものにしています。単なる博識以上の根強い思索力・判断力、および確かな技術にささえられた教養を必要とする日本の将来にとって、これは真剣に憂慮されなければならない事態であるといわなければなりません。

わたしたちの「講談社現代新書」は、この事態の克服を意図して計画されたものです。これによってわたしたちは、講壇からの天下りでもなく、単なる解説書でもない、もっぱら万人の魂に生ずる初発的かつ根本的な問題をとらえ、掘り起こし、手引きし、しかも最新の知識への展望を万人に確立させる書物を、新しく世の中に送り出したいと念願しています。

わたしたちは、創業以来民衆を対象とする啓蒙の仕事に専心してきた講談社にとって、これこそもっともふさわしい課題であり、伝統ある出版社としての義務でもあると考えているのです。

一九六四年四月　野間省一